리더의생각

리더의 생각

지은이 유석문 **1판 1쇄 발행일** 2023년 1월 25일
펴낸이 임성춘 **펴낸곳** 로드북 **편집** 홍원규 **디자인** 이호용(표지), 너의오월(본문)
주소 서울시 동작구 동작대로 11길 96-5 401호
출판 등록 제 25100-2017-000015호(2011년 3월 22일) **전화** 02)874-7883 **팩스** 02)6280-6901
정가 18,000원 **ISBN** 979-11-978880-7-6 93000

이메일 chief@roadbook.co.kr **블로그** www.roadbook.co.kr

리더의 생각

자존감 높은 구성원은 어떻게 조직되는가

—

링크드인에서 이상적인 조직문화를
함께 만들기 위해 시작한
최고기술책임자의 1일 1글을 엮음

유석문 지음

RoadBook

자존감에 대해서
이야기하고 싶었습니다

프롤로그

내향적인 성격에 사람과 어울리는 재주도 없던 터라 처음 만난 컴퓨터는 좋은 친구이자 도피처였습니다. '이걸 직업으로 선택하면 사람과 어울리지 않아도 잘 지낼 수 있겠구나' 착각하고 막연히 프로그래머를 해야겠다고 초등학생 때 다짐합니다.

"어린 시절 꿈을 목표로 중고등학교 시절 열심히 노력하여 대학에서 관련 학과를 졸업하고 프로그래머가 되었습니다"라고 이야기하면 재미는 없어도 그럴만했다는 공감은 받을 수 있을 텐데, 현실은 아주 많이 다릅니다. 공부를 열심히 하지 않았고 그렇다고 놀 줄도 몰라서 그냥저냥 시간에 떠밀려 중고등학교 시절을 보내고 전기 대학입시에 떨어집니다(제가 대학입시를 보던 시기에는 입시가 전기(1차)와 후기(2차)로 나뉘어 있었습니다). 부모님이 재수는 절대 안 된다고 하는 상황에서 해군사관학교를 합격한 줄 알고 마음 편히 쉬다 신원 조회 과정에서 불합격한 친구, 전기 대학입시에 떨어진 또 다른 친구와 함께 "기왕 이리 된 거 친구끼리 같은 대학에 가서 독립도 해보면 재밌지 않을까?" 하고 결정하고 춘천에 있는 한림대학교에 지원을 합니다. 친구끼리 경쟁을 피하기 위해 입시 선택 과목에서 물리를 선택한 녀석은 물리학과, 생물을 선택한 녀석은 생물학과, 화학을 선택한 녀석은 화학과로 지원하는 기상천외한 방법으로 전공을 선택했으니 대학생활이 순탄할 리가 없었죠.

2학년 1학기 1교시 수업을 듣기 위해 언덕길을 오르다 말고 행정실로 찾아가 휴학계를 내버립니다. 휴학 사유로 "곧 군대 가야 합니다"라는 거짓말을 하고 집으로 돌아와서는 어머니한테 '등짝 스매싱'을 당했죠. 입대 영장은 1년 반 뒤에나 나왔고 그 기간 동안 프로그래밍 프리랜서, 컴퓨터학원 강사, 주유소 아르바이트를 하며 "세상살이가 만만치 않구나!"를 배웁니다.

당시 자존감은 밑바닥이어서 "어느 학교 다녀요?"라는 질문에 "H 대학교 다닙니다"라고 이니셜로 답했습니다. "아~ 한양대학교 다니세요?"라는 질문을 다시 받으면 대답하지 않았습니다. 거짓말을 하지 않았다는 게 유일한 위안이었을 정도로 깊은 수치심을 안고 살았습니다. 제대하고 복학하기 전인 6개월 동안 신촌에 있던 [이랜드] 본사에서 아르바이트를 하게 되었고 어김없이 "어느 학교 다녀요?"라는 질문을 받았는데 처음으로 "한림대학교 다닙니다"라고 답합니다. 있는 그대로의 나를 인정하고 세상에 내 보인 거죠. 그 이후로는 부족한 나를 받아들이고 과거가 아닌 현재에 집중하며 조금이라도 나아지기 위해 노력하며 살고 있습니다.

책의 서문에 자랑스러울 것 없는 개인의 이야기를 꺼내어 놓는 이유는 '자존감'에 대해서 이야기하고 싶어서입니다. 있는 그대로의 자신을 받아들이지 못하면 성장할 수 없고 행복을 느낄 수도 없습니다. 이 책에는 개발자로 생활하며 겪은 이야기를 적었습니다. 이 책을 읽다 보면 '겪을 때는 불행이라 생각했던 일'이 시간이 지나 성장하는 데 도움이 되고 중요한 의사결정을 할 수 있게 만들어 준 사례와 '좋은 일인 줄 알았다가 엄청나게 실패하는 이야기'가 나옵니다. 굳이 적을 필요 있을까 싶을 정도로 솔직한 이야기를 담았는데 이 글을 읽고 여러분도 함께 공감하고 힘을 낼 수 있기를 바라며 수치심에 꽁꽁 감싸두었던 저의 기억을 꺼냈습니다.

프로그래머는 프로그래밍만 잘하면 될 거라던 기대가 직장 생활 초기에 산산이 부서진 후로는 항상 사람을 이해하기 위해 노력 중입니다. 사람을 이해하는 일이 모든 일의 시작이라고 생각하기 때문입니다. 이해할 수 없는 사람의 속성으로 상처받고 힘들어하는 상황이라면 제 경험이 도움이 될 수 있기를 희망합니다.

제가 쓴 글을 '지속적인 성장' '리더십' '협업' '소프트웨어 개발'로 분류했으나 순서에 상관없이 마음 가는 대로 읽으면 됩니다. 이 책을 읽는 시간만큼은 모든 제약에서 벗어나 온전히 자유롭고 편안하길 바랍니다. 개발자로 일해 왔기에 소프트웨어 개발 사례를 예제로 소개한 경우가 있는데 특수한 업계의 특징이 아닌 사회생활에서 공통으로 발생하는 내용이므로 읽고 개인의 삶에 적용하는 데 어려움이 없을 것입니다.

　감사합니다.

2023년 1월
유석문

차례

차례

차례

2부. 리더십 _ 153

차례

차례

차례

3부. 협업 _ 279

차례

4부. 소프트웨어 개발 _ 353

차례

1부

지속적 성장

D&I는
중요할까요

D&I는 Diversity and Inclusion의 머리글자로, '다양성과 포용'을 의미합니다. D&I는 효과적인 조직이 생산적인 결과를 만들어 내기 위한 문화의 기반이 됩니다. 해외 기업에서는 전담 부서를 두는 경우가 많습니다. 다만 한국에서는 다양성의 범위가 인종을 포함하지 않는 환경이 많다 보니 협소하게 여겨지고 최근 성별/세대 갈등이 심화되며 공식적으로 언급을 피하는 경향입니다.

하지만 협소한 의미에서 벗어나면 다양성이란 개인에 대한 존중입니다. 개인별 장점과 단점을 인지하고, 사람은 완벽할 수 없기에 서로를 지원하며 함께 결과를 만들어 내는 측면으로 다양성과 포용을 이해하는 게 필요합니다.

제 경우는 매우 게으른 성정을 타고났는데, 그 덕에 같은 일을 두 번 하는 것을 지독히 싫어합니다. 급할 경우 한 번은 하지만 똑같은 일을 두 번 해야 하는 상황이 생기면 가능한 한 빨리할 방법을 찾거나 하지 않을 방법을 궁리합니다. 그러다 보니 초기에 투자하는 시간이 필요합니다. 반면 그 시간만 투자하고 나면 이후 반복되는 일은 더 빨라지고 자원도 훨씬 덜 들이고 처리할 수 있게 만듭니다. 제 장점이자 단점이죠.

사람의 장점을 살펴보면 그로 인해 단점이 생기는 경우가 많습니다. 예를 들어, 추진력이 좋다는 평가를 받는 분은 독불장군 같다는 평가를 받기도 합니다. 추진력이란 장점이 만들어낸 그늘이죠. 이때 단점인 '독불장군'에 초점을 맞추어 제거하면 단점이 감소하면서 동시에 장점도 사라집니다.

물론, 단점이 장점을 상쇄하고 남는 경우도 있습니다. 이 경우라면 반드시 교정을 해야 합니다. 그 정도가 아니라면 본인 스스로 단점을 인지할 수 있도록 도와주고 단점으로 인해 문제가 심화되지 않도록 지원해야 합니다. 그리고 동료들도 이를 함께 인지하고 적절한 피드백을 주어야 합니다.

피드백은 단순히 맞다/틀리다가 아니라 상대가 한 행동에 대한 객관적 사실만 알려 주어야 합니다. 예를 들어, 회의 시간에 자주 지각하는 사람에게 "남들 다 기다리게 만드는 당신은 배려가 없군요"라고 말하는 것은 객관적 사실이 아닌 주관적 판단입니다. 이런 이야기를 듣는 입장에서는 늦지 않았던 날도 있었을 테고 나름 늦은 이유도 있을 테니 동의하지 못하겠다며 자기방어를 하게 됩니다. 이를 "회의에 10분 늦어서 다른 분이 기다리게 되었고 논의할 충분한 시간을 확보하지 못했습니다"라고 말한다면 사실 관계를 전달했을 뿐이고 감정적 판단이 발생하지는 않습니다. 그리고 늦은 이유를 들어보고 해결 방법을 함께 고민할 수도 있습니다.

물론, 이렇게 하는 것은 생각보다 어렵습니다. 인간은 사건을 주관적 판단으로 순식간에 바꾸도록 진화했기 때문입니다. 그리고 보통 그 정도의 이야기를 할 때면 화가 났을 겁니다. 화난 상태로 말을 하니 상대도 덩달아 화가 나서 모진 말로 응수합니다. 우리가 흔히 마주하는 난장판이 이렇게 생겨납니다.

이런 문제를 해결하기란 어렵습니다. 모든 언어가 입 밖으로 나가기 전에 뇌에서 신중한 검토를 하게 만들어야 하기 때문이죠. 하지만 방법이 없지도 않습니다. 개인이 성숙한 인격체로 성장해 가면 상호작용은 자연스레 개선됩니다.

〔쏘카〕가 인문학에 투자하는 이유가 여기에 있습니다. 그리고 CTO인 제가 코드를 작성할 시간에 이와 같은 글을 쓰는 이유이기도 합니다(사실 함께 일하는 개발본부장님이 인문학을 해결하지 못하면 코딩할 생각도 하지 말라고 엄포를 놨습니다).

다양성과 포용의 가치를 높이는 일에 관심을 가져 주길 바랍니다.

I형, T형, A형 인재에 대해
들어 봤나요

먼저 이 용어부터 알아봐야겠죠. 이는 인재의 유형을 말합니다.

- **I형 인재** 한 가지 분야에만 전문성을 갖춘 인재
- **T형 인재** 한 분야에 대한 깊은 전문성과 다양한 분야의 지식을 함께 갖춘 인재
- **A형 인재** 두 분야 이상의 전문성을 갖추고 분야 간 결합으로 더 높은 성과를 만드는 인재

2022년 〈SSAFY(삼성 청년 SW 아카데미)〉의 졸업생을 대상으로 한 강연에서 "너비가 먼저인지 깊이가 먼저인지"에 대한 질문을 받고 답변을 했는데 시간이 지나 보니 T형, A형 인재가 되기 위한 방법을 질문한 것이란 생각이 들었습니다.

세상이 복잡해지며 통섭(Consilience)이 중요하다는 메시지가

개인에게 주어집니다. 개인의 성장을 위해 좋은 지침일 수 있지만 과도한 압력은 길을 잃게 만듭니다.

T형 인재가 되어야 한다는 사회적 압력이 30년간 이어지다 이제는 한 가지 전문성으로는 부족하고 두 가지 이상의 전문성을 갖추고 시너지까지 내라고 요구하는 것이죠. T형부터 답답함을 느꼈던지라 취지를 떠나 과연 가능할지, 가능하더라도 합리적일지 의구심이 듭니다.

T형 인재에 공감했던 부분은 전문성을 갖춘 개인이 효과적으로 협업하려면 서로를 이해하고, 의사소통하는 능력이 필요하기 때문입니다. 고객과 동료를 이해하려면 '합리성과 비합리성을 오가는 인간'을 알아야 하기에 관심을 갖고 노력해야 하며 무관심하거나 포기해서는 안 된다고 생각합니다.

하지만 전문성을 키우려면 상당한 시간과 연습이 필요하고, 여러 분야에 능통하기란 타고난 재능에 의존할 가능성이 높기에 모든 사람이 추구해야 할 목표일 수는 없습니다. 이는 실패를 반복하게 되어 "스스로의 가치를 깎아내리는 자존감의 자이로드롭에 탑승하라"라고 등을 떠미는 무책임한 행위입니다.

다양성과 포용을 중시하는 조직에서는 I형, M형(전문 분야는 없지만 다양한 분야의 지식을 갖춘), T형 등 다양성이 존재하고 이를 개인이 아닌 조직의 통섭 역량으로 함께 더 뛰어난 결과를 만들어낼 수 있습니다. 개인은 자신의 재능과 역량에 맞추어 리더의 코칭을 받아 스스로의 성장 방향을 결정할 수 있어야 합니다. 온전한 삶의 주도권을 개인에게 주고 그들의 역량을 조화롭게 묶어내는 일은 리더의 역할입니다.

"더 빨리 더 많이 성장하라"라는 광고의 문구는 무시해도 됩니다. 온전히 여러분이 선택할 수 있으며 그래야만 길을 잃지 않습니다.

SNS를 많이
사용하나요

예전에는 〔me2day〕부터 〔트위터〕〔페이스북〕〔카카오톡〕〔라인〕〔밴드〕 등 다양한 서비스를 이용했습니다. '자사 서비스 개밥 먹기**[1]** 용도와 타사 서비스 비교 체험이 목적이었는데, 어느 순간 너무 많은 시간을 쓰고 '댓글'과 '좋아요'를 눌러야 한다는 이유 없는 압박에 시달리면서 타사 서비스에서는 탈퇴했습니다. 그리고 〔네이버〕를 퇴사하며 모든 SNS를 탈퇴하고 〔링크드인〕만 남겨 두었습니다.

〔링크드인〕을 탈퇴하지 않은 이유는 글을 올리거나 읽지 않아 시간을 쓰지 않고 이력서 관리와 강연에서 약력을 요청받을 때 전달하기 편리하다는 이유 때문입니다. 이후 간간이 채용정보를 등

---

1 사료 업체 대표가 자신의 개에게도 먹이는 사료라고 광고한 것에서 유래한 용어로 자신이 만든 서비스를 직접 사용자 입장에서 사용해 보며 개선점과 문제점을 찾는 활동을 뜻하는 일종의 은어입니다.

록하기도 했는데 〔라이엇 게임즈〕 재직 시절에는 채용 규모가 작아 글을 올리는 경우는 드물었습니다.

〔쏘카〕로 이직한 후 채용을 목적으로 '채용공고'를 등록하기 시작했고 관심을 받기 위해 개인 경험을 공유하는 방식으로 글을 작성하게 되었습니다. 그러다 최근 많은 분이 공감해 주면서 채용에 더해 "공유로 함께 성장하는 데 기여한다"로 목표를 확대했습니다.

글을 작성하는 기준은 "하루에 한 개 이상, 직접 경험한 이야기를 진솔하게 작성한다"입니다. 현재 2개월 정도 실천했고 추가로 10개월은 지속할 예정입니다. 참고로 이 책에는 5개월 치 분량의 글을 실었으며 약 한 달 치의 글은 이 책에만 공개했습니다. 이후는 상황을 고려해서 결정하려고 합니다.

감사하게도 제 글에서 도움을 얻었다는 말씀을 많이 듣습니다. 글은 작성자의 것이 아니라 읽는 분의 것이라고 생각하기 때문에 보잘 것없는 제 글에서 가치를 발견하는 여러분의 통찰력에 놀랍고 감사한 마음입니다.

저의 공유가 여러분에게 영감을 줄 수 있기를 희망합니다.

개발자 경력의 끝은 '치킨집'이라는
농담을 들어 봤나요

40대 개발자가 더 이상 경력을 이어가지 못하고 퇴직금으로 치킨집을 차리는 경우가 많다며 생겨난 도시 전설입니다. 실제 은퇴한 개발자 중 치킨집을 창업한 비중이 얼마나 되는지 데이터를 본 적이 없어서 사실 여부를 단정 지을 수는 없지만 이런 이야기가 만들어진 배경은 알고 있습니다.

1995년~2000년 사이 미국의 기술주 중심 주식시장인 (나스닥)은 엄청난 상승과 급락을 경험합니다. '닷컴 버블'이라 불리는 기간 동안 '.com'을 사용하는 인터넷 도메인의 서비스가 많이 생겨나고 막대한 투자를 받아 외형상 폭발적인 성장을 합니다. 닷컴 기업이라면 묻지도 따지지도 않고 그 기업에 자금과 인재가 몰렸습니다. 그러다 어느 한순간 기업 가치가 급락하며 거품이 터지듯 많은 기업과 자본이 사라진 현상이 '닷컴 버블'입니다. 우리나라는 1997년 IMF 외환위기 직후 IT 기술 기반의 중소기업과 벤처기업 활성화를 목표로 정부 주도의 다양한 지원책이 쏟아져 나옵니다. 시장에 풀린 막대한 자금은 주식시장과 벤처 투자 열풍으로 이어졌고 그 끝은 IT 거품의 몰락이었습니다.

주식시장이 급락하면서 투자가 얼마나 무분별하게 이루어졌는지 그리고 투자 자금이 얼마나 엉망으로 사용되었는지 앞다투어 밝혀집니다. IT 이름을 붙인 발표 자료 외에는 실체가 없는 회사인데도 많은 투자금을 받았고 기술 개발에 쓰여야 할 투자금은 다시 주식시장이나 투기성 투자에 사용됩니다. 눈먼 자금과 이름만 거창한 개발 회사를 이어주며 막대한 수수료를 받아 챙기는 브로커도 활개를 치는 시절이었습니다. 결국 실체 없는 돈의 욕망을 좇던 많은 회사는 흔적도 없이 사라졌고 얼치기 투자 전문가의 말을 믿고 소중한 자산을 맡긴 개인은 막대한 손실을 봅니다. 투자는 개인의 선택이고 개인의 욕심으로 일어난 일이니 어리석은 스스로를 책망해야 한다는 비판도 있지만 전문가의 탈을 쓴 늑대의 꼬임과 온통 돈벼락을 맞았다는 이야기만 들리는 시장에서 제한적인 정보를 가진 개인이 큰돈을 벌 수 있다는 유혹을 이겨내기란 거의 불가능에 가깝습니다.

이런 현상은 2007년 4월 미국의 서브프라임 모기지 사태에 기인한 2008년 세계 금융위기에서도 재현되었으며 2022년 오늘날에도 비슷한 위기 상황에 직면해 있습니다. 2022년의 불황(recession)은 2019년에 발생한 코로나19에 의한 글로벌 팬데믹과 연관되어 있습니다. 전염병을 통제하기 위해 각국은 사람의 왕래를 제한하고 가게 영업을 통제합니다. 급격하게 위축된 경기를 활성화하기 위해 막대한 정책 자금이 시장으로 풀려나오고 아주 낮은 금리로 대출을 받을 수 있게 됩니다. 이동이 제한되면서 배달, 인터넷 쇼핑 등의 사용이 폭발적으로 증가하게 되었고 관련 기업은 놀라운 성장을 하며 투자도 넘쳐납니다. 인간이 과거로부터 배우고 성장하면 좋겠지만 그런 일은 아주 긴 시간에 걸쳐 천천히 발생합니다. 그러니 또다시 투기적이고 욕망 가득한 돈이 몰려다니기 시작합니다. IT 기술 기업의 주가가 치솟고 스타트업이 우후죽순으로 생겨나기 시작합니다. "가즈아~"를 외치며 24시간 멈추지 않고 등락하는 시장에 대출받은 자금을 투자라 믿고 수익을 올릴 수 있기를 기도하는 사람들이 생겨났습니다. 막대한 손실이 발생하더라도 매출의 증가세만 가파르게 유지하면 거의 무한대의 자본을 공급받을 수 있었기에, 이는 대표적인 성공의 방식으로 시장에 학습되고 모든 기업에게 그 길을 따르라고 강요하는 상황에 이릅니다.

투자를 받은 스타트업은 매출을 높이기 위해 다양한 서비스를 빠르게 만들어 내야 했으므로 개발자가 필요하게 됩니다. 하지만 시장에서 개발자 구하기란 쉬운 일이 아닙니다. 높은 연봉과 스톡옵션 등으로 개발자를 모으기 시작합니다. 어느 한 회사만 자금이 풍부한 상태였다면 한정된 개발자가 이동하는 수준에서 끝날 수 있었겠지만 모든 기업에서 돈잔치를 하고 있던 터라 여기저기에서 개발자에게 높은 처우를 약속하기 시작했습니다. 그리고 종국에는 자본 여력이 없는 회사도 개발자를 지키기 위해 감당하지 못할 임금 인상을 하며 추가 투자나 시장의 성장을 막연히 기대하는 수준까지 도달합니다. 지금 그 잔치의 끝을 상상하기가 두렵지만 열심히 노력하면 청소할 수 있는 수준이길 기도하고 있습니다.

이제 시장에 자본이 넘쳐날 때마다 개발자가 부족했던 이유를 설명하겠습니다. 닷컴 버블이 꺼지면서 많은 IT기업이 문을 닫거나 정리해고를 실시합니다. 주로 경력이 많고 연봉이 높은 사람을 내보내고 최소한의 실무를 할 수 있는 인력만 남기는 방식으로 정리해고를 했습니다. 시장에 경력 많은 개발자가 쏟아져 나왔고 새로운 일자리를 찾지 못한 분들이 식당 창업에 내몰리게 되면서 치킨집이 개발자의 끝이라는 농담이 만들어집니다. 또한 이 시절에는 신입 개발자도 직업을 구하기가 너무 어려웠습니다. 회사는 즉시 업무를 수행할 수 있는 3~5년 차의 개발자를 선호했고 채용 후 교육을 해가면서 일을 시켜야 하는 신입 개발자의 채용을 꺼렸습니다.

이런 여파로 인기가 좋았던 컴퓨터 관련 학과는 학생들의 외면을 받게 됩니다. 이는 개발자의 연령 분포를 보면 확연히 드러나는데, 2019년~2022년에 시니어 개발자 채용이 어려웠던 이유가 여기에 있습니다. 최근 몇 년간 개발자가 좋은 직업이고 전망이 좋다는 이야기가 나오며 정부도 정책적으로 개발자 육성과 비전공자에 대한 개발자 전환을 추진하는 모습을 보며 개인적으로는 불안감을 느꼈습니다. 교육을 받고 시장에 진입해야 하는 시점에 충분한 일자리가 있을지 걱정이 되었던 것입니다. 개인적으로 면담을 하러 온 비전공자들에게는 다음처럼 이야기합니다.

"정말 개발이 좋아서 하고 싶어서 하는 거라면 어떤 시장 상황에서든 길은 찾을 수 있습니다. 박봉이라도 개발이 재미있으면 버티고 버티다 보면 주기적으로 찾아오는 호황에 그간의 고생을 보상받을 수 있으니 경력 전체로 보면 더 많은 수익을 올릴 수도 있습니다. 하지만 좋아서 하는 일이 아니라 처우가 괜찮아서 재미없어도 이 일을 계속해보겠다는 생각이면 절대로 버티지 못합니다. 좋아하는 일을 해도 상황이 어려우면 포기하고 싶은 마음이 생기는데, 싫어하거나 적성에 맞지 않는 일을 하는데 상황도 안 좋다면 버티기 어렵고 버틴다고 해도 행운을 잡을 수 없습니다. 여러분이 정말로 재미있어서, 좋아서 개발자가 되고 싶은 지부터 고심해보고 확신이 서면 그 이후에는 열심히 공부하고 사소한 경험이라도 쌓으면서 버티면 됩니다."

2022년 10월 현재의 시장 상황으로는, 수익성을 증명하지 못하는 회사는 살아남을 수 없습니다. 당연한 수순으로 자본 여력이 있는 회사도 추운 기간을 버티기 위해 인력 조정을 시작했고 신규 채용을 줄이거나 동결했습니다. 투자를 바탕으로 성장성만 바라보던 회사들은 추가 투자 유치에 실패하며 폐업을 하고 있습니다. 결국 신입 개발자는 기회를 얻기 어렵고, 경력이 많고 최근 시장 상황으로 몸값이 올라간 개발자는 새로운 기회를 잡기 어려울 것입니다. 누군가 치킨집을 연다면 "개발자 경력의 끝은 치킨집 사장"이란 확증은 더 굳어지겠죠.

　개인의 경험을 일반화하는 일만큼이나 우매한 것이 없지만 제 개발자 경력의 시작은 닷컴 버블과 함께였고 2022년의 현재를 겪어내는 중입니다. 저 또한 치킨집을 창업해야만 하는 상황이 올 수도 있겠지만 개발이 재미있어서 하고 있다는 점은 현재까지 그리고 제 경력의 끝까지 동일할 것입니다. 지금의 어려움을 잘 버티고 이겨내면 언제일지는 모르지만 눈먼 돈이 몰려오는 시기가 또 찾아옵니다. 그때 행운을 잡고 경력을 잘 이어 나갈지는 개인의 역량이 판가름합니다. 언제 올지 모르는 운이고 누구에게나 주어질 수 있는 운이지만 그걸 지킬 수 있는 것은 개인의 역량입니다. 지속적으로 성장하고 때로는 버티기도 하면서 재미있는 개발을 계속해 나가길 응원합니다. 저도 그렇게 하겠습니다.

개발자 교육 광고를
본 적이 있나요

최근에는 개발자의 처우가 좋아지고 많은 기업이 개발자 채용을 위해 노력하고 있습니다. 그래서인지 여러 교육기관에서 비전공자를 대상으로 소프트웨어 개발 교육을 확대하기 위해 노력 중입니다. 바람직한 면이 있지만 의외로 가장 중요한 기본 전제를 무시하는 경우도 있습니다.

기본 전제는 소프트웨어 개발이 적성에 맞고 그 일을 함으로써 자기가치감을 느껴야 합니다. 채용 기회가 많다 보니 초기 시장 진입은 쉬울 수 있으나 자신이 하는 일에 흥미를 느끼지 못한다면 높은 급여는 그 상황을 빠져나갈 수 없게 만드는 올가미가 되어 버립니다. 그리고 자신의 일에 흥미를 느끼지 못하니 성장하기는 점점 더 어려울 겁니다.

직업으로 소프트웨어 개발자가 되지 않더라도 관련 지식을 폭넓게 활용할 수 있습니다. 엑셀로 처리하기 힘든, 규모 있는 데이터를 효과적으로 다룰 수 있다면 업무의 효율과 효과를 높일 수 있습니다. 반복적이고 지루하지만 필수적인 업무를 자동화해서 중요한 일에 집중할 수 있는 시간을 확보할 수 있습니다. 이러한 관점에 대해 충남대학교에서 발표한 자료를 공유합니다. 축약된 이야기라 발표 자료만으로 충분한 정보를 얻기에는 어려울 수 있지만 고민해 봐야 할 핵심 주제는 확인할 수 있습니다.

[자료 1] 충남대학교 발표 자료 (https://lnkd.in/ghZgn9Td)

2022년 상반기 〔쏘카〕 공개 채용에서 개발직군 합격자의 약 40%가 비전공자였습니다. 재능과 적성을 발견하는 데 늦는 일은 없습니다. 소프트웨어 개발에 흥미가 있다면 정부 지원 교육기관, 대학원 등을 통해 언제든 꿈을 이룰 수 있습니다. 자신이 보람을 느끼는 일을 선택한다면 언제든 가장 적절하고 빠른 시점입니다. 모든 분이 사회의 압박이 아닌 자신의 의지에 따라 선택하길 응원합니다.

거절을
잘 하나요

저는 거절을 잘 못하는 성격입니다. 지금은 요령이 생기기도 했고 또 거절을 하지 않을 경우 발생하는 문제도 알기에 필요하면 단호하게 거절을 할 수 있습니다. 하지만 그러지 못하던 때는 많은 어려움을 겪었습니다.

2006년도 중반 재직 중인 회사 이사님을 통해 간단한 프로그램 개발을 도와 달라는 부탁을 받았습니다. 얼마인지는 몰라도 비용도 준다기에 거절을 못 했습니다. 이사님의 경우도 지인 부탁을 거절하지 못해 개발자 용돈이라도 벌게 해줄 요량으로 어쩔 수 없이 승낙한 경우였죠.

회사 앞으로 찾아온 분의 이야기를 들어보니 윈도우즈에서 사용하는 P2P 솔루션의 한국 총판 계약을 하고 샘플 애플리케이션을 납품했는데 프로그램에 문제가 있어 해결이 시급했습니다. 같이 차를 타고 어딘가를 가자고 하서서 '사무실로 가서 소스코드 등 개발에 필요한 자료를 주시려나' 생각하며 따라나섰더니 납품했다던 회사로 가더군요. 그러고는 바로 문 앞에서 "지금 여기 담당자가 화가 많이 났는데 죄송하지만 프로그램을 개발한 개발자라고 하고 사과를 해주세요"라고 부탁을 하더군요. 지금이라면 거절하고 돌아서겠지만 그때는 그런 걸 할 줄 몰랐습니다.

결국 따라 들어가 처음 보는 프로그램이 커자마자 '예기치 않은 종료(crash)'가 나는 걸 보며 "제가 이렇게 만들어 죄송합니다"라며 사과하고 이 원인에 대해 온갖 상상을 더해 설명하고는 오늘 내로 고치겠다는 약속까지 하고 돌아서야 했습니다. 막상 소스코드를 받고 열어 보니 '이게 동작을 했었다고?'라는 생각이 들더군요. 솔루션의 인스턴스를 생성도 하지 않고 바로 함수를 호출해서 발생한 문제였습니다. 그리고 감춰진 문제도 알게 되었는데 실행하기 위한 코드를 제외하고 실제 동작에 필요한 코드는 단 한 줄도 없었습니다. 거기 사장님이 어느 개발자에게 사기를 당한 것인지, 아니면 아예 없는 개발자 핑계를 댄 것인지는 아직도 궁금합니다. 밤을 새워 기능을 구현해서 보내고 다음날 잘 해결되었다는 답변을 받았습니다.

그런데 이렇게 끝나면 제가 종이 아깝게 글을 쓰진 않았을 겁니다. 다시금 연락이 와서 모 대기업 출신의 뛰어난 개발자가 자신의 회사에 합류하게 되었으니 인수인계를 해달라고 하더군요. 뭐 별거 없는 코드라서 그러겠노라고 했습니다. 그런데 만나본 개발자는 제가 알아들을 수 없는 고차원의 이야기를 하며 코드를 작성할 생각은 하지도 않고 엄청난 꿈과 희망을 이야기하더군요. 거절 못하는 저였지만 그 순간만큼은 도망쳐야 함을 본능이 알려주더군요. 결국 한 달 정도 씨름하다 마무리한 뒤 "용돈은 벌 수 있겠지"라며 위안 삼았습니다. 얼마 뒤 회사로 찾아와서는 수고비와 맥도날드 빅맥을 담은 봉투를 선물해 주더군요. 감사 인사를 드리고 봉투 안에 10만 원이 들어 있음을 확인했습니다. 이사님이 "고생했는데 비용은 잘 쳐서 줬지?"라고 물었고 10만 원을 받았다고 이야기하니 이사님의 사과와 다시는 이런 종류의 일로 부탁하지 않겠다는 답변을 받았습니다. 그 후로 윈도우즈에서 라디오 방송을 들을 수 있게 해주는 해당 프로그램을 볼 때마다 빅맥이 떠오르곤 했습니다.

〔네이버〕에서 지도 서비스 개발을 하던 때는 공무원 한 분이 지도의 미래에 대한 비전을 이야기하며 〔네이버〕가 참여해야 한다며 밤이나 낮이나 불러내는 걸 제가 거절하지 못했는데, 알고 보니 본인이 작성해야 할 보고서를 저를 통해서 작성하고 있더군요. 여기도 해드릴 만큼 다해 드리고는 때늦은 거절과 함께 연락처를 차단했습니다.

이런 종류의 경험 덕에 지금은 부탁이 가치가 있는 것인지 아닌지를 그럭저럭 구분할 수 있습니다. 기준은 다음과 같습니다.

- 금전적 이득을 앞세우는 부탁은 거절합니다. 저는 개발자이며 회사 소속으로 일을 하고 있는데, 돈을 목적으로 한눈을 파는 일은 저에게도 도움이 되지 않기 때문입니다.

- 무조건적인 희생을 요구하는 부탁은 거절합니다. 성장을 위해 지원하는 일은 가치가 있지만 숙제를 대신해 주는 일은 누구에게도 도움이 되지 않기 때문입니다.

- "거절하기 불편해서, 괜히 나쁜 사람 소리 들을까 무서워서"라는 생각이 들면 거절합니다. 착한 사람 신드롬은 자신의 삶이 아닌 타인의 기준에 맞추어 살아가게 하는 감옥입니다. 절대로 그 안에 발을 들여서는 안 됩니다. 무리한 부탁을 거절했다고 나빠질 사이라면 올바른 관계 설정이 아닙니다. 두려워할 필요 없이 거절을 한다면 온전한 자신의 삶을 살아갈 수 있습니다.

고객의 의견을
듣고 있나요

3차원 프로그램 개발 시절입니다. 3차원 제품이기에 당연히 z 값을 입력받았는데 이게 불편하다며 없애 달라는 요구를 영업팀을 통해 들었습니다. 하지만 "3차원인데 그걸 왜 없애요?" 하며 수정하지 않고 버텼습니다.

하루는 영업팀 중 한 분이 저를 데리고 가까운 고객 사무실을 방문했습니다. 실 사용자 옆에 한 시간 정도 앉아서 사용하는 모습을 지켜봤는데 2차원 작업이 대부분이었고 작업 속도가 상상 이상으로 빨랐습니다. 2차원이니 z는 기본값(Default)인 0을 입력하느라 〈Enter〉를 한 번 더 눌러야 하는데 직접 보니 이게 얼마나 불편하고 낭비인지 알겠더군요. 그 자리에서 옵션을 추가하고 z를 입력받지 않는 것을 기본값으로 변경했습니다. 그리고 고객으로부터 좋은 피드백을 많이 받았습니다.

'개밥 먹기'[2] 수준이 아니라 정말 제품과 서비스를 사랑하고 많이 써야 하는 이유를 여기에서 배웠습니다.

[쏘카]로 이직하며 소유했던 차량을 처분하고 [쏘카] 서비스만 이용 중입니다. 당연히 아직까지는 불편한 점이 많이 보입니다. 제가 개선해야 할 일이지요. 자신의 일을 사랑하고 열렬한 사용자가 되어 자존감을 높여 가길 응원합니다.

---

2 사료 업체 대표가 자신의 개에게도 먹이는 사료라고 광고한 것에서 유래한 용어로 자신이 만든 서비스를 직접 사용자 입장에서 사용해 보며 개선점과 문제점을 찾는 활동을 뜻하는 일종의 은어입니다.

권투를
좋아하나요

권투는 근력과 지구력을 키울 수 있는 좋은 운동입니다. 주먹으로 치고받는 모습 때문에 부상 위험이 높다고 오해를 받지만, 마라톤 등의 달리기 운동보다 부상 위험이 낮고 상대의 의도를 예측하여 맞지 않고 때리려면 머리도 써야 해서 재미있습니다. '주먹으로 하는 체스'라는 별칭이 권투의 속성을 잘 설명합니다.

하지만 권투를 배우기 시작했다가 바로 포기하거나, 하루 종일 줄넘기만 하다 보니 힘만 들고 재미없다는 악명에 배울 엄두를 내지 못하는 경우도 많습니다. 줄넘기는 지구력과 근력을 키우고 스텝을 익히는 데 좋은 운동이라 권투에 꼭 필요하지만 아무래도 재미는 없죠. 권투 선수를 하다가 은퇴한 분들이 체육관을 운영하는 경우가 많은데, 그런 분들이 선수를 훈련시키듯이 일반인을 가르치는 영향이기도 합니다.

예전과 달리 권투를 취미로 배우는 분이 많아져 요즘에는 재미

있게 배울 수 있도록 교습 방법이 달라졌습니다. 가볍게 몸을 풀고, 줄넘기를 잠깐 하고, 기초 동작을 배우고, 첫날이라도 샌드백이나 미트를 치면서 재미를 느끼도록 지도합니다. 선수와 일반인을 구분하여 수준에 맞추어 동기부여를 하는 것이죠.

그런데 가끔 문제가 생깁니다. 일반인이면서 모든 단계를 무시하고 선수 단계로 넘어가려는 경우입니다. 기초 과정을 무시하고 스파링을 하고 싶어 하는데, 누군가를 때려눕혀 자신의 우월한 능력을 자랑하고 싶어 하는 것이죠. 당연히 부상의 위험이 높아 제지하고 그러면 안 된다고 설득합니다. 그렇지만 그런 분들의 자신감은 대단해서 끝내 말리지 못하고 다른 방법을 씁니다. 권투를 오래해서 노련하고, 참을성이 좋은 분이 링에 올라가 상대를 해줍니다. 그러면 그분들은 보통 무작정 주먹을 휘두르다가 30초를 넘기지 못하고 제풀에 지쳐 쓰러집니다. 기초 체력이 없으니 그렇게 되는게 당연한데 그 결과를 받아들이지 못하고 그날로 체육관을 그만두는 게 일반적인 결말입니다.

자신의 능력을 믿고 해내기 위해 노력하는 모습은 아름답습니다. 하지만 자신이 우월하다 믿고 모든 단계를 건너뛰려 시도하는 일은 무모하죠. 기초를 잘 다진 후에야 자신에게 적합한 방법을 찾아 전문화를 할 수 있습니다. 하지만 기초 다지기는 지루하고 힘들어서 그 단계를 건너뛰고 바로 멋져 보이는 일을 하고 싶어 하죠. 결국 조바심을 내면 실패하거나 영원히 전문가가 되지 못하고 어정쩡한 상태에 머물게 됩니다.

프로골퍼 최경주 선수가 퍼팅 연습 도구를 사용하여 화제가 된 적이 있습니다. 한국에서는 아마추어도 창피하다며 사용하지 않는 도구를 프로선수가 사용하는 모습에 대중은 충격을 받았습니다. 기초의 중요성을 알고, 반복 연습하여 실력을 유지하고, 나아가 실력을 키워가는 모습이 진정한 프로입니다. 그리고 기초를 튼튼히 하며 발전하는 방법이 가장 빠릅니다. 남들과 비교하며 조바심에 초조할 필요가 없는 이유입니다.

주변의 속도가 아닌 자신의 속도에 따라 기초를 다지고 발전하길 응원합니다.

기억에 남는 가장 어려웠던
발표는 무엇이었나요

10여 년 전, 한 고등학교에서 진로탐구 강연을 처음 할 때였습니다. 미래의 개발자를 대상으로 강연한다는 생각에 공부 방법, 도서정보, 개발 분야 등 나름 알차게 준비를 했습니다. 강연 시작 전, 참관하는 선생님이 많아 놀랐는데 다 이유가 있더군요. 강연 시작과 함께 모든 학생이 잠을 자기 시작했고 선생님들이 부지런히 돌아다니면서 학생들을 깨웠습니다. 나름 저에게 청중의 관심을 끌어내는 요령이 있다고 생각할 때였는데, 제가 아는 그 어떤 방법도 통하지 않더군요. 결국 시간은 채웠지만 제가 무슨 이야기를 했는지를 하나도 몰랐던 경험이었습니다.

그 후에도 몇 차례 진로특강에 대한 강연을 요청받게 되었고, 전 마음을 바꾸어 먹었습니다. "정보 전달이 중요한 게 아니라 개발자란 단어에 좋은 기억이라도 남기자. 그럼 뭘 해야 할까? 웃기자. 그리고 뭐든 참여를 시켜보자." 지원자 한 명에게 원을 그려 보라고 하고 저는 코드로 원 그리기를 작성하며 누가 더 빨리 그리는지 대결했습니다. 당연히 원 하나를 그릴 때에는 학생이 빨랐습니다.

그다음으로 이제는 원 10개를 그려보자고 했고 저는 이미 작성된 코드에 변숫값을 하나 바꿔서 실행했습니다. 결과는 저의 승리였죠. 그리고 "개발을 하면 이처럼 반복 작업을 빠르게 할 수 있다." 뭐 이런 식으로 관심을 끌었습니다. 게임을 좋아하는 학생이 많으니 게임 이야기만 줄곧 하면서 게임 서버가 동작하는 방법을 설명하거나 아니면 개발로 창업해서 돈을 많이 번 사례를 알려 주며 개발자란 단어에 재미를 각인시키려고 노력했습니다. 물론, 그래도 잘 사람은 잡니다.

강연에는 자발적인 참여자와 마지못해 끌려온 사람이 있습니다. 할 수 없이 온 사람만 가득 찬 곳에서 하는 발표는 정말 힘듭니다. 애초에 강연에는 관심이 없고, 잠잘 목적으로 강연에 온 분들에게 동기부여를 하기란 거의 불가능하죠. 이런 관점에서 본다면 대한민국에서 가장 어려운 강연은 예비군과 민방위를 대상으로 한 강연일 겁니다. 아무리 돈을 많이 줘도 저는 그분들 앞에서 강연할 자신이 없습니다.

웃기고 참여시키는 방법은 대부분의 강연에서 매우 효과적입니다. 그리고 강연에서 들은 내용을 기억하게 할 확률도 높아집니다. 물론, 남들이 웃어주지 않는 자기만의 유머 코드를 강요하는 실수는 피해야 합니다.

능숙한 일인데도
실수해 본 적이 있나요

저는 자주 합니다. 문서에 오타 내기, 사람 이름을 바꿔 부르기 등 셀 수도 없죠. 특히 너무 뻔해서 실수할 수 없는 것처럼 보이는 일에도 실수를 합니다.

인간은 효과적인 의사결정을 위해 직관을 이용하는 시스템 1과 탐색하고 의도를 이해하여 의사결정하는 시스템 2를 이용합니다. 익숙한 일과 쉬워 보이는 일은 시스템 1을 이용해서 빠르게 처리하여 에너지를 절약하도록 진화해 온 거죠. 빠르다는 장점은 실수도 한다의 단점을 내포합니다. 그러다 보니 자주 해서 익숙해진 일에서 실수가 생깁니다.

어렵거나 낯선 일은 시스템 2의 담당입니다. 운전을 하는 분이라면, 온갖 신경을 곤두세워야 하기에 조금만 운전해도 피로를 느꼈던 초보 시절이 기억날 겁니다. 그러다 익숙해지면 시스템 1을 이용하게 되어 피로도 낮아지고 운전하며 대화도 가능해집니다.

물론, 그러다 어이없게 벽에 차를 긁는 사고를 내기도 하죠.

시스템 2를 이용하다 시스템 1으로 전환되어 실수하는 장면을 담은 유튜브 클립을 공유합니다.

[자료 2] 능숙한 일에서의 실수(https://lnkd.in/gcJ6i_hE)

최현석 셰프는 27년 경력의 역량이 뛰어난 요리사입니다. 낯선 주방에서 새로운 파스타 메뉴의 조리법을 배워 고객 주문을 받기 시작하는데 초반에는 긴장한 기색이 보입니다. 하지만 시스템 2를 이용해서 큰 실수 없이 많은 주문을 처리해 냅니다. 실수는 여유가 생긴 뒤 발생합니다. 크림 파스타 주문인 걸 알고 말로도 확인하지만 매운 파스타를 만들고 실수를 인지하지 못합니다. 그리고 바로 옆에 있는 셰프도 실수를 눈치채지 못합니다. 조리 중에 매운 냄새가 나는 네도 말이죠. 당연히 잘하고 있으리라 믿었던 거죠. 시스템 1의 재미난 특성입니다.

그렇다고 모든 일을 시스템 2로 처리할 수는 없습니다. 에너지 소모가 많아 금방 지치게 되어 의사결정을 포기하게 됩니다. 그러므로 적절한 때에만 시스템 2를 활용해야 합니다. 하지만 직관은 눈치 채지 못할 정도로 빠르게 동작해서 시스템 2가 처리해야 할 일도 가로챕니다. 이를 방지하려면 시스템 2가 처리해야 하는 일에 주의를 환기할 장치가 필요합니다.

"이 문제는 이런 의도인 거죠?"

"저는 이런 식으로 단순하게 생각했는데 고려해야 할 추가 요소가 있을까요?"

위와 같은 방식으로 질문을 하고 추가 정보를 이용하여 시스템 2를 활성화할 수 있습니다. 만일 다른 사람의 시스템 2를 깨워야 한다면 발표 자료에 수식을 넣거나 복잡해 보이는 도표를 넣으면 효과적입니다. 아니면 말로 "이 문제는 복잡한 문제입니다"라고 설명할 수도 있습니다.

시스템 1과 시스템 2의 특징을 이해하고 효과적인 의사결정을 할 수 있기를 바랍니다.

데이터를
활용하고 있나요

많은 기업이 데이터 드리븐(Data driven, 데이터로 중요한 결정을 정하는 방법)을 통해 사실에 충실한 의사결정을 한다고 주장합니다. 이에 데이터를 모으고 분석하여 통찰(Insight)을 찾고 있는데요. 만일 이러한 과정에 편향이 발생하면 어떤 일이 벌어질까요? 인간은 과연 아무런 편향 없이 데이터를 분석할 수 있을까요?

'팩트풀니스(Factfulness)'는 통계학자이자 공중 보건 전문가인 한스 로슬링(Hans Rosling)이 10가지 비합리적 본능으로 인한 편향 발생의 이유를 데이터 기반으로 설명합니다.

① **간극 본능** 세상을 두 가지 집단으로 나누어 이해하려는 본능으로 다양성을 인정하지 못하는 실수를 유발하거나 한 집단에 비해 다른 집단을 강조하여 현실을 왜곡시키는 인간 본능

② **부정 본능** 사실을 인정하지 않음으로 불안감을 해소하려는 인

간 본능

③ **직선 본능**　사건이 다양한 방식으로 벌어질 수 있음을 무시하고 인식하기 용이한 직선의 형태로 일어날 것이라 가정하는 인간 본능

④ **공포 본능**　위험을 과대평가하는 인간 본능

⑤ **크기 본능**　비율을 왜곡해 사실을 실제 일어나는 사건보다 부풀려 보는 인간 본능

⑥ **일반화 본능**　사건을 범주화하고 일반화하여 파악하려는 인간 본능

⑦ **운명 본능**　타고난 조건에 의하여 모든 것이 결정된다고 믿는 인간 본능

⑧ **단일 관점 본능**　단일한 해결책을 선호하여 단순한 하나의 방법이 모든 문제의 해결책으로 착각하는 인간 본능

⑨ **비난 본능**　안 좋은 사건에 대해 명확한 이유를 찾아 책임을 떠넘기고 싶어 하는 인간 본능

⑩ **다급함 본능**　중요한 일 보다 다급해 보이는 일에 더욱 관심을 갖고 해결하려는 인간 본능

편견 없이 세상을 바라보기 위해서는 인간이 가진 편견과 편향을 인정하고 이해해야 합니다. '팩트풀니스'를 통해 데이터가 의미하는 실체를 보다 정확하게 해석해 내길 바랍니다.

'돌아이 보전의 법칙'을
들어 봤나요

어느 조직이나 일정량의 돌아이가 존재한다는 법칙입니다. 법칙에 따르면 돌아이를 피해 다른 조직으로 이동해도 또 다른 돌아이를 만나게 됩니다. 아주 운이 좋아 돌아이가 없는 조직을 찾았다면 높은 확률로 본인이 돌아이라는 것입니다.

자극적인 이름과 내용이지만 공감하는 분이 많을 겁니다. 인간은 합리적인 존재가 아니라 합리화하는 존재임을 감안한다면 동일한 사람이 이상 행동을 반복하지 않더라도 충분한 시간을 두고 관찰하면 누구든 비합리적인 행동을 할 것이므로 대체로 '돌아이 보전의 법칙'은 참이라고 인식됩니다. 이러한 조건을 고려한다면 자신을 포함해 비합리적인 인간과 공존할 방법의 모색이 필요합니다. 여러 방법이 있겠지만 "가치 없는 일은 마음에 담지 않고 무시한다"의 방법이 가장 효과가 좋습니다.

여러 개발자와 함께 미국에서 3개월 정도 프로젝트를 수행할 때의 경험입니다. 아침마다 숙소 앞에서 두 대의 승합차에 나누어 타고 출근을 했는데, 여러 동양인이 무리를 지어 다니는 모습에 인종차별을 하고 싶은 욕구를 억누르지 못하는 사람들이 있었습니다. 자동차 창문을 내리고 인종차별에 해당하는 온갖 욕설을 쏟아붓고는 쏜살처럼 도망을 가버리곤 했는데 아침부터 욕을 먹고 시작하니 마음이 편치 않았습니다. 그런데 놀랍게도 동료들은 아무런 영향을 받지 않더군요. 그러던 어느 날 차를 타고 지나가며 인종차별 욕설을 하는 녀석들이 또 나타나 동료에게 물었습니다.

나 　아침마다 이런 일 당하면 기분이 나쁘죠?

동료 　네? 무슨 일 있었어요? 난 뭐라고 하는지 못 알아들었는데.

차를 타고 빠르게 지나가며 하는 욕설이었기에 무슨 내용인지 몰랐고 그 덕에 아무런 심리 반응이 발생하지 않았던 것입니다. "누군가 나에게 쓰레기를 줬는데 내가 그걸 받아서 내 주머니에 넣고 하루 종일 기분 나빠하고 있었구나." 깨달음을 얻는 순간이었습니다. 이후에는 뭐라고 하던 신경을 쓰지 않게 되었고 어느 순간부터는 "어휴~ 딱한 녀석들" 하면서 웃음이 나더군요.

타인의 부정적 견해에 영향을 덜 받고, 영향을 받았더라도 빠르게 평상심으로 복귀하는 능력이 '자아존중감(自我尊重感)'입니다. 자아존중감이 높으면 돌아이가 득시글거리는 상황이라도 불필요한 상처를 받지 않으며 지속적인 성장을 이어갈 수 있습니다. 가치 없는 일을 마음에 담지 말기 바랍니다. 무시하고 가던 길을 꾸준히 가는 방법이 최선입니다. 인터넷에서 악플이 문제일 때 "관심과 먹이를 주지 마세요"라는 조언이 유효한 이유입니다.

미래를 예측할 수 있다고
생각하나요

강연을 의뢰받을 때 의뢰인이 하는 요청 중 하나는 '미래에 대한 예측을 해달라'는 것입니다. 저도 그걸 알 수 있으면 좋겠지만 미래를 예측하기란 불가능합니다.

사람들이 미래를 예측할 수 있다고 오해하는 원인 중 하나는 과거의 사례를 살펴볼 때 현재 시점에서 충분히 이해되고 또 자신이 이를 "예상했었다"라고 느끼기 때문입니다. 자신이 현재 알고 있는 사항을 과거에도 알고 있었다고 착각하는 거죠. 그러다 보니 경험 많은 전문가는 정확히 예측할 수 있으리라 기대합니다.

하지만 인간은 미래를 예측하는 데에는 재능이 형편없습니다. 최근 〈뉴욕타임스〉에 기고했던 전문가들이 자신의 예측이 틀렸다는 연재 기사를 올려 화제가 되었습니다. 틀린 것을 인정하기 싫어하는 사회에서 전문가들의 양심고백이라며 환영받았죠.

그런데도 미래를 알고 싶어 하는 이유는 '불안' 때문입니다. 빠르게 변하는 사회에서 도태될 수 있다는 공포는 교육과정과 사회에서 수시로 주입됩니다. 그렇기에 반사적으로 미래를 예측하고 대비하고 싶어 하게 되는 것이죠.

아무리 전문가라 하더라도 예측은 틀릴 수밖에 없기에 누군가의 예측에 자신의 운명을 의탁하는 일은 위험합니다. 결국 자신의 미래에 대한 예측과 대비는 자신의 몫이어야 합니다.

이런 복잡한 상황에서 가장 기본이 되는 것은 자신이 좋아하는 일을 하며 숙련도를 높이고 그 일을 둘러싸고 있는 외부환경을 지속적으로 검토하는 것입니다. 너무나 익숙해져 의문을 갖지 않는 부분에 질문을 하고 더 나은 방법을 찾으려 노력하는 일이 스스로 미래를 대비하는 지름길(捷徑)입니다.

미래에 대해
걱정하고 있나요

유튜브에서 2013년 개봉했던 두 편의 영화 리뷰를 보았습니다. 〈라이프지〉 폐간에 따라 실직 위기에 처한 필름 인화 담당자의 모험을 다룬 〈월터의 상상은 현실이 된다〉와 손목시계 판매원에서 실직자가 된 후 구글의 인턴십에 도전하는 중년을 소재로 만든 〈인턴〉이란 영화였는데, 문득 '2013년에 무슨 일이 있었길래 모두 실직을 주제로 삼았지?'라는 생각이 들었습니다.

그러고 보니 개발자들에게 인문학으로 응원해 보자는 로드북 출판사의 편집장님한테 연락을 받고 〈프로그래머 철학을 만나다〉를 출판했던 때도 2013년이더군요. 개발자란 직업이 3D(Difficult, Dirty, Dangerous) 업종으로 불렸는데, 이제 여기에 꿈도 희망도 없다는 의미로, Dreamless를 더해 4D라고 불러야 한다는 자조적 농담이 오가던 시절이었습니다. 개발자에게 높은 연봉을 제시하며 앞다투어 채용하려는 2022년 초 분위기와는 사뭇 달랐습니다.

하지만 2022년 말에는 희망보다 우려가 다시 앞서고 있습니다. 감원, 긴축, 연봉 동결, 파산 등의 단어가 기사를 채우고 있고 개발자가 없다며 걱정하던 실리콘밸리와 LA 지역도 인원 감축이 잦다고 합니다.

외부 강연에서 "개발자 대우가 현재는 좋지만 10년, 20년 뒤에도 좋을지 걱정인데, 발표자는 이때를 대비해 어떤 공부를 하고 있나요?"라는 질문을 받았습니다. 치열하게 공부하고 취업한 분이 한숨을 돌리기도 전에 미래를 걱정해야 하는 상황에 죄송한 마음부터 들더군요.

통제할 수 없는 외부요인과 먼 미래를 대비하기란 불가능하기에 본질에 집중하는 것이 좋겠다고 답했습니다.

> "개발자로 일하는 것이 즐겁고 가치 있다고 느껴져야 하고, 현재의 문제를 해결하기에 적합한 해결책을 선택할 수 있어야 하며, 고객의 관점을 이해하기 위한 노력이 필요하고, 만드는 서비스의 열렬한 사용자가 되어야 합니다. 그리고 동료들과 효과적으로 협업하고, 주변을 성장시킬 수 있다면 시장 상황과 무관하게 좋아하는 일을 지속할 수 있으리라 생각합니다."

미래가 희망이 아닌 공포를 주는 상황이지만 여러분 스스로의 가치를 믿고 성장하며 동료들과 연대해 나가길 응원합니다.

발표할 때
긴장하나요

발표장은 인간 유전자의 공포를 일깨웁니다. 숨을 장소가 없고, 모든 시선이 나를 향해 있습니다. 발표장이 마치 야생인 양 느껴져 생명이 위태로운 상황이라는 공포감이 들고 그곳에서 얼른 도망치고 싶어집니다. 도망가기 최적의 상태로 심박수가 빨라지고, 근육이 긴장되어 운동능력이 극대화됩니다. 이성이 앞서야 하는 상황인데 생존 능력만 높아집니다. 이성적인 인간은 애써 침착하려고 노력하지만 긴장하지 않겠다고 노력할수록 상황은 나빠집니다.

제 성격도 내향적이라서, 발표할 때 많이 긴장합니다. 빨리 그 상황에서 벗어나고 싶어서인지 말이 빨라져 1시간 분량의 발표 내용을 20분 만에 끝내곤 했습니다. 그리고 가능하면 발표를 피하며 살았죠. 하지만 피할 수 없는 발표도 있고 때론 장시간 교육을 해야 하는 상황도 생깁니다. 이에 시행착오를 겪으며 알게 된 몇 가지 방법을 공유합니다.

1. 발표는 원래 떨리는 일입니다

이 사실을 인정해야 합니다. 떨고 있는 자신을 낯설게 대하고 "남들은 다 잘하는데 나는 왜 이러냐"라며 책망하지 말아야 합니다. 발표는 누구에게나 떨리는 일입니다. 유약해서가 아니라 그런 환경은 위험하다고 유전자에 각인되어 있기에 자연스러운 현상이라고 받아들이면 일정 수준 이상으로 긴장감이 높아지지 않습니다. 무엇이든 인정하는 일이 개선의 출발입니다.

2. 낯선 장소를 익숙한 장소로 만들어야 합니다

발표도 어려운 일인데 장소까지 낯설면 어려움은 배가 됩니다. 일찍 도착해서 발표장 근처도 돌아다니고, 가능하다면 연단에 올라가서 시간을 보내며 최대한 익숙해지기 바랍니다. 급하게 낯선 장소에 도착해 발표하는 상황은 만들지 말기 바랍니다. 공간과 친해지기 위해 꼭 미리 도착해야 합니다.

3. 참석자는 팬입니다

강의에 오기까지 참석자도 많은 투자를 합니다. 그리고 투자를 했으니 잘 되길 바라지, 강의자가 실수하고 엉망이 되어 시간을 낭비하고 싶어 하지 않습니다. 그러므로 발표하기 용이하도록 참석자에게 도움을 요청하기 바랍니다. 특히 참석자가 흩어져 앉아 있을 경우 꼭 한곳으로 모여 달라고 요청해야 합니다. 참석자의 밀도가 느껴져야 발표할 때 편안함을 느낍니다. 참석자도 밀도감을 느껴야 발표에 집중하기 쉽습니다. 듬성듬성 비어 있는 자리는 발표자의 시선을 분산하고 참석자의 집중도 저하시킵니다.

강의장에 미리 도착해 입장하는 분들께 인사를 건네며 앞자리부터 모여 앉아 달라고 요청하면 긴장감도 완화시킬 수 있습니다. 그리고 타인의 부탁을 들어준 참석자도 발표자에게 친밀감을 느껴 발표에 너그럽고 호의적인 반응을 보입니다. 누군가의 부탁을 들어준 사람은 상대에게 호감을 느끼게 되는 특징을 충분히 활용하기 바랍니다.

4. 숨으면 더 무섭습니다

옷장에 숨어 있을 때가 가장 공포스럽습니다. 연단 위에 놓인 강연대가 옷장 역할을 합니다. 강연대 뒤에 숨어 경직된 상태로 발표하기보단 그곳을 벗어나 연단 위를 걸어 다니면 훨씬 편합니다. 천천히 걸으면 뇌가 활성화되어 발표하기도 쉽습니다. 장소가 좁아 걸어 다닐 공간이 없다면 탁자 뒤가 아닌 옆에 서는 편이 좋습니다. 적당히 탁자에 기대고 한 손을 주머니에 넣는 것도 안정에 도움이 됩니다. 건방지다고 욕하는 사람은 없으니 아무 걱정 하지 말고 가장 편한 자세를 취하기 바랍니다.

5. 시선은 가장 편한 곳을 보세요

참석자에게 시선을 골고루 분산하는 일은 전문강사나 연기자만 할 수 있습니다. 가끔 발표하는 우리는 그런 수준이 될 수 없습니다. 그러니 가장 편안하게 느껴지는 곳만 봐도 됩니다. 보통 가장 반응 좋은 분을 보는 편이 좋습니다. 혹시라도 친분이 있는 사람이 있다면 그분을 보며 그분의 응원을 받아 발표하기 바랍니다.

6. 발표 자료가 잘 나오는지 검토하세요

긴장하며 발표를 시작했는데 발표 자료가 잘못되었거나 프레젠테이션 파일의 폰트가 맞지 않아 이상하게 출력되면 어지간히 노련한 발표자도 당황합니다. 꼭 미리 도착해서 발표 자료가 제대로 출력되는지 확인하기 바랍니다. 제가 겪을 수 있는 종류를 다 겪어 보고드리는 진심 어린 조언입니다.

7. 모른다고 해도 됩니다

발표자가 모든 것을 다 알아야 한다는 부담감을 버리기 바랍니다. 발표자는 사람이고 모르는 게 있는 것이 당연합니다. 참석자가 모르는 내용을 질문하면 당황해서 말도 안 되는 답을 하는 편보다 "모른다"라고 솔직하게 답하는 편이 좋습니다. 그리고 질문자에게 의견을 물어도 됩니다. 질문자가 해당 분야 전문가일 수도 있고 이미 문제를 겪어봤을 수도 있습니다. 그런 분의 의견을 참석자에게 잘 전달할 수 있도록 조율하는 일도 발표자의 역할입니다. 발표자는 모든 것을 다 아는 사람일 수 없습니다. 참석자도 그걸 기대하지 않습니다. 모른다고 답할 줄 아는 발표자가 모르는데 아는 척하는 사람보다 더 신뢰를 얻습니다.

배우기를 즐기나요

배우기를 포기하는 순간, 그대로 정체되어 한자리에 머무는 수준이 아니라 세상은 저만치 앞서가 버리고 혼자 뒤처져 과거에 남게 됩니다. 그래서 배우기는 세상과 발맞추어 나가기 위해 매우 중요합니다.

〈틱톡〉이 유행하기 시작할 때 개인적으로는 왜 그런 서비스를 하는지 이해하지 못했습니다. 짧은 길이의 동영상을 올리고 싶다면 기존의 동영상 플랫폼에 올리면 되지 굳이 제약이 있는 곳을 이용하는 상황이 의아했습니다. 얼마 후에 〈틱톡〉이 엄청난 인기를 얻고 유튜브에서 〈쇼츠〉가 나오는 것을 보고 제가 배우지 못하고 기존에 알고 있던 관성에 갇혀 있음을 깨닫고는 직접 사용하지는 않지만 대중이 열광하는 이유를 배우기 위해 노력했습니다.

〔링크드인〕에 글을 게재하며 상세하게 설명하려고 노력하다 보니 SNS에서 읽기에는 너무 긴 글을 작성하는 실수를 했습니다. 호

기심을 유발하기 위해 초반에 흥미 있는 사건을 배치하고 결론에 반전과 함께 의미를 담아 제 생각을 공유했는데, 댓글에는 서두의 사건만 언급하는 경우가 많았습니다. 글을 끝까지 읽지 못해 오해하는 분들이 늘어나고 현실에서 소문이 만들어져 제 귀에까지 들어오자 무엇인가 잘못되었음을 깨달았습니다. 글과 영상도 점차 더 짧게 소비되는 요즘, 글을 길게 적다 보니 혼란을 야기한 거죠.

이후에는 가능한 짧은 글을 SNS 특성에 맞추어 1분 이내로 읽을 수 있도록 작성하기 위해 노력 중입니다. 피치 못하게 글이 길어지면 오해를 방지하기 위한 문구를 서두에 두었습니다. 〈쇼츠〉가 생기고 〈틱톡〉이 인기를 얻는 이유를 이해하고 따라잡아야 했는데, 미흡했던 거죠.

세상의 변화에 이해가 안 간다는 느낌이 든다면 배울 기회가 생겼다는 의미입니다. 함께 배우고 지속적으로 성장하길 바랍니다. 저 또한 최선을 다하겠습니다.

'백패커'라는
프로그램을 아나요

    사연을 받아 백종원 씨가 단체급식을 준비해서 제공하는 프로그램입니다. 개그맨 양세형 씨가 출연해 함께 급식 준비를 하는 에피소드에서 발생한 사건입니다. 양세형 씨는 다른 프로그램에 백종원 씨와 자주 출연하고 음식을 만들어 본 적이 있어 칼질부터 음식 준비까지 능숙함을 보여줍니다. 하지만 수백 명분의 음식을 만들어본 경험은 없어 간을 맞추는 방법을 백종원 씨에게 물어봅니다. 양세형 씨가 음식 만드는 재주가 뛰어나다고 칭찬해 온 백종원 씨이기에 아주 능숙한 전문가에게 설명하듯 다음처럼 이야기합니다.

    "소금을 한 바퀴 휘~ 돌려서 넣고 잘 섞어."

    어머니가 김치찌개 끓이는 법을 알려줄 때 들을 법한 방식이죠.

    백종원 씨의 경우 실제로 간장, 소금 등의 양념을 큰 솥에 한두 바퀴 돌려 뿌리곤 했는데 매번 간이 잘 맞았습니다. 군대에서 취사

장교로 근무했고, 식당을 직접 운영해온 경험이 많기에 대충 하는 것처럼 보이지만 근육의 기억을 통해 매우 정교한 조정을 할 수 있는 것입니다. 하지만 이를 일반인이 형식만 따라 하는 "한 바퀴 휘~"는 전혀 다른 결과를 만들어 냅니다.

양세형 씨는 염도가 높은 소금을 봉지째 들고 솥에 한 바퀴 뿌립니다. 그리고 잘 섞어 간을 보니 너무 짭니다. 배식 시간이 얼마 남지 않았는데 큰 사고가 난 거죠. 백종원 씨가 전분가루와 물을 이용해 응급처치를 했고, 다행히 간을 맞춘 음식을 배식할 수 있게 됩니다.

프로그램의 재미를 위해 계획된 연출일 수도 있겠으나 평소 음식을 만들 때 진심을 다하던 백종원 씨의 모습을 봐서는 의도치 않은 사고가 발생한 것으로 보입니다. 사고의 원인은 크게 두 가지로 예상해 볼 수 있습니다.

백종원 씨는 양세형 씨가 음식을 만드는 데 재능이 있다고 믿어 자신의 눈높이로 설명을 합니다. 자신의 능력은 과소평가하고 상대의 능력은 과대평가한 것이죠. 양세형 씨 또한 음식을 자주 해보며 자신감이 생긴 상태여서 백종원 씨가 지시한 대로 '형식'을 따라 합니다. 이 두 가지가 결합하여 사고가 납니다.

주니어가 열심히 노력하여 성장하기 시작하면 리더에게 신뢰를 받고 더 많은 책임과 권한도 부여받게 됩니다. 도전적인 업무를 하며 성장할 수 있는 기회이지만 주니어를 과대평가하여 리더의 눈

높이에 맞추어 업무를 부여하고 중간 점검을 하지 않을 경우 실패로 이어져 성장하지 못하고 높은 책임감이 죄책감으로 이어질 수 있어 주의가 필요합니다.

리더는 구성원의 역량에 맞춰 업무를 배분하고 지원해야 합니다. 주니어라면 명확한 기댓값, 프로세스, 도구를 제공하고, 짧은 주기로 진척을 확인하고, 필요한 도움을 제공하는 방식으로 업무를 진행해야 합니다. 기술적인 성숙도가 생긴 경우라면 어려움이 있을 때 도움을 요청할 수 있는 환경을 조성하고 적합한 주기에 확인하고 필요한 조언을 해주어야 합니다. 시니어라면 의사결정을 스스로 할 수 있도록 지원하고 의사결정 사항에 대한 장단점에 대해 조언하여 결과에 대한 책임을 질 수 있도록 도와주어야 합니다.

지시받은 업무가 자신의 역량에 맞지 않는 경우라면 리더에게 도움을 청하는 데 주저함이 없어야 합니다. "내가 할 수 있다고 생각했으니, 시켰겠지"라며 스스로 모든 것을 해결해야 한다는 압박감은 성장에 도움이 되지 않습니다, 어려움을 솔직하게 이야기하고 필요한 도움을 얻는 능력은 매우 중요합니다. 이는 약함의 증거가 아니라 자기인식을 기반으로 적극적인 성장을 도모하는 용기입니다.

부지런한가요
아니면 게으른가요

저는 게으릅니다. '게으르다'의 사전적 정의는 "행동이 느리고 움직이거나 일하기를 싫어하는 성미나 버릇이 있다(출처: 표준국어대사전)"입니다. 제 게으른 특성과 정확하게 일치하지는 않지만 저는 귀찮은 일과 반복적인 업무를 하고 싶어 하지 않습니다. 대표적으로 연말정산은 정말 귀찮아서 홈택스에 나와 있는 대로 겨우 신고합니다. 제때 신고하지 않으면 고발당한다는 으름장만 없다면 신고도 안 하고, 책정되는 세금을 그냥 내는 편을 택하고 싶습니다.

〔쏘카〕로 이직하며 기존에 거래하던 은행이 아닌 다른 은행으로 급여통장을 등록하라는 안내를 받고는 입사를 취소하겠다고 답변해서 담당자를 당황시켰습니다(그 덕에 기존에 사용하던 통장을 그대로 사용 중입니다). 대수롭지 않은 일이니 그렇게까지 할 필요가 없다는 생각은 들지만 막상 닥치면 너무나 귀찮아져 타고난 천성이

라 어쩔 수 없다고 체념했습니다. 이런 게으른 천성이 도움이 되는 일도 있는데, 바로 반복 업무를 처리할 때입니다. 반복되는 업무라면 부지런히 극도의 효율로 처리하기보다 다시 안 할 수 있는 게으른 방법을 찾는 데 몰두합니다. 이때 가장 효과적인 방법이 '자동화'입니다.

엑셀은 직장인의 시간을 절약해 준 대표 도구입니다. 엑셀을 이용해 데이터를 정렬하고, 원하는 데이터만 필터링하고, 총합, 평균 등 필요한 연산을 쉽게 처리할 수 있습니다. 데이터 규모가 너무 크지만 않다면 개인 컴퓨터에서 소프트웨어 개발자와 DBA의 도움 없이도 효과적으로, 자유도 높게 자료를 다룰 수 있습니다. 엑셀은 정말 많은 기능을 제공하고 사용자도 많기에 〈월드 엑셀 챔피언십〉이라는 E-스포츠가 ESPN에 중계될 정도로 인기가 높습니다. 하지만 엑셀을 이용해 데이터를 효과적으로 다룰 수 있다고 해도 반복적으로 같은 방식의 데이터를 주기적으로 처리한다면 결국 반복 작업이 됩니다. 반복 작업이지만 꼭 해야만 하는 일이기에 많은 시간과 노력을 들여도 성취감이 낮거나 동기부여를 저하시키기까지 합니다. 소프트웨어 개발자를 투입하여 자동화를 하려고 해도 작은 규모의 작업이 많고 변경도 자주 발생하면 개발하느라 시간이 더 오래 걸리고 비용 낭비만 발생할 수도 있습니다.

이러한 문제를 해결하기 위해 최근에는 RPA(Robotic Process Automation)가 활용되고 있습니다. RPA는 사용자 인터페이스를 통해 사람이 작업을 하는 방식처럼 마우스와 키보드 입력을 조정하고 화면의 이미지나 텍스트를 인식하여 사람의 개입 없이 자동으로 업무를 처리할 수 있도록 지원하는 도구입니다. 소프트웨어 개발에 대한 지식이 없어도 RPA 도구를 이용하여 업무를 자동화할 수 있습니다. 최근에는 RPA 전담 조직을 두고 전사의 반복적인 업무를 자동화하여 업무 효율을 높이고 직원들은 좀 더 가치 높은 일에 몰두할 수 있도록 지원하는 회사가 늘어나는 추세입니다.

회사에 전담 조직이 없다면 RPA 기초 교육을 추천합니다. 엑셀 사용법을 익히는 정도의 난이도로 충분히 많은 작업을 자동화할 수 있습니다. 자동화를 통해 얻게 된 여분의 시간은 사람만이 할 수 있는 가치 높은 일에 투자할 수 있습니다. 예를 들어, 게으름 피우기 같은 것 말입니다. 시간을 만들어 낼 수는 없지만 낭비되는 시간은 줄일 수 있습니다. 여러분의 인생이 반복 업무에 사용되고 있다면 안 할 수 있는 방법을 찾길 바라며 컴퓨터로 처리하는 업무라면 자동화를 이용하길 바랍니다.

비교를
당해 봤나요

어린 시절 "옆집의 누구"로 시작하는 이야기는 세상에서 자신의 상대적인 위치를 규정 받는 가혹한 의식입니다. 청자가 잘 되길 바라는 피드백이지만 기대효과와 실제 효과는 반대입니다.

왜? 옆집에는 잘난 사람만 있는 걸까요? 통계적으로는 당연한 일입니다. 모든 면에서 본인이 제일 잘난 세상의 딱 한 명이 아니라면 주변에 뭐 한 가지라도 나은 사람이 있을 수밖에 없고 이런 개별적인 우위가 옆집이란 대명사로 퉁쳐지기 때문이죠. 결론적으로 이런 이야기는 성장하며 누구나 주위로부터 한 번쯤 들을 수밖에 없습니다.

이런 효과가 나타나는 다른 사례로는 마트의 계산대인데 다른 줄이 먼저 줄어들곤 하죠. 당연히 확률적으로 일어날 경우가 많고 우연히 내가 선 줄이 먼저 줄어든다면 이는 기대한 일이기에 기억에 남지 않습니다. 결국 계산대를 선택할 때 운이 따르지 않는 사람이라며 스스로 낙인을 찍는 실수를 하곤 합니다.

　이러한 현상은 개인뿐만 아니라 조직에도 나타납니다. 세상에는 많은 기업이 있고 다양한 장점이 들려올 수밖에 없습니다. 그러고는 자신이 속한 조직과 비교하며 낙심과 비판을 하는 경우가 있습니다. 함께 방법을 고민하고 시도하고 개선점을 찾아 다시 시도해 보는 노력이 없으면 의도와 반대의 결과만 얻게 됩니다.

　상대와 비교하며 내가 가지지 못한 것을 비판하는 일은 자기가치감을 약화시킬 뿐, 성장에 도움이 되지 않습니다. 조직도 동일합니다. 타 조직의 장점이 현재 조직에 필요하다면 부재를 책망하지 말고 이를 점진적으로 달성할 수 있는 방법을 찾고 실천하는 데 힘을 보태야 합니다.

'비즈니스 캐주얼'이란
표현을 들어 봤나요

    직장 생활을 처음 시작할 때 인사팀으로부터 주중에는 '비즈니스 캐주얼', 주말에는 '캐주얼'이란 안내를 받았습니다. 비즈니스 캐주얼이 무엇인지 이해하기 어려워 양복을 입다가 일하기 불편해서 청바지에 운동화를 신고 다녔습니다. 고위 임원에게 "운동화는 너무한 거 아니냐?"라는 질책을 받았지만 넉살 좋게 "운동화 밖에 없어서 죄송합니다" 하며 넘겼습니다. 그 후로는 복장 규정이 없는 회사만 다녀서인지 비즈니스 캐주얼에 대해서 고민을 하지 않았고 주로 개발자 행사나 회사에서 나누어 준 티셔츠와 라운드 티를 입었습니다.[3]

    얼마 전 해외 기업을 방문하는 출장이 잡혔는데 해당 국가에서

---

3   개발자를 'ㄱㄹㅈㅁㄴ(가로줄무늬)'라고도 부르던 때가 있었는데 가로줄무늬 옷을 많이 입는 패션 센스 없는 사람이란 의미입니다. 티셔츠를 나누어 주는 문화가 정착된 이후로는 사용하지 않는 언어가 되어 다행입니다.

는 비즈니스 캐주얼을 입어야 한다는 안내를 받았습니다. 제가 몸담고 있는 회사라면 이전처럼 "운동화 밖에 없어요" 하며 버텨볼 텐데 문화 차이로 결례를 범할 위험이 있어 양복과 구두를 챙기고 와이셔츠도 몇 벌 구입했습니다. 실제 출장에서 확인한 결과, 깃이 있는 옷을 입는 정도면 충분해서 제가 가져온 양복 상의와 구두는 무용지물이 되고 말았습니다.

복장 규정은 내부 결속, 상호 예의, 고객에 대한 예 등 다양한 이유와 목적에 따라 정합니다. 학생에게 교복을 입히는 이유가 학생다움과 의복 비용의 절감이라고 하지만 정작 효율적인 통제가 목적인 경우가 많습니다. 이러한 틀에 갇혀 통제당하기를 좋아할 사람은 없으므로 졸업식에서 밀가루를 던지고, 교복을 찢으며 그간의 분노를 표출하고 해방감을 즐기는 문화가 사회적으로 용인되던 때도 있었습니다.

저는 교복자율화 1세대라 교복을 입지 않았습니다. 교복자율화는 학생의 복장을 획일화시키지 않고 자유를 준다는 의미에서 환영받았지만 비싼 브랜드 옷을 선호하고 심한 경우 또래집단과 어울리려고 특정 브랜드 옷을 입어야 하는 등의 부작용이 나타났습니다. 20여 년 전 직장 선배의 자녀가 아르마니 양복을 사달라고 해서 걱정이라던 이야기를 들었는데 "학교에서 그 옷이 없는 사람은 자기뿐"이라며 울면서 떼쓰는 통에 논리적으로 설득하기 어렵다고 하더군요. 이런 사유로 교복이 더 좋다는 의견이 다시 나오게 되었고 학교장의 자율로 교복을 선택하는 학교가 늘어납니다.

하지만 여러 학교가 교복을 선택하기 시작하면서는 고가의 브랜드 교복이 사회적 문제가 됩니다. TV에 유명 연예인이 광고하는 교복 광고가 수시로 나오는 상황이라 저렴한 중소업체의 교복을 선택하는 행위는 합리적이라기보다는 경제력 때문이라는 인상을 주었습니다. 교복 물려 입기, 무상교복 정책, 학교에서 지정한 업체에서 단체 구매하기 등 다양한 시도를 하고 있으나 여전히 이런저런 찬반 의견이 나뉘고 있어 모두가 만족하는 복장 규정을 만들기란 참으로 어려운 일로 보입니다.

복장 규정의 예에서도 지속적으로 변해가는 사회에 맞추어 적절한 해법을 찾아야 함을 배울 수 있습니다. 모든 일에는 장점과 단점이 존재하기에 문제를 일거에 해결할 방법을 찾는 일은 불가능하다는 것을 인정해야 합니다. 해결하려는 문제의 본질에 집중하고 실천적 지혜로 중용을 찾아가길 응원합니다.

사람은 단순 반복 업무를
선호할까요

    당연히 "아니다"라는 답변이 먼저 생각날 겁니다. 하지만 현실에는 단순 반복 업무를 고수하려는 경우도 많습니다.

    UI가 없는 플랫폼의 품질보증 역할을 맡았을 때입니다. 기존 업무 방식을 보니 플랫폼 개발자가 만들어준 프로그램을 이용해 수동으로 입력값을 바꿔가며 테스트를 하는데, 두 명이 꼬박 2주일이 걸리는 엄청난 반복작업이었습니다. 당연히 코드는 테스트 중에도 계속 변경되었지만 테스트 환경에는 업데이트하지 않았습니다. 결국 아무 소용 없는 과거를 검증하고 있는 상황이고 엄청난 반복작업일 뿐이었지만 다들 바쁘게만 지내고 있었습니다.

    테스트 자동화에 필요한 시간이 4주 정도라고 했더니 해당 기간에 수동 테스트도 병행하라고 합니다. 수동 테스트를 하면 자동화를 개발할 시간이 부족해 기간만 길어지고, 현재 수동 테스트는 테스트할 가치가 없으니, 테스트를 하지 말자고 강변해 보았지만 소용이 없었습니다.

결국 크런치 모드(Crunch Mode)[4]로 낮에는 수동 테스트를, 밤에는 자동화 개발을 해서 완료했습니다. 그 뒤 플랫폼 개발자에게 자동화 코드와 실행환경을 넘겨주고 개발 단계에서 코드 커밋 시 자동 검증되도록 업무 방식을 변경했습니다. QA(Quality Assurance)[5]는 성능, 부하 테스트, 탐색적 테스팅 등 사람만이 할 수 있는 일을 담당하게 했습니다.

무의미한 악순환에서 빠져나오지 못한 이유는 관성에 저항하지 못한 부분과 높은 책임감으로 비효율적인 업무를 극도의 효율성으로 수행했기 때문입니다. 모두가 정말 열심히만 한 거죠.

가치 있는 일을 하려면 지금 하지 않을 일을 결정하는 게 중요합니다. 그동안 해왔기 때문에 그저 하는 일은 자신의 삶을 단순반복에게 의탁할 뿐입니다.

---

4 일정을 맞추기 위해 초과근무를 하는 비상근무 체계를 말합니다.
5 소프트웨어의 품질 보증을 담당하는 개인이나 조직을 의미합니다.

사람의 타고난 성향을
바꿀 수 있을까요

저는 없다고 생각합니다. 다만 외부에 반응하는 방법은 바꿀 수 있습니다.

2010년으로 기억하는데, 정부 지원 과제의 중간평가에 참여했습니다. 당시 고등학생이었던 분의 발표 차례였는데 프로젝트 매니지먼트 역할을 담당했고 이에 대한 소개를 한다고 하더군요. 참가자 대부분이 대학생인 상황에서 '나이 많은 사람을 설득하고 조율하느라 고생이 많았겠구나!' 생각이 들 때쯤 두꺼운 프린트물을 나누어 주었습니다. 살펴보니 소스코드에서 정보를 뽑아 자동으로 보기 좋은 문서로 만들어 주는 도구를 이용해 출력한 문서였습니다. 프로젝트에서 코드를 작성했는지 질문했더니 코드 작성에는 기여하지 않았다고 합니다. 이에 자신이 하지 않은 일을 성과로 제출하는 일은 무의미하다며 "종이 낭비에다 심사위원이 이를 모를 거라 생각했나요?"라는 이야기를 추가로 했습니다. 당시에는 좋은 개발자로 성장하기를 바라며 한 조언이라 생각했는데, 이제 와서 생각해 보면 상처만 주었습니다. 기억에 의하면 실제로 화가 나서 이야기했습니다.

당사자가 이로 인해 상처받지 않았기를 바라보지만 과거를 바꿀 수는 없습니다. 그리고 지금이라면 '성장에 도움이 되는 다른 방법으로 이야기를 해줄 수 있었을 텐데' 하는 미련만 남습니다.

다시 시간이 지나고 현재 제가 했던 피드백을 돌아보면 똑같은 후회를 하리라는 점이 두렵습니다. 현재란 가장 많이 성장한 상태이지만 동시에 가장 미숙한 상태이기 때문입니다. 결국 이러한 실수를 줄이려면 사람을 이해하기 위한 노력이 필요합니다.

사람을 이해하고 효과적으로 협업하기 위해 인문학을 배워야 합니다. 자신을 위해 그리고 모두를 위해 실천해 보길 추천합니다.

삶에서 운의 영향력은 얼마나 클까요

저는 운이 매우 중요하다고 생각합니다. 그리고 운과 자신의 역량을 혼동하지 말아야 합니다.

밤늦은 시간 커피자판기 앞 벤치에서 우연히 학과 교수님과 마주쳤습니다. 인터넷 보급 초기라 이메일을 받으려면 행정실에 방문해서 이메일을 출력해오던 때였는데 교수님은 "세상 참 편해졌다"라며 이런저런 이야기를 주고받았습니다. 그러던 중 코딩을 할 줄 아는 학생을 못 구해 대학원 선배의 석사 논문 작성이 난관에 빠져있다는 이야기를 듣게 됩니다. 그때 친구가 불쑥 "석문이가 코딩할 줄 알아요"라고 해버렸고 저는 다음날로 교수님 연구실에서 프로그램 작성 업무를 하게 되었습니다.

지방대에다 인기 없는 물리학과라서 학부생인 저에게 운이 온 거죠. 현미경 미세 조정을 위한 스태핑 모터 제어, 디지털카메라가 프레임 그래퍼(Frame Grabber)라고 고급스럽게 불리던 때에 이미지 프로세싱 프로그램을 작성할 기회를 얻었고 덕분에 국내 논문 한 편과 해외 논문 한 편에 이름을 올릴 수 있었습니다.

막연하게 "취업은 하겠지"라며 딱히 목표가 없던 때 운(?) 좋게 IMF가 터지고 취업은 정말 어려운 일이 되어 버립니다. 교수님이 소개해 준 레이저 관련 기업에 면접을 보러 갔는데 면접 시간이 한참 지나도 면접관이 나타나지 않았고 한참을 기다리니 면접관이 이쑤시개를 입에 물고 들어와 턱으로 저를 가리키며 "쟨 뭐야?" 하더군요. 면접은 당연히 이상한 분위기로 흘렀고 일주일 안에 준다던 연락은 한 달이 넘어도 감감무소식이었습니다. 마지막 학기라 급하게 대학원 진학으로 계획을 변경했는데 여건상 전액 장학금에 생활비까지 받아야 했습니다. 알아보니 광주과학기술원이 조건에 맞았고 학교가 생긴지 얼마 되지 않은 덕에 전공시험은 없고 영어시험과 면접으로 대학원 입시를 진행하더군요. 부랴부랴 지원했고 운 좋게 합격했습니다. 이때 대학에서 작성했던 프로그램과 논문이 큰 도움이 되었습니다. 순전히 운이 좋았던 부분이죠. 그날 레이저 회사로부터 출근하라는 연락을 삐삐[6]로 받았는데 대학원을 선택했습니다.

하지만 입학에 운을 다 써버린 탓인지 대학원 생활은 재미가 없었습니다. 주로 기숙사에서 밤새우며 동기들의 프로젝트에 필요

---

6 1990년대에 쓰였던 휴대용 수신 기기로 벨 소리에 맞춰 삐삐로 불렀습니다.

한 코딩을 해주며 보냈는데 이 시기에 정말 다양한 분야를 접해 보게 됩니다. 이것도 운이 좋았죠.

이후 대기업에 입사했는데, 막상 월급을 받아 보니 그 돈으로 어떻게 살아야 할지 막막하고 조급해졌습니다. 대학원 동기가 코딩 아르바이트를 소개해 줬는데 그걸로 버는 돈이 월급의 몇 배가 되자 운을 실력으로 착각하게 됩니다. 그리고 돈 벌 욕심 하나만 갖고 동기가 소개해 준 벤처기업으로 옮겼지만 결국에는 엄청난 빚만 지고 동기에게 사기까지 당하고 맙니다. 운을 실력으로 착각한 대가였죠.

이후 다시 취업을 하려 했으나 어린 나이에 CTO 직함을 달고 일했던 경력을 선호하는 기업은 없었고 서류전형도 통과하지 못했습니다. 미국 비자가 있는 개발자를 급하게 구한다는 공고를 보고 지원을 했지만 이 또한 연락을 받지 못했습니다. 그런데 어느 날 갑자기 전화가 와서는 정식 면접은 아닌데 얼굴만 봤으면 하더군요. 만나보니 CTO 직함을 달았던 어린 개발자에 대한 불신이 있어서 부담 없이 만나볼 목적으로 불렀던 것이고 다행히 합격하여 며칠 뒤 미국 출장을 가게 되었습니다. 이때도 운이 작용했는데 원래 미국 출장을 가려던 개발자가 여행사 실수로 비자가 발급되지 않았고 그 덕에 저를 급하게 부른 것이죠. 그 개발자 분과는 아직도 그때 이야기를 하며 웃고는 합니다.

그 뒤로도 여러 운이 도와주어 지금까지 개발자로 일을 하고 있습니다. 그리고 내 것과 내 것이 아닌 것을 구별할 줄 알게 되었습니다. 예를 들어, "한 기업에 CTO인데 대단하세요"라는 말은 제가 가진 능력이 아닌 CTO라는 직함을 칭찬하는 것임을 압니다. 제 자신의 능력을 객관화할 수 있어 주변 동료들의 이야기를 듣고 솔직하게 의사소통할 수 있습니다. 모른다고 말하고 도움을 요청하는 일도 어렵지 않습니다. 그리고 정말 운이 좋게 좋은 동료들과 함께 근무 중입니다.

행운과 불행을 그 시점에서 판단할 수 없다는 점도 배웠습니다. 불운이라 생각했던 대학원 생활에서는 다양한 분야를 경험할 수 있었고 개발자로 성장하는 기반이 되었습니다. 망한 벤처기업에서는 공공기관과의 협업, 의사소통, 보고서 작성, 협상 등을 해볼 기회가 많았고 이 또한 제 경력에 큰 도움이 되었습니다.

자신의 것과 아닌 것을 구별하고, 서로를 존중하고 협업하길 응원합니다. 행운과 불행의 진정한 평가는 오랜 시간이 지난 뒤에 가능합니다. 일희일비할 필요가 없습니다. 오늘 하루를 잘 보내거나 견디어 냈다면 지속적 성장을 하고 있는 것입니다. 오늘 하루도 수고 많으셨습니다.

새로운 역할을 맡을지 고민 중이거나
그 역할을 맡아서 어려움을 겪고 있나요

일반적으로 기존 업무에서 성과가 좋으면 권한과 책임이 큰, 새로운 역할을 맡습니다. 업무의 특성이 같은 역할에서 권한과 책임이 확대되면 기존의 뛰어난 성과를 만들어낸 역량이 도움이 되지만 역할이 변경되면 기존의 뛰어난 역량이 발목을 잡기도 합니다.

스탠포드 대학의 명예교수인 제임스 마치(James G. March)는 '역량의 덫(Competency Trap)'으로 이러한 문제를 설명합니다. 기업은 하위 직급에서 좋은 성과를 내면 승진을 시키는데, 승진 후의 성과와 과거의 성과 사이에 통계적 연관성이 없으면 하위 직급의 뛰어난 역량이 오히려 방해가 되는 경우를 의미합니다. 인간은 기존에 성공한 방식을 지속적으로 활용하려는 관성이 있어 새로운 역할에 필요한 역량을 개발하는 대신 기존에 성공한 방식의 역량을 고집합니다. 특히 특정 역량이 뛰어날수록 정도가 심한 것으로 파악되었습니다. 뛰어난 운동선수가 감독과 코치 역할에서 실패하는 이유를 설명하는 데 활용되기도 합니다.

역량의 덫을 피하려면 조직적인 지원과 개인의 노력이 모두 필요합니다.

조직 차원에서 리더십과 전문가 트랙을 구분하여 개인이 선택할 수 있도록 지원해야 합니다. 특정 단계에서 획일적으로 관리직 전환을 해야 한다면 전문가를 양성할 수 없으며 역할 변경에 실패하면 전문가를 잃고 좋은 리더가 없어 조직도 위험에 처합니다. 리더로 역할을 변경하기 전에 리더에게 필요한 역량을 키울 수 있도록 사전에 지원해야 합니다. 리더십을 모든 조직원의 기본 역량으로 보고 교육 기회를 제공하고, 뛰어난 리더십을 보인 적임자를 리더로 발탁하는 시스템이 필요합니다. 전문가를 위해서는 전문 역량 개발의 성장에 맞추어 적합한 보상과 동기부여를 할 수 있는 인사제도 역시 필수입니다.

개인은 자신의 역량과 적성이 무엇인지 정확하게 이해해야 합니다. 사회적인 인식이나 주어지는 권한을 따라 경력을 선택해서는 안 됩니다. 아무리 좋아 보이는 일도 적성에 맞지 않으면 지속 불가능하고 성장할 수 없습니다. 새로운 역할을 맡기로 결심했다면 역할에 맞는 역량이 무엇인지 적극적으로 파악하고 준비해야 합니다. 그리고 기존 업무에서 자신의 뛰어난 역량만큼의 성과를 조직원에게 요구해서도 안 됩니다.

뛰어난 개발자가 팀장이 되고 흔하게 저지르는 실수가 "나와봐,

내가 해줄게"입니다. 당장 일은 급하고 하는 법을 보여주면 팀원이 배우고 따라 할 수 있을 것이라 착각하는 거죠. 하지만 팀원은 성장하지 못하고, 급하고 어려운 일은 모두 팀장이 처리하게 되어 조직원의 협업을 통한 성과가 아닌 팀장 개인의 역량에 갇힌 성과만 냅니다. 팀장이 조직원을 성장시키는 디딤돌이 아닌 성장의 한계인 누름돌이 됩니다. 이런 문제를 피하려면 조직원의 발달 단계에 맞추어 '지시' '지도' '지지' '권한 위임'을 할 수 있는 리더가 되어야 합니다.

"새로운 역할에 맞는 역량을 개발하라"를 "기존의 역량을 모두 포기하라"로 오해하지 않도록 주의해야 합니다. 특히 개발자의 경우, 실무 개발 업무에서 완전히 손을 떼면 얼마 가지 않아 기술 의사결정을 하지 못하는 기술적 무능 상태에 빠지게 됩니다. 관련 부서와의 회의에서 기술 대안을 제시하지 못하고 모든 것을 실무자에게 물어보고 단순히 전달하는 역할만 하게 됩니다. 이러한 기술 리더를 신뢰하고 따르고 싶어 하는 개발자는 없습니다. 결국 리더가 조직의 역량을 최대한 발휘하게 돕는 것이 아닌 의사소통 채널로 전락하거나 데드라인만 관리하며 조직원을 쪼는 역할을 하게 됩니다. 그러므로 어떤 경우라도 실무 개발에 참여하는 비율이 0%가 되지 않도록 주의해야 합니다. 언제나 경력 개발의 최종 책임자는 본인입니다. 자신의 욕망을 이해하고 실천해 가길 응원합니다.

새로운 일을 만나면
가슴이 설레고 의욕이 넘치나요

　새로운 일, 도전, 성취, 주위의 인정은 도파민 수치를 높여 기쁨을 줍니다. 신상이 나왔다며 구매를 유혹하는 광고를 그냥 지나치기 어려운 이유가 바로 도파민의 유혹 때문입니다. 새로운 물건을 사고 기쁨을 느끼지만 그 기쁨은 오래가지 않습니다. 도파민을 분비하는 우리의 뇌는 언제나 자극에 목말라 있어 점점 더 강한 자극을 가져오라고 다그치며 도파민 수치를 낮춥니다.

　이러한 뇌의 유혹에 넘어가면 동일한 성취로는 만족하지 못하고 점점 더 강한 자극을 갈망하게 됩니다. 이는 성장을 위한 좋은 동기가 될 수도 있지만 참을성이 없는 도파민의 특성상 단기간에 만족을 얻지 못하면 좌절하고 실망하여 장기적인 성장을 저하시키는 악영향으로 끝나는 경우가 대부분입니다. 새로운 직장에서 새로운 업무를 부여받고 열심히 몰입하다, 돌연 허전함을 느끼는 시기가 3개월 정도입니다. 이 시기를 잘 넘기면 1년 후에 비슷한 증상이 나타나고 이후에는 3년 정도입니다. 과학적 근거는 없지만 경험을 통해 알게 된 숫자입니다.

타인의 인정을 갈망하는 경우도 마찬가지입니다. 외부의 인정이 없거나 동일한 강도의 인정이라면 더 이상은 기쁨을 얻지 못합니다. 결국 새로운 자극을 찾아 떠나야 한다고 결심을 하게 됩니다. 하지만 새로운 곳에서도 같은 경험을 반복하며 경력은 쌓이지만 주니어 단계를 벗어나지 못하고 성장이 멈추며 T자형 인재[7]를 추구한다지만 깊이는 만들지 못해 옆으로 옆으로 새로운 분야만 넓혀가는 수렁에 빠집니다.

도파민의 유혹을 이겨내고 장기적인 안정감을 얻으려면 외부의 자극에 의한 만족을 추구하는 대신 스스로 자신을 인정할 줄 알아야 합니다. 타인의 인정은 결과에 대한 것이지 자신의 가치에 대한 것이 아닙니다. 누군가 좋은 학교를 나오고 좋은 회사를 다닌다는 사실을 칭찬했다면 이는 자신이 아닌 회사와 학교에 대한 칭찬입니다. 자신에 대한 올바른 인정은 오직 자신의 냉철한 판단만이 가치가 있음을 이해하고 실천해야 합니다.

다음으로는 고통에 대한 직시입니다. 가치 있는 성취는 일반적으로 오랜 시간의 어려움 끝에 얻을 수 있습니다. 금메달을 목에 걸기까지 운동선수가 보낸 시간의 대부분은 고통입니다. 어떠한

---

7 한 분야에 깊은 전문성을 갖추고 다른 분야에 대해 폭넓은 지식을 갖추어 다양한 분야와 효과적으로 협업할 수 있는 인재상을 의미합니다.

일도 즐거움의 연속일 수 없습니다. 아주 운이 좋다면 평온한 상태를 보낼 수 있는 정도이지만 이 또한 오랜 경험과 연습이 필요합니다. 도파민이 주는 짜릿한 기쁨이 아닌 일상에서 가치 있는 일을 하고 있음을 인지하고 자기가치감을 느낄 때 꾸준히 나아갈 수 있습니다.

무엇인가 멋지게 해낸 사람의 결과가 아닌 그 사람이 참아내고 인고했을 과정을 볼 수 있어야 합니다. 1993년 천카이거(Chen Kaige, 陈凯歌) 감독의 영화 〈패왕별희〉에는 경극을 배우는 어린 아이들이 나옵니다. 가혹행위에 가까운 교육을 견디지 못하고 도망쳐 나온 아이들은 우연히 성인 경극 배우의 공연을 보게 됩니다. 모두가 감동을 받아 눈물을 흘리는 와중에 한 아이가 이야기합니다.

"저렇게 잘하려면 얼마나 매를 많이 맞았을까?"

성장하기 위해 스스로를 다그치고 학대하거나 학대받는 일은 위험합니다. 하지만 그 과정이 어려울 것을 이해하고 꾸준히 실천해야 합니다. 그 인고의 과정 끝에 도파민이 주는 행복을 느끼고 나면 다시 인고의 시간이 기다리지만 우리는 그 과정을 통해 성장합니다.

생선을 뒤집어 먹지 말라는
이야기를 들어 봤나요

밥상머리에서 아버지에게 받았던 교육입니다. 이외에도 "밥을 담을 때는 꼭 세 번 퍼야 한다." "밥 한 그릇 먹었으면 됐다." "식탐을 부리지 말아라." 등의 말씀을 들었습니다. 어린 나이라 왜 그래야 하는지 몰랐고 또 딱히 이유도 말씀해 주지 않아서 그냥 그런가 보다 하며 지냈습니다. 이유를 알게 된 것은 성인이 된 후였는데, 각각의 이유는 다음과 같습니다.

1. 생선을 뒤집어 먹지 마라

예전 하인이라는 제도가 있을 때 하인들 반찬을 따로 만들지 않고 주인들이 먹고 난 밥상을 물리면 그 밥상으로 식사를 했다고 합니다. 생선을 뒤집어서 다 먹어 버리면 뒤에 먹는 분들이 먹을 게

없기 때문에 생긴 밥상 예절입니다.[8]

2. 밥을 담을 때는 꼭 세 번 퍼야 한다

손님이 왔을 때 아낌없이 극진히 대접한다는 의미로, 밥을 많이 드린다는 성의의 표현입니다. 먹고 사는 게 어려웠던 시절에 손님 접대를 잘 하기 위해 만들어진 예절입니다.

3. 식탐을 부리지 말아라

생선을 뒤집지 않는 이유와 동일하며 누군가 많이 먹으면 못 먹는 사람이 생길 수 있기 때문에 만들어진 예절입니다.

한국의 역사를 고려해 보면 서로를 배려하기 위해 만들어진 예절인데 이유는 누락되고 형식만 계속 전달된 것이죠. 이런 말이 만들어질 당시에는 마땅한 이유가 있었겠지만 사회상이 변하면 그에 맞추어서 내용이 변하거나 폐기되어야 합니다. 요즘에는 "편식하지 말아라." "소식하면 건강하다." 종류의 이야기를 주로 들을 테니 사회 변화에 맞추어 밥상 예절도 바뀌었습니다.

러시아의 마지막 황제인 니콜라이 2세가 정원을 산책하던 중 경

---

8   여기에 쓰인 하인과 주인이란 표현이 너무 싫지만 설명을 위해 사용했습니다. 과거를 바라보는 일이 이렇게나 힘이 듭니다. 어촌에서는 생선을 뒤집으면 조업간 어선도 뒤집혀 침몰할 수 있기에 주의한다는 설도 있습니다.

비병이 정원의 한곳을 지키며 서 있는 모습을 보게 됩니다. 무엇을 지키고 있는지를 물었더니 경비병은 이유를 모릅니다. 경비대장에게 확인해 보니 경비대장이 해당 구역을 경비하라는 명령서를 보여 주긴 하지만 그도 역시 이유는 알지 못합니다. 고문서를 모두 뒤져 확인해 본 결과 100년 전 예카테리나 2세가 아끼던 장미를 보호하기 위해 경비병을 배치했음을 알게 됩니다. 장미는 오래전에 사라졌으나 경비병을 배치하는 일은 계속 이어져왔던 것이죠.[9]

필요해서 만들었더라도 관성으로 남지 않도록 '이유'도 함께 전달해야 합니다. 이유를 알고 있다면 바뀐 상황에서 더 적합한 방법을 찾아 적용할 수 있기 때문이죠. "당연히 알겠지" 하며 생략하는 과정에서 관성이 생겨납니다. 조직 내에서 행해지는 일 중에서 이유를 모르는 것이 있다면 질문할 수 있어야 합니다.

그리고 그 이유가 여전히 유효한지 판단하고 더 좋은 방법을 같이 찾아야 지속적으로 개선하고 성장해 나갈 수 있습니다. "원래 그런 거야" "하라면 하지. 뭘 쓸데없이 궁금해하느냐"와 같은 답변은 조직의 성장을 저해하며 관성이 지속되고 더욱 굳어지게 만듭니다.

자신의 업무에 주인의식을 갖는다는 의미는 기존의 방법을 검토하여 더 좋은 방법으로 성장시키는 것입니다. 회고를 통해 지속

---

9 역사적 사실을 확인하기 위해 검색해 보았으나 역사서에 기술된 내용은 찾지 못했습니다. 기독교 설교에 많이 인용된 사례로 보아 설화일 가능성도 있습니다.

발전시킬 대상과 폐기할 대상을 선정하기 바랍니다. '이유'를 공유하며 검토하는 일이 지속적 성장의 기반입니다.

성공한 사람은
재능이 뛰어날까요

발표 자료를 만들기 위한 자료 조사 중 흥미로운 논문을 읽게 되어 소개합니다.

[자료 3] 재능과 운: 성공과 실패에서 우연의 역할(https://lnkd.in/g_UMGpTJ)

논문 제목은 〈재능과 운: 성공과 실패에서 우연의 역할〉입니다. 전체 인구 분포가 가우스 분포(정규 분포)를 따르는 데 비해 부의 분포는 파레토 법칙(Pareto Principle)[10]을 따릅니다. 일부에게 부

---

10 80 대 20 법칙(80-20 rule)이라고도 부르는데, 전체 결과의 80%가 전체 원인의 20%에서 일어나는 현상을 가리킵니다. 예를 들어, 20%의 고객이 백화점 전체 매출의 80%에 해당하는 만큼 쇼핑하는 현상을 설명할 때 이 용어를 사용합니다. "이탈리아 인구의

가 편중된 것인데 8명이 가진 부의 합이 38억 명의 가난한 사람이 가진 재산과 같습니다.

능력주의에 의거한다면 많은 부를 소유한 사람일수록 재능이 높아야 합니다. 하지만 실제 분포를 보면 재능이 평범한 사람이 더 많습니다. 통계적으로 생각해 보면 가우스 분포에서 평범한 사람의 수가 월등히 많으므로 부의 분포 최상위에도 평범한 사람의 비중이 높을 수 있습니다. 쉽게 동의할 수 있겠지만 그동안 금과옥조(金科玉條)로 여기던 재능이 실제로는 성공의 절대적인 기준이 아니라는 것을 의미합니다. 그리고 우연이 큰 역할을 하는데, 이를 과소평가하고 있는 것이죠.

저는 운이 매우 중요하다고 생각합니다. 제가 겪어온 인생에서 운의 역할을 경험한 덕에 사후 편향이 작용하기 때문일 수도 있지만, 논문에서는 우연의 역할을 통계적으로 증명합니다. 그러므로 성과주의와 능력주의를 맹신하는 일은 위험합니다.

능력주의의 흔한 함정은 "그럴만하다"인데, 부자는 부자인 이유가 있고 가난한 사람은 가난한 이유가 있다고 모두 개인의 능력으로 치부해버리는 실수입니다. 그리고 무한한 경외와 무시를 보이는 편견을 비판 없이 수용하죠.

조금 길고 수식도 있는 논문이지만 꼭 읽어 보길 추천합니다.

20%가 이탈리아 전체 부의 80%를 가지고 있다"라고 주장한 이탈리아의 경제학자 빌프레도 파레토의 이름에서 따왔습니다. - 위키백과

성향에 맞지 않는 일을
하고 있나요

성향에 맞지 않는 일이지만 다른 이유로 그 일을 선택하고 싶을 때가 있습니다.

저는 반복해서 이야기하기를 싫어해서 교육을 하려면 꽤나 큰 인내심이 필요합니다. 비슷한 질문을 받을 때 마음속에서 피어오르는 '이미 답변했던 걸 또 해야 하나?'라는 의문을 억눌러야 하죠. 이런 특성을 스스로도 잘 알고 있어 강의를 직업으로 고려하지 않지만 '훨씬 높은 처우' '훨씬 많은 자유시간'이란 유혹에 넘어갈 뻔한 적이 몇 차례 있습니다. 다행히 '업의 본질' '개인 성향'을 숙고해본 후 포기했는데, 돈만 보고 이직했다가 실패했던 이전의 경험도 도움이 되었습니다.

저의 본질은 개발자이고 개발하며 겪은 일을 공유하며 공감을 받고 있는 터라 전문 강연자가 된다면 누구도 제 이야기에 흥미를 보이지 않으리라는 것을 깨달았습니다. 자연스레 돈도 못 벌게 되는 거죠. 그리고 좋아하는 일을 해도 지치고 힘든데, 싫어하는 일은 오죽할까 싶어 미련 없이 포기할 수 있었습니다.

새로운 선택 또는 유혹이 생기면 성향과 잘 맞고 본질에서 어긋나지 않는지를 살펴야 합니다. 사람의 직관은 빠른 의사결정으로 제법 그럴싸한 핑계를 만들어 내지만 미래에 실제 겪을 일은 예상과 다릅니다.

이런 의미에서 회사는 개인의 성향과 잘 맞는 일을 찾아 주고 경력관리를 제공해야 합니다. 조직원의 성향을 파악하고 성장에 대한 피드백을 제공하면 개인과 조직이 함께 성장할 수 있습니다.

승진하여 팀장이
되고 싶은가요

개발자로 현업에서 뛰어난 성과를 올리면 '팀장'의 역할을 맡기는 조직이 많습니다. 뛰어난 성과를 올렸으니 더 뛰어난 성과를 낼 수 있도록 역할을 확대해 준다는 관점은 논리적으로 보이지만 실패할 확률이 높은 도박에 가깝습니다.

개발 업무와 리더십 업무는 서로 다른 역량이 필요하며 각 역량은 개인에 따라 모두를 가졌을 수도, 하나만 가지고 있을 수도 있습니다. 이에 대한 배려 없이 개발 업무를 잘한다고 리더십도 잘하기를 기대하는 일은 위험합니다. 최악의 경우 좋은 개발자도 잃고 팀도 위험해집니다.

조직이 개인별 역량에 맞추어 경력을 설계하고 지원하는 일은 매우 중요하지만 획일적인 승진 프레임에 갇히면 선한 의도임에도 피해자를 양산하게 됩니다.

이러한 문제에 대해 살펴볼 수 있는 자료를 공유합니다. 정답을 만들 수는 없지만 개선할 부분에 대해 함께 고민해 볼 수 있기를 바랍니다.

[자료 4] 리더십 자료(https://lnkd.in/gWZea_cb)

어떻게 취업할
회사를 선택했나요

    취업 준비 중인 분들에게 많이 받는 질문은 "어떤 회사를 선택해야 하나요?"입니다. 직장 구하기와 이직이 주는 스트레스 수준은 매우 높습니다. 〈직무 설명서(Job Description)〉에 나온 업무는 추상적인 경우가 많고 출근 뒤 어떤 사람들과 함께 일할지도 미지수이기 때문이죠.

    여러 곳에 합격해서 회사를 선택해야 할 상황이 되면 행복한 고민을 할 수 있지만 그래도 직장 선택은 매우 신중해야 합니다. 제가 이직할 때 사용하는 기준을 공유하면 다음과 같습니다.

① 하고 싶은 일이거나 사랑하는 일인가?　예

② 그 일을 하면서 온갖 어려움을 겪어도 후회하지 않을 자신이 있는가?　예

③ 그 일을 하면서 성장할 수 있는가?　예

④ 단기간의 금전적 이득을 바라고 있는가? 아니오

자신이 하는 일을 통해 자기가치감을 느끼는 것은 인간의 기본 욕구입니다. 하지만 이를 무시하는 경우가 너무도 흔합니다. 조금 더 나은 처우를 받으면 현실적 문제가 쉬워지기에 이성적인 상태의 인간은 이를 과대평가하고 일을 하며 느끼는 만족감과 성취감은 과소평가합니다. 그 결과 입사 후 짧은 시간 안에 어려움에 빠지는 분들이 있습니다.

흥미롭고, 하고 싶은 일이 아니라면, 하기 싫은 일을 해내야 하거나 그냥 할 수 있는 일만 반복하는 상황이 됩니다. 그렇기에 어떤 경우라도 자신이 만족감을 느끼고, 중요하다고 생각하는 일을 선택해야 합니다.

하지만 인생사 꿈만 이야기하기에는 어려운 상황도 있습니다. 처우가 너무 좋은데 마음에 들지 않는 일을 선택해야 하는 경우도 있습니다. 이때 사용할 수 있는 최고의 무기가 '인지부조화'입니다. 자신의 선택에 맞추어 신념을 바꿀 수 있는 인간 진화의 결과물이죠. 만일 사랑하지 않는 일을 처우 때문에 선택해야 하는 경우라면 "그 일을 사랑해서 선택했다"라고 믿어야 합니다. 그래야만 일도 하고 성장도 하고 또 급여를 받는 일도 행복해집니다. 아니면 자신을 의심하고, 자신의 가치를 부정하고 불행해지기 때문이죠.

가장 현명한 선택은 좋아하는 일을 하며 처우도 삶을 지탱하는

데 문제가 없고 장기적 성장을 기대할 수 있는 경우입니다. 그다음으로는 좋은 일을 하며 즐거움 속에 성장하며 운을 기다리는 것입니다. 만일, 처우가 먼저 찾아온 경우라면 그때라도 그 일과 사랑에 빠져 성장하고 좋아하는 일을 할 수 있게 되는 운을 기다리는 편이 좋습니다.

　모든 분이 지금 하는 일에서 의미를 찾고 자기가치감을 느끼고 지속적으로 성장하길 바랍니다.

어쩔 수 없이 선택을 해야 하는
상황을 겪어 봤나요

예전 회사 설립자 중 한 분과 3박 4일의 행사에 참여할 때였습니다. 강화도를 걸으며 서비스 전략을 함께 찾아보는 행사였는데, 낮에는 걷고 밤에는 모여서 이런저런 이야기를 나누었습니다.

리더가 어디에 집중하면 좋은지에 대한 이야기를 나누던 중 "리더의 에너지는 잘 하고자 하는 사람을 돕는 데 사용하는 게 좋습니다. 보통 조직 내에서 안 하려고 하는 사람들을 설득하다 지쳐버리는데, 이를 조심해야 합니다"라는 생각을 이야기했습니다. 그런데 이게 무슨 일인지 설립자가 매우 흡족해합니다. 다음날 아침에 버스에 탑승하니 자신의 옆자리에 앉으라고 하시곤 "내가 너에게 뭐든 해주고 싶은데 원하는 걸 이야기 해 봐"라더군요. 알라딘이 지니를 만난 기분을 체험해 볼 기회였는데 금도끼 은도끼 식으로 제 것이 아니라고 답변하곤 잊고 지냈습니다.

하지만 얼마 안 가 제가 속한 조직은 그분의 조직으로 이동되었고, 또 얼마 안 가 회사가 물적분할을 한다는 소식을 접하게 됩니다. 새로 물적분할하는 회사로 오라는 전화를 받았는데, 현재 조직에 남아야 하는지 가야 하는지 고민하는 시점에 CTO 님이 자회사로 이동하게 되었습니다. 오라는 곳은 하나지만 선택지가 세 곳이 되어 버렸습니다. 익숙한 부잣집에 남을지, 신흥 부잣집으로 갈지, 아니면 오지 말라고 하는 곳을 우겨서 갈지 결정해야 하는 신비한 상황이 되어 버립니다.

제 선택은 오지 말라고 말리던 분을 따라가는 거였습니다. 뭐 엄청난 대의나 의리가 아니라 제 가치를 인정해 주고, 중요하다고 생각하는 부분에서 결이 잘 맞는 분과 함께 일해야 가치를 느낄 수 있겠다는 판단이었습니다. 그리고 그때 곁에서 지켜보며 배운 것으로 지금까지 밥벌이를 하고 있습니다.

당장 보이는 금전적 이득을 비교해야 하는 선택은 어렵습니다. 인간이 속물이어서가 아니라 당장의 이득은 계산이 쉽지만 장기적인 이익은 판단이 어렵기 때문입니다. 그러므로 본질에 집중하는 게 필요합니다. 개발자란 본질에 집중한 제 선택이 다행히 맞았습니다. 그리고 지금도 단기적 이익이 아닌 본질에 집중하기 위해 노력 중입니다.

어려운 결정의 순간에 있는 모든 분의 선택에 후회가 없기를 바랍니다. 그리고 선택했다면 인지부조화의 힘을 빌려서라도 그 선택을 사랑할 수 있기를 바랍니다.

여러분에게 '좋은'이라는
정의는 무엇인가요

　흔하게 사용하는 말이고 누구나 같은 뜻으로 이해하리라 생각하지만 '좋은'의 정의는 사람마다 상황에 따라 다릅니다. 이런 모호함이 친구가 주선해 준 '좋은 사람'과의 소개팅에서 당혹감을 가져옵니다.

　최근 '좋은 개발자'를 채용하려고 모든 기업이 노력하고, 헤드헌터가 눈에 불을 켜는 상황에서 '좋은 개발자'의 정의를 공유하겠습니다. 제가 생각하는 '좋은 개발자'의 정의는 다음과 같습니다.

- 개발자 = 깔끔한 코드 작성 능력 + 적절한 논리력
- 좋은 = 공유 + 협업

　개발자라면 누구나 쉽게 읽고 이해할 수 있어 변경이 용이한 코드를 작성하는 능력이 필수입니다. 더불어 여러 현실적인 제약 조

건을 고려하여 현재 상황에 가장 적합한 해법을 찾아 구현하는 능력도 필요합니다. 이러한 능력을 갖추었다면 개발자입니다. 하지만 이것만으로는 '좋은'이라는 수식어를 붙일 수 없습니다.

좋은 개발자가 되려면 주변과 함께 성장하기 위해 지원하고 도와야 합니다. 이 능력이 바로 '공유'입니다. 공유를 단지 "선한 목적으로 자신이 알고 있는 내용을 대가 없이 알려준다"라는 좁은 의미로 해석하는 경우가 많은데, 공유는 '공유하는 사람의 이익을 극대화하는 방법'입니다. 함께 일하는 동료가 모두 자신보다 역량이 뛰어나면 성장하기에 최고의 환경입니다. 반면 자신이 가장 뛰어난 사람이라면 주변에서 배우기란 어렵습니다. 그러므로 공유를 통해 동료가 뛰어난 역량을 갖추도록 지원하는 일은 개인에게 이득이 됩니다. 이러한 과정에서 자연스레 '좋은 평판'을 얻게 되어 함께 일하고 싶어 하는 동료가 늘어나 이직에도 도움이 됩니다.

협업은 함께 더 좋은 결과를 만들어 내는 능력입니다. 이견을 경청할 수 있고, 조율할 줄 알며, 자신의 의견을 솔직하게 전달할 수 있는 능력이 필요합니다. 그러려면 어떤 상황에서도 자신이 가치 있고, 무엇인가 해낼 수 있다는 자기효능감을 가져야 합니다. 바로 '자아존중감'이 협업의 기본입니다. 자아존중감이 높으면 타인의 부정적 견해에 크게 영향받지 않고 실패하더라도 높은 회복 탄력성으로 배우고 성장합니다.

채용 과정에서 개발자의 역량 검증과 함께 '공유'와 '협업' 능력

확인이 필요합니다. 그래야만 자아존중감이 높고, 공유와 협업의 중요성을 알고 실천하며, 깔끔한 코드를 작성하고, 최적의 안을 지속적으로 도출하는 개발자를 채용할 수 있습니다. 입사 이후에는 리더십 교육을 통해 지속적으로 성장하며 영향력을 확대해 갈 수 있도록 지원해야 합니다.

여러분은 꾸준히 실천해야 하는 일을 어떻게 해내나요

세상살이가 힘들다고 느끼는 이유는, 방법은 알지만 실천이 어려워서입니다. "꾸준히 운동하면 건강해진다." "꾸준히 공부하면 공부를 잘하게 된다." 모두가 알고 공감하는 이야기입니다. 하지만 제 뱃살은 시간이 갈수록 늘고, 사두고 읽지 못한 책은 쌓여만 갑니다.

운동을 했다고 당장 뱃살이 줄어든 티가 나지 않고 운동을 하지 않았다고 당장 어떤 문제가 생기지도 않습니다. 이처럼 무엇인가를 꾸준히 하기란 어렵습니다. 지금 술 한 잔을 마시고 내일 바로 죽는다면 지금 술을 마실 사람은 없겠죠. 하지만 무한한 듯 유한한 삶을 사는 우리는 술을 마십니다. 그래봐야 내일 숙취에 시달리는 정도라 치부하죠.

이런 나약한 인간의 속성을 코끼리와 조련사에 비유합니다. 힘이 세지만 집중하지 못하는 코끼리가 목표에 도달하게 하려면 노런한 조련사가 필요합니다. 코끼리에 비해 힘은 약하지만 명확한 목표를 끈기 있게 실천하는 조련사의 역량이 중요합니다. 삶의 조련사이자 코끼리이기도 한 우리는 추가적인 도움이 필요합니다.

1. 스스로 동기부여를 할 수 있는 요소입니다

누군가에게는 대의명분일 테고, 동료일 수 있으며, 도전의식을 고취하는 업무 자체일 수도 있습니다. 자본주의의 노예인 저는 '연봉 올리기'를 동기부여로 삼았습니다. 새로운 기술을 익힐 때, 하기 싫은 레거시 코드(Legacy Code)[11]를 정리할 때, 공유 자료를 만들 때마다 일하기가 귀찮아지면 "내 연봉이 올라간다"라고 세뇌했습니다. 얄팍하지만 지속할 힘과 이유를 제공받았습니다. 이처럼 여러분에게 잘 맞는 동기부여 요소를 찾길 바랍니다.

2. 실천하는 일의 중요성을 공감하는 동료입니다

동료가 있으면 귀찮은 순간에도 서로를 이끌어 운동을 하게 만듭니다. 결과적으로 혼자일 때보다 더 많이 실천할 수 있습니다. 가치를 공감하는 동료라면 함께 더 멀리 오래갈 수 있습니다. 다만 실천하는 일을 가치 있게 여기는 동료여야 합니다. 개인적으로 친

---

11 협업을 하는 과정에서 종종 코드의 가독성이 떨어지거나, 코드의 규약이 없는 경우, 코드의 결합도가 높은 경우나 땜빵 코드를 작성한 경우, 이런 여러 가지 원인들로 인해서 유지보수하기 어려운 코드를 흔히 레거시 코드라고 표현합니다.

하더라도 중요성을 공감하지 못한다면 서로에게 악영향만 주고 맙니다.

3. 간단하게 그리고 단순하게 시작하는 겁니다

인간의 이성은 빠르게 황금빛 미래를 그려내는 데 탁월합니다. 그 덕에 초반부터 무리하게 만듭니다. 안 하던 운동을 몇 시간 하면 근육통과 함께 포기하게 됩니다. 꾸준히 성취감을 느끼고 나아질 수 있도록 간단하게 시작해야 합니다. 168kg의 초고도 비만인 지인이 있습니다. 오직 건강을 위해 체중을 감량한다는 목표로 3년간 체중 감량을 했고 요요현상 없이 5년이 지난 후에도 90kg대의 체중을 유지하고 있습니다. 극단적인 식이요법, 운동 없이 본인의 평소 생활을 유지하며 먹는 양만 조절한 결과입니다. 자신이 넘을 수 있는 문턱을 꾸준히 조종하며 포기하지 않은 결과죠. 우리는 쉽게 포기하지만 지속적인 보상이 있으면 끈기를 발휘할 수 있습니다. 자신을 다그치지 말고 꾸준히 실천할 수 있게 도와줘야 합니다.

마라톤의 페이스메이커가 되어 주기적으로 목표를 검토하고 지속적인 성장이 가능하도록 지원해 주기 바랍니다.

여러분은 생각을 글로
쉽게 옮기나요

저는 어렵습니다. 특히 노력하지만 아직도 번역투를 많이 사용합니다. '~들' '~것' '~ 적' '~ 생각합니다' 이외도 불필요한 꾸밈말, 수동태 등 한국어가 모국어인 사람이 맞는지 의심이 들 정도입니다.

예전에 원서 번역을 의뢰받았을 때, 마침 제가 하던 업무였고 원서도 읽어 봐서 호기롭게 도전했습니다. 하지만 결과는 번역투투성이의 조악한 글이었습니다. 번역 관련 서적을 몇 권 읽고 조금 나아지긴 했지만 적합한 한글 표현을 찾지 못하는 능력은 아직도 한심합니다. 다양한 분야의 좋은 글을 읽고 모국어로 작성된 좋은 표현을 접해야 하는데. 워낙 편협하게 읽다 보니 나아지질 않네요.

이런 문제를 극복하려면 구성원의 성장이 조직과 회사의 성장을 이루고 고객을 향하도록 인문학 역량을 키우고 좋은 글을 접할 수 있도록 지원해야 합니다. 사람의 지속적 성장을 위해 노력하는 길이 회사 성장의 지름길입니다.

여러분은 주니어와 시니어를
어떻게 구분하나요

2022년 〈SSAFY(삼성 청년 SW 아카데미)〉 교육생을 대상으로 한 외부 강연에서 시니어와 주니어의 차이점에 대해 질문을 받았습니다. 시간 제약이 있어 "주니어는 지시한 업무를 수행할 수 있는 능력을 갖추고 있고, 시니어는 스스로 문제를 정의하고 필요한 외부 지원을 끌어내고 동료를 동기부여하여 결과를 만들어 낼 수 있어야 합니다"로 요약해서 설명했습니다. 오늘은 이에 대해 발달 단계에 맞춰 조금 더 상세한 설명을 하려고 합니다.

처음 경력을 시작하는 주니어는 동기부여가 매우 높은 반면 실무 능력은 부족합니다. 이에 구체적인 업무 지시, 과정의 검토와 피드백이 반드시 필요합니다. 워낙 동기부여와 도전 정신이 강할 때라서 빨리 배우고 성장합니다.

그러다 1~3년 정도의 경력을 쌓게 되면 1차 침체기가 옵니다. 경험이 쌓이면서 실무능력은 향상되고 동기부여는 낮아지는 시기입니다. 열정이나 의욕이 낮아졌음을 스스로도 느끼기에 이직을 선택하는 경우가 많습니다. 하지만 의욕을 높이기 위한 목적의 이직은 효과적이지 못합니다. 새로운 환경에서 잠시 의욕이 높아질 수 있으나 익숙해지면 또다시 침체기를 겪게 되는 악순환에 빠집니다. 매우 짧은 주기로 이직을 반복하는 분들이 이런 함정에 빠진 경우인데 시니어로 성장하지 못하고 정체될 수 있어 주의가 필요합니다.

동기부여가 저하되는 주된 이유는 업무가 익숙해져 성취감을 느끼지 못하기 때문입니다. 이 시기에는 업무의 가치감을 느낄 수 있도록 리더십이 지원해야 합니다. 문제 해결에 대한 권한 위임으로 도전을 통한 성취감을 느끼도록 단순 지시형이 아닌 적절한 업무 분배와 기술 의사결정에 참여 기회를 제공해야 합니다. 그리고 정서적으로 소속감을 느끼고 동료와 함께 성장하고 있다는 피드백도 중요합니다.

1차 침체기를 잘 극복했다면 기술 전문성이 높아지고 동기부여도 다소 높아진 상태가 됩니다. 업무 처리 능력이 높지만 "회사 왜 다니세요?"라는 질문에 "그냥요." 정도로 답변하는 시니컬한 상태가 보통입니다. 독립적으로 문제를 정의하고 결과를 만들어 낸 경험이 없기에 그런 기회를 제공하는 리더십의 역할이 중요합니다. 이 시기에 보고받고 지시하는 형식의 리더십은 효과적이지 않습니다. 권한을 위임하고, 필요한 지원을 적극적으로 제공하고, 열린 질문으로 스스로 해결책을 도출해 내도록 지원해야 합니다. 이 과정을 거치며 스스로 의사결정하는 경험을 쌓고 동기부여가 높아지게 됩니다.

마지막으로 완전한 권한 위임이 가능한 단계입니다. 업무에 필요한 전문지식과 경험이 있고 문제를 정의하고 결과를 도출할 수 있으며 높은 동기부여 상태를 유지할 수 있습니다. 업무의 영향력을 확대하기 위해서는 문제 해결에 필요한 내부 및 외부 지원을 얻고, 동료 및 다른 팀과 효과적으로 협업할 수 있는 환경을 조성할 수 있는 능력을 갖추어야 합니다. 자연스레 커뮤니케이션의 범위가 넓어져 기존에 경험해 보지 못한 갈등 상황에 노출됩니다. 리더십에서는 권한 위임을 통해 전문성을 발휘할 수 있도록 지원하고 새로운 갈등에 대한 해결책을 스스로 찾을 수 있도록 조언과 지원을 해주어야 합니다. 스스로 리더십 역량의 필요성을 느끼고 경험을 쌓게 되는 시기입니다.

주니어가 시니어로 성장하기 위해서는 개인의 노력과 함께 조직의 지원이 필수입니다. 조직 지원의 중요성을 인지하고 개인 성장 별 상황에 맞추어 적합한 도움이 제공되는 환경을 만들어 가기 바랍니다.

여러분은 회사의 미션을
알고 있나요

〔쏘카〕의 미션은 "모든 사람이 자유롭고 행복하게 이동하는 세상을 만듭니다"입니다. 아이러니하게도 이 미션은 영원히 이룰 수 없는 목표입니다. 인간의 이동 방식은 생활습관의 변화, 사회의 변화, 기술의 변화에 따라 끊임없이 바뀔 것이기에 〔쏘카〕의 미션은 추구해야 할 대상이지만 영원히 달성할 수는 없습니다. 그러므로 〔쏘카〕는 짧은 기간에 승패를 가르는 방식이 아닌, 게임이 영원히 지속될 것을 이해하고, 맞추어 변화하고, 성장하기 위해 노력 중입니다.

현재는 운전면허증을 소유한 분과 동승인의 행복한 이동을 위해 지역 및 시간의 제약을 제거하며 자유롭고 행복한 이동을 구현하기 위해 노력하고 있습니다. 기술과 제도가 발전하면 운전면허가 없는 모든 분을 대상으로 확장되어 갈 것입니다.

사이먼 시넥(Simon Sinek)의 저서 〈인피니트 게임〉에서는 유한 게임과 무한 게임의 차이를 설명하며 회사의 미션과 비전의 중요성을 강조합니다.

만일〔쏘카〕의 미션이 "카 셰어링 업계에서 1위가 되겠습니다"였다면 저는〔쏘카〕에 합류하지 않았을 것입니다. 유한 게임은 자원을 효율적으로 끝까지 사용한 후에 다시 새로운 자원을 찾아 대체하는 게 유일한 운영 방법이기 때문입니다.

미션은 개인에게도 매우 중요합니다. 인간의 생애는 시간적 한계가 있지만 곧 끝날 유한 게임으로 인생을 대하면 어려움이 있습니다. 예를 들어, 여러분은 꿈이나 인생의 목표에 대해 어떤 답을 하나요?

제 경우 "과학자가 될 거예요"라는 대답을 할 수 없는 나이가 되고서는 "제 경험을 바탕으로 책 한 권을 쓰고 싶습니다"로 곤란한 질문을 빠져나가고는 했습니다. 게으른 제가 영원히 달성 못할 목표라 생각했고 상상해 보면 은퇴한 후일 테니 인생 목표로 괜찮겠다 싶었던 거죠. 그리고 질문한 분들도 제 답에 만족해했습니다.

문제는 얼결에 공동 저자로 책 한 권을 낸 후였습니다. 급하게 "단독 저자로 책을 출판한다"라고 목표를 바꾸었는데 2년 뒤에 단독 저자로 책을 출판하게 됩니다. "어쩌지, 좋은 인생이었으니 이제 그만 살아야 하나?" 고민하며 목표 설정에 실패했음을 인정했습니다. 지금은 "개인의 성장을 통해 개발자 생태계에 기여한다"입니다. '우주정복'만큼이나 입 밖으로 꺼내기 쉽지 않은 문장이지만 효과는 확실합니다. 지금처럼 개인 경험을 공유하는 글을 적고, 지역에 상관없이 학생을 대상으로 하는 재능기부를 합니다.

여러분의 가슴을 설레게 하는 무한 게임의 미션을 검토해 보길 바랍니다. 그리고 무한 게임의 원리를 이해하고 실천할 수 있도록 동료를 도와주세요.

운전 후에 어깨나 허리에
통증을 느끼나요

그렇다면 운전자세를 조정해 보기 바랍니다.

먼저, 운전석에 앉아 양팔을 뻗어 운전대 상단 12시 방향에 올려 보세요. 이때 등은 운전석 등받이에 밀착되어야 합니다. 운전대에 손목까지 닿는다면 운전대를 편안하게 조작할 수 있는 좋은 자세입니다. 오른발을 뻗어 브레이크를 최대한 강하게 밟아 보세요. 그 상태에서 무릎이 약간 구부러진 상태이고 등과 엉덩이가 운전석에 밀착되어 있다면 브레이크를 최대한 활용할 수 있고 충격이 발생해도 무릎 부상 위험이 적은 좋은 자세입니다.

머리와 자동차 천장 사이의 간격은 주먹 하나가 들어갈 수 있을 정도로 여유를 확보해야 합니다. 마지막으로 운전하는 자세에서 머리와 운전석 머리 받침대가 서로 잘 닿는지 확인해 보세요. 머리가 받침대에 닿지 않으면 충격을 받을 때 목을 부상당할 위험이 높습니다. 후방 추돌 시 목 부상을 예방하려면 머리가 머리 받침대에 자연스럽게 기대어 있는 자세가 되어야 합니다.

운전 자세를 조정하는 방법은 먼저 좌석의 높이를 조정하여 머리와 천장 간격을 맞추고 그다음 운전석의 앞뒤 간격을 조정하여 브레이크와 발의 간격을 맞춥니다. 자동차 운전대를 왼손은 9시 방향, 오른손은 3시 방향으로 잡았을 때 팔꿈치의 안쪽 각도가 90도 정도가 되도록 운전대 조정 장치를 이용해서 높이와 거리를 조정해 주면 됩니다.

이와 같은 자세로 운전을 하면 운전대 조작을 기민하게 할 수 있고 브레이크도 최대로 사용할 수 있어 사고를 예방할 수 있습니다. 또한 사고가 발생하더라도 충격을 줄여 부상을 당할 위험도 낮습니다. 평상시 운전 피로도 역시 낮아 허리나 어깨가 아픈 증상도 예방할 수 있습니다.

아주 중요한 기본 사항이지만 특이하게도 제대로 알려주는 곳이 없습니다. 그러다 보니 오랜 운전 경력에도 잘못된 자세로 통증에 시달리고, 운전대를 충분히 조작하지 못해 피할 수 있는 사고를 피하지 못하기도 하고, 충분히 제동할 수 있는 거리인데도 브레이크 답력(Pedal Effort)을 주시 못해 접촉 사고가 나기도 합니다.

이처럼 기본은 매우 중요합니다. 잘못된 습관이 생기면 고치기 어렵고 장기적으로 여러 부작용이 나타나기에 처음 배울 때 제대로 배우면 좋습니다. 개발자도 깔끔한 코드를 작성하는 좋은 습관을 경력 초기에 익혀야 합니다. 효과적으로 개발하고 실력을 향상

시켜 나가는 최선의 방법이기 때문입니다. 자신과 동료의 기초가
튼튼해질 수 있도록 공유하고 협업하길 응원합니다.

유독 글이 안 써지고
표현이 어색하다고 느낄 때가 있나요

　인간은 환경의 영향을 받습니다. 글쓰기도 그렇죠. 예전 직장에서 업무 목적으로 다양한 커뮤니티의 글을 읽고 정보를 수집했습니다. 좋은 글이라면 좋았겠지만 비속어 위주의, 논점을 파악하기 어려운 글이 주를 이루었는데 반복적으로 노출되니 어느 순간 저도 모르게 커뮤니티에서 유행하는 어투를 따라 하게 되더군요. 그리고 제가 쓰는 글은 커뮤니티에서 흔하게 볼 수 있는 논리구조의 글을 닮아갔습니다. 위험을 감지하고 해로운 글에 노출되는 만큼 좋은 글과 콘텐츠를 접하여 중화하려 노력했지만 나쁜 글의 영향력은 매우 강했습니다. 이후에는 해로운 글을 멀리하고 좋은 글만 접하기 위해 노력하고 있습니다.

　최근 매일 글을 쓰고 올리다 보니 제일 많이 읽는 글이 제가 쓴 글이 되었습니다. 뛰어난 역량이 있어 스스로에게도 좋은 영향을 주면 좋겠지만 보잘것없는 글 솜씨에 얄팍한 지식과 경험이다 보니 글을 쓰며 나아지지 못하고 딱 비슷한 수준 언저리를 맴돌고 있습니다.

며칠 전, 잘 쓰인 논문 한 편을 읽을 기회가 생겼고 이에 대한 공유 글을 적는데 매우 짧은 시간에 원하는 표현으로 자연스럽게 글이 써지는 경험을 했습니다. 좋은 글의 영향력을 다시 확인하는 계기였습니다.

자신과 주변에 선한 영향력을 줄 수 있도록 좋은 글을 많이 접하길 바랍니다.

음성인식 비서 서비스를 활용하나요

1997년 김혜수 씨가 출연한 휴대폰 광고에서 운전 중에 "우리 집~"이라고 말로 전화를 거는 모습이 소개되어 사회적으로 큰 반향을 불러일으켰습니다. 당시의 음성인식 기술은 현재의 기술에 비해 초보적인 단계로 목소리를 녹음하고 전화번호에 직접 지정해야 했습니다. "개××"라고 욕설을 하는 사람이 있어 쳐다보니 전화를 거는 중이었고 상대가 받자 "아~ 과장님 안녕하세요?" 하더라는 에피소드도 회자되었습니다. 음성인식은 직장인의 스트레스를 달래 주는 기능도 했던 것이죠. 제가 사용하던 휴대폰에도 음성인식 기능이 있어 몇 번 시도를 해봤는데, 단축키가 더 편하게 느껴져 활용하지는 않았습니다.

최신의 음성인식 기술은 단어가 아닌 문장과 나아가 맥락까지 이해하는 수준으로 발전하여 다양한 업무에 활용이 가능합니다. 회의록을 자동으로 작성하고, 검색, 쇼핑, 음악 재생, 긴급 시 전화

걸기, 가전제품 제어, 고객 응답 등 활용 폭이 넓습니다. 제가 사용하는 스마트폰에는 시리(Siri)가 있고 집 안에는 여러 음성 인식 서비스를 제공하는 스피커가 있습니다. 이 정도면 다양한 용도로 잘 활용하고 있어야 정상이지만 실제로 사용하는 용도는 스피커 기능뿐입니다. 이는 제 성향 때문인데 음성인식 서비스에게 자연스럽게 이야기를 하지 못하기 때문입니다. 낯선 사람에게 말을 거는 것처럼 부담스럽고 용기 내어 이야기를 했는데 알아듣지 못했다는 답변이 나오면 귀까지 빨개지고 맙니다. 기술의 발전을 따라갈 정도로 진화하지 못한 것이죠. 그럴 때마다 속으로 '와~ 나는 음성 인식 서비스를 개발하지 않아서 천만다행이다'라고 생각합니다. 제가 사용하지 않고 좋아하지 않는 서비스를 개발했다면 정말 말도 안 되게 만들었을 것이란 예상을 하는 거죠.

〔쏘카〕로 이직을 결심할 때 '자동차'가 큰 영향을 주었습니다. 평소 차를 좋아하기도 하고 자주 이용하고 있어 사용자 입장에서 서비스를 바라볼 수 있다는 생각이 들었습니다. 그리고 공유 차량을 경험하기 위해 제 자동차를 처분했습니다. 공유 차량을 이용하는 중에 느끼는 불편함이 제가 해결해야 할 문제이기에 공감하고 집중해야 할 부분에 대한 의견을 낼 수 있습니다.

자신이 이해하고 나아가 좋아하는 분야에 종사할 수 있다면 여러 아이디어와 실 사용에서 개선점을 찾을 수 있습니다. 종사하는 분야가 개인의 관심사와 일치하길 바랍니다.

이직을
고민해 봤나요

깔끔한 코드를 작성하고, 제약 조건을 고려하여 적합한 해결책을 제시할 줄 알고, 지식과 경험을 공유하여 주변의 성장을 지원하고, 효과적인 협업을 통해 더 가치 높은 결과와 동료들의 자존감까지 높여주는 개발자는 정말 큰 축복이자 보물입니다.

하지만 사람과 어울려 지내는 사회에는 무력감에 시달리는 분이 많습니다. 사람과의 마찰, 반복되는 문제, 개선을 위한 노력이 번번이 무산되는 등 살아 낸다는 것은 참으로 만만치 않습니다.

너무나 가고 싶어 하던 회사에 입사하여 의욕이 넘치던 직원이 1년을 못 채우고 이직하는 경우가 흔합니다.[12] 무력감을 호소하며 고민을 이야기하는 분에게 "세상 다 그런 거야. 노력이 부족해~"라는 조언은 정말 불성실하고 상대를 이해하려는 노력조차 없는 무

---

12 2022년 기준으로 대기업 신입사원의 28%가 1년 안에 이직을 했다는 통계가 있을 정도입니다.

책임입니다.

결국 소프트웨어 개발을 어렵게 만드는 것은 기술이 아닌 일관성이 결여된 사람임을 이해해야 합니다. 협업을 저해하고, 화를 이용하여 조직을 무너뜨리며, 서로에게 상처를 입혀 무력감을 느끼게 하는 등의 모든 일은 사람이 일으킵니다. 하지만 이를 개인의 문제로 치부하고 등한시하는 경우가 너무 많습니다. 아무리 뛰어난 전문가 집단이라도 상호 신뢰와 협업 없이는 실패를 피할 수 없음에도 말입니다.

이에 조금이라도 도움이 되고자 〈프로그래머 철학을 만나다〉를 2014년에 출판하고 DEVIEW 2014 콘퍼런스[13]에서 공유했습니다. 소프트웨어 개발에 참여하는 모든 이의 행복한 삶을 위한 '실천적 지혜'를 제시하기 위한 노력의 일환입니다. 실천적 지혜란 '사람'을 이해하는 것이기에 '철학'의 프레임을 이용하여 소프트웨어 개발 참여자의 필수 덕목을 설명했으며 다음의 내용을 다룹니다 (아쉽게도 발표 영상은 찾지 못했습니다).

- 자존감: 에픽테토스의 '개인의 의지'
- 지속적 발전: 무소니우스 루푸스의 '삶의 기술'
- 화에 대하여: 세네카의 '무정념(apatheia)'

---

[13] 2006년 NHN의 내부 행사로 시작된 DEVIEW는 〔네이버〕의 오픈소스 프로젝트 및 기술 관련 지식을 전달하는 행사로 국내 모든 개발자에게 2008년부터 개방되었습니다.

- 미래에 대하여: 에피쿠로스의 '행복'

- 논리적 소프트웨어 개발에 대하여: 소크라테스의 '문답법'

- 실천적인 지혜에 대하여: 아리스토텔레스의 '중용'

[자료 5] 발표 자료 (https://lnkd.in/gHQhQ8xy)

[자료 6] 도서 리뷰 (https://lnkd.in/gJiaz-28)

  발표 자료와 도서 리뷰 내용 중에서 필요한 부분은 원하는 대로 가져다 변형하여 사용하길 바랍니다. 부족한 글과 생각이지만 여러분을 거쳐 성숙해질 수 있다면 영광입니다.

재직 중인 회사가
만족스러운가요

"다녀 본 회사 중에서 어디가 제일 좋았나요?"라는 질문을 받았습니다. 제 답변은 영어회화 시간에 배웠던 "Same old shit, different day"입니다(그놈이 그놈이라는 영어식 표현입니다).

인원이 너무 많아 변화를 추구하는 것이 오래 걸리고 느리다고 생각해 규모가 작은 조직도 다녀봤지만 소수가 끈끈하게 뭉쳐 저항하면 더 힘들기도 해서 규모와 정도의 차이만 있을 뿐 사실 모든 조직은 비슷합니다. 달리 말하자면 모든 조직은 비슷한 문제를 안고 있습니다.

회사의 이익이 아닌 개인이나 본인이 속한 조직의 이익을 추구하는 사람은 어디에나 있으며 평등을 중시해도 권위적인 사람은 늘 있습니다. 그리고 정도의 차이가 있다는 것도 시간이 지나면 결국 누적되어 비슷한 정도의 고통을 만들어 냅니다.

다만 조직원을 최적화 대상인 자원으로 보는지, 아니면 가능성을 가지고 성장시켜 더욱 큰 영향력을 발휘할 수 있는 대상으로 보는지가 회사의 철학에 따라 큰 차이를 만들어냅니다. 전자의 경우는 언제나 최고의 효율을 뽑아내기 위해 노력하고, 지쳐 나가떨어지면 조직원을 대체하면 된다고 생각합니다. 후자의 경우는 지속적인 성장을 통해 조직원의 성장이 조직의 성장이 된다고 믿기에 논리적이지만, 성장하지 못하면 도태된다는 공포가 존재하기도 합니다. 그리고 성장을 계속해 나가는 일도 늘 즐겁지만은 않죠. 운동을 예로 들면 꾸준히 그리고 더 발전하기 위해서는 엄청난 인내와 노력이 필요하고 한계도 존재합니다. 그리고 성장의 기회를 무한한 자유로 오인하여 실패를 정당화하는 용도로 악용하는 사례도 있습니다.

결국, 자신과 잘 맞는 회사의 철학을 선택하는 게 필요합니다. 그리고 자신이 하는 일에 가치가 있다고 느껴야 하고요. 마주한 문제가 힘들어 다른 곳은 여기와 다를 것이란 막연한 기대를 하는 일은 문제의 종류에 따라 소용이 없을 수 있습니다. 막연한 기대보다는 정확히 살피고 확인해 보길 바랍니다.

오늘 하루 해낸 일에서 뿌듯함을 느꼈기 바랍니다.

정답지가 없는 문제를
풀어 봤나요

중고등학교 교육 과정에서 마주하는 문제는 정답이 있고 언제든 정답지를 들추어 볼 수 있습니다. 원할 때마다 척척 답을 얻을 수 있는 생활에 익숙해져 있던 탓에 정답지를 보면 "아! 맞아, 내가 실수했네"라고 말하며 그 문제의 정답을 안다고 착각하며 지냈습니다. 당연히 시험 점수는 별 볼일 없었고 지식수준은 처참했습니다.

대학에 진학하고 과제를 받자마자 정답지부터 찾아 헤매기 시작했습니다. 선배들이 제출했던 과제와 어느 학교 대학원생이 만들었다는 정답지 등을 구해서 그 정답지의 내용을 베껴 제출했는데, 기대와 달리 점수가 매우 낮았습니다. "어떻게 몇 년간 모두 똑같은 오답을 베껴서 제출할 수 있는지 신기하다"라는 교수님의 말씀을 듣고 스스로 문제를 해결해 본 적이 없음을 깨달았습니다.

군 복무를 마치고 복학한 학교에서 정답지는 구할 수 없었고 베낄 과제를 빌려줄 동기도 없어 "과제는 내 손으로 풀어서 제출해 보자"라는 초등학교 1학년생에게나 어울리는 인생 목표를 처음 세웁니다. 제 나이 스물넷일 때입니다. 보통 일주일에 5문제가 나왔는데 일주일 내내 시간을 쓰고도 한 문제도 못 푸는 일이 흔했고, 두 문제를 겨우 풀어 제출했으나 맞는 것이 없는 상황의 반복이었습니다.

어느 정도 기간이 지나자 도서관에서 관련 서적을 찾아 참고하는 요령이 생겨 그럭저럭 풀어 내는 수준까지는 도달했습니다. 원리를 이해하고 푸는 게 아닌 비슷한 문제 유형을 찾아 책의 설명을 참고하는 정도였지만 정답지 없이 직접 해결했다는 뿌듯함이 생겨나기 시작했죠.

과제 제출에 어려움을 겪는 후배에게 참고하라고 과제를 빌려주었는데 제가 워낙 악필이어서 과제를 베껴 제출했다며 0점 처리를 당하기도 하고, 여러 사람을 거쳐 전달되는 과정에서 분실되어 제 과제만 제출되지 않는 일도 여러 번 발생했지만, 시간이 흐르다 보니 자연스럽게 '과제는 자기 손으로 하는 사람'이라는 초등학생 1학년 수준에 도달했습니다. 그 덕에 수치심과 무능감에서 벗어나 현재를 인정하고 조금씩이라도 나아지는 방법을 탐구할 수 있게 되었습니다.

우리의 삶은 정답지가 없는 문제를 책임지고 풀어가는 과정입니다. 주어진 제약 조건 내에서 최적의 해법을 스스로 찾아 구현하고 책임을 져야 하는데, 정답을 찾아다니면 어려움을 겪습니다. 자신이 선택한 해결책의 장단점을 이해하고, 관련된 사람들에게 설명하고, 피드백을 받아 실천하고, 실행한 결과를 확인하며 지속적으로 개선해 나가야 합니다. 누구도 정답을 모르기에 점진적으로 접근할 수밖에 없습니다. 이때 익숙하게 들춰 보던 참고서 뒷장의 답안지를 그리워하고 찾고 싶어 한다면 더 이상 나아가지 못하고 갇히게 됩니다. 정답은 없습니다. 여러분이 만들어 가는 답이 언제나 최선이며 지속적으로 개선하여 목표를 달성하면 됩니다. 언제나 여러분이 최고의 전문가입니다. 스스로를 믿고 지속적으로 성장하길 응원합니다.

중요한 자료는
어디에 저장하나요

　최근에는 다양한 클라우드 백업 서비스가 보편화되어 중요한 자료를 안전하고 손쉽게 저장할 수 있습니다. 클라우드 백업이 보편화되기 전에는 하드디스크나 광학 CD에 저장하는 방법을 주로 사용했는데 물리적 손상으로 자료를 복구하지 못하는 경우가 종종 생겨 가슴 아픈 사연이 되기도 하고 때로는 좋은 핑곗거리로 이용되기도 했습니다.

　취업 후 데스크톱 컴퓨터를 새로 구매하여 대학원 논문, 작성했던 코드, 학회 논문 등을 외장 하드에 백업했다가 모두 날려 먹은 경험이 있습니다. 중요한 자료라서 다시 열어 볼 일이 많을 거라 생각해 크게 낙담했는데 의외로 사는 데 지장이 없어 무안했습니다. 그 덕에 무소유의 효용을 잠시 체험해 보았죠. 다른 사례로는 프리랜서에게 외주 개발을 맡겼더니 "하드디스크가 망가져서 코드는 못 주지만 돈은 받아야겠다"라는 연락을 납기일에 해온 적도 있습니다.

[픽사(Pixar)]는 〈토이스토리 2〉를 작업하던 중 시스템 관리자가 공포의 'rm -rf'[14]를 사용하여 작업본의 90%가 소실되는 사고를 겪습니다. 정식 백업도 없던 상태였는데 천운으로 육아를 위해 재택근무를 하던 직원의 컴퓨터에 있는 백업본을 이용해 위기를 넘겼다고 합니다. 직원의 컴퓨터를 담요로 감싸 안고 차를 타고 돌아오는 대목을 읽을 때는 "아니 정전기 나면 어쩌려고?" 하며 속으로 비명이 터져 나왔지만 다행히 무사했다고 하네요.

개발사의 백업 정책을 여기에서 이야기하는 건 '지면 낭비'일 수 있으니 하지 않겠습니다. 개인 프로젝트도 깃허브(github)[15]를 사용할 테니 커밋(commit)만 주기적으로 한다면 유실 위험은 낮습니다. 기껏해야 로컬 작업분 정도의 피해로 그치겠죠. 관련 문서도 함께 버전 관리를 하는 편이 안전하지만 바이너리 파일을 버전 관리하기에 부담스럽다면 클라우드 서비스에 주기적으로 백업을 하거나 자동 백업을 걸어두는 편이 좋습니다.

개인 문서도 동일합니다. 한 달에 몇 천 원의 비용도 아깝다고 느낄 수 있고, 하드디스크가 망가지는 일은 흔하지 않으니 괜찮다

---

14 하위 폴더까지 모두 강제로 삭제하는 명령어입니다. 실수로 이 명령을 사용할 경우 모든 데이터는 물론, 운영체제까지도 삭제하는 치명적인 실수를 할 수 있어 사용 시 매우 주의가 필요합니다.

15 인터넷을 통해 접속할 수 있는 소프트웨어 개발을 위한 버전 관리 시스템입니다.

고 생각하지 말고 클라우드 서비스는 아주 중요한 보험이라 여기고 가입하기 바랍니다. 클라우드에 넣어두면 외부에 나갔다가 급하게 자료가 필요할 때 요긴하게 사용할 수도 있습니다.

여러분의 소중한 자료를 안전하게 관리하고 지키길 바랍니다.

즐거운 명절이지만 밀려 있던 비교를
몰아서 당하면 피곤하죠

"공부 잘하니? 누구네 집 아이는 어느 대학을 …."

"취업은 했니? 누구네는 공무원, 대기업을 …."

"애인은 있니? 누구네는 결혼을 …."

"아기는 언제? 둘째가 있어야? 누구네는 …."

"집은 언제 사니? 누구네는 분양을 …."

"애가 공부는 잘하니? 누구네 집은 …."

이런 대화가 아득해지는 이유는 주인공만 바뀌고 엔딩 없는 게임을 반복하기 때문입니다. 시원하게 맞받아 치기부터 피하기, 되갚기, 받아들이기, 무시하기 등 많은 방법이 공유되지만 상대의 공격력이 높으면 무용지물일 때가 많습니다.

정문정 작가가 쓴 〈무례한 사람에게 웃으며 대처하는 방법〉란 책을 읽으면 도움이 됩니다. 지금 부랴부랴 읽기는 힘들 테니 책에 나와 있는 사례를 공유하겠습니다.

개그우먼 김숙 씨는 상대의 무례한 이야기를 들으면 "어, 상처 주네"라고 대답한다고 합니다. 상대가 어떤 의도를 가지고 하는 이야기이든 청자 입장의 감정을 솔직하게 알려주는 방법인데, 로젠버그(Marshall B. Rosenberg) 박사의 〈상처 주지 않는 대화법〉을 활용한 것이기도 합니다. 자신의 감정을 관찰하고, 이해하고, 욕구를 발견하여 부탁하는 방법인데. 관찰과 이해를 "상처받았다"로 표현한 거죠. 이제 자신이 원하는 욕구를 부탁하면 됩니다.

"이제 그만"이라고 소리치는 방법보다는 "저를 위해서 하는 말씀이니 비교는 하지 말고 저를 칭찬하고 응원해 주면 좋겠습니다"라고 부탁하면 꽤나 효과가 좋은데 칭찬하는 법을 아는 분이 없기 때문에 곧 조용해집니다. 잘해야 "이쁘다, 잘 생겼다, 듬직하다" 등의 노력을 하다 포기하죠.

여러분의 명절이 온전한 회복의 시간이 되길 바랍니다.

직업으로 사회적 위치를
판단 받아 본 적이 있나요

같은 회사에 재직 중인 본부장님은 과학고, 과학기술원 출신의 개발자로서 자존감이 높아 서로를 존중하고 효과적으로 협업하는 뛰어난 인성을 갖춘 분입니다.

여름이 되면 친척 분이 운영하는 야외 수영장에 일손을 보태러 주말마다 가곤 하셨는데, 청소부터 주차 지원까지 열심히 일하던 중 지나가던 아이와 엄마의 대화를 듣게 됩니다.

엄마 "너, 공부 열심히 안 하면 저 아저씨처럼 되는 거야."

(마침 그때 외국인이 본부장님에게 길을 물어 답변을 해주었는데, 그 걸 들은 아이가 묻습니다.)

아이 "엄마, 그런데 저 아저씨 영어를 하는데?"

엄마 "…."

단순한 에피소드이지만 다양한 사회적 문제가 함축되어 있습니다. 직업으로 귀천을 나누고, 사회적 성공을 유일한 목적으로 교육을 수단화하고, 부모의 기대에 부응하지 못하면 사랑받을 자격이 없음을 단적으로 보여줍니다.

이러한 환경에서 성장하면 자신의 가치를 오직 외부와의 상대적 비교를 통해 인정받으려고 합니다. '내가 너보다 뛰어나므로 너에게 어떤 짓을 해도 상관없고, 너는 나보다 못한 녀석이니 행복할 권리가 없다'라고 생각하는 사람이 되어버리는 거죠.

진정으로 서로를 존중하는, 자존감 높은 사람을 키워내려면 사회와 개인의 노력이 모두 중요합니다. 이를 학업성적과 직업의 종류가 대신하게 해서는 안 됩니다.

자존감의 중요성을 알고 교육과 협업을 통해 구성원을 키워 나가길 응원합니다.

직업을
어떻게 선택했나요

직업 선택은 중요합니다. 한 분야를 선택하면 적성에 맞지 않을 경우라도 현실적으로 바꾸기 어렵습니다. 분야를 바꾸어도 자신과 잘 맞으리라는 확신이 들지 않고, 자신이 무엇을 좋아하는지, 재능이 있는지 모르는 경우가 많습니다. 그렇기에 현실이 힘들고 도전하고 싶은 마음이 들지만 막상 주저하게 되고 그런 자신을 책망하고는 합니다. 참 슬픈 일이죠.

이런 문제를 완화하기 위해 초중고등 교육 과정에 직업 탐구 기회를 제공해야 한다는 의견이 많지만 빡빡한 입시 위주로 편성된 교육 과정을 변화시키는 일은 어렵습니다. 특강 형식으로 현업 종사자의 이야기를 듣는 기회가 있지만 자신의 재능을 직접 겪어 보지 않고 타인의 이야기를 듣고 결정하기는 불가능하죠.

하지만 현실을 인정하고 그 범위 안에서라도 최선을 다해 보는 것이 필요하다고 생각합니다. 이에 제가 참여했던 강연 내용을 공유합니다. 소프트웨어 개발자라는 직업과 직업 선택 시 유의할 사항에 대한 내용입니다. 조금이라도 도움이 되길 희망합니다.

자료는 출처 표기 없이 자유롭게 공유하고 변형해서 사용해도 무방합니다.

[자료 7] 2015년 초등학생 대상 직업 특강 영상 (https://lnkd.in/gPHNs2_p)

[자료 8] 2022년 성남여고에서 진행한 특강 자료 (https://lnkd.in/gDrrXD4q)

평소 숙면을
취하고 있나요

이전 직장에서 근무할 때는 업무 특성상 새벽까지 깨어 있어야 하는 날이 많았습니다. 해외 출장이 잦아 시차 적응을 위해 수면유도제를 처방받기 시작했는데 한국에서도 새벽 3~4시까지 깨어 있는 일이 일상이 되어 수면유도제로는 잠을 잘 수 없게 됩니다. 그 결과 수면제를 처방받기 시작했습니다. 처음에는 한 알 먹으면 8시간은 잘 수 있었습니다. 그런데 점차 효과가 줄어들어 몸은 피곤한데 약을 먹어도 잠을 잘 수 없는 지경이 되어 버립니다. 그리고 절대로 하지 말라는 수면제를 먹고 술까지 마시게 되었습니다. 처음에는 두려움이 있었는데 이마저도 시간이 지나니 일상이 되더군요.

'이러다가 죽을 수도 있겠구나!'라는 생각이 하루에도 몇 번씩 들 때 이직을 하게 되었습니다. 처음 〔쏘카〕에 출근하고 새벽 내내 조용한 메신저와 이메일을 보면서 '이래도 회사가 괜찮나?' 싶은 걱정을 했습니다. 지금은 그냥 너무 좋습니다. 4년간 먹어 왔던 수면제도〔쏘카〕출근과 동시에 끊었습니다.

오늘은 오후 반차를 내고 아버님의 시골 댁에 가서 잡초 제거를 하고 왔는데 오랜만에 육체노동까지 곁들이니 아주 편하게 잠들 수 있겠다는 생각에 기분이 좋습니다.

수면은 낭비하는 시간이 아닙니다. 단기기억을 장기기억으로 전환해 주고 휴식을 통해 이성적인 상태를 유지할 수 있는 기반을 제공합니다. 올바른 의사결정을 하려면 충분한 수면이 필수입니다.

오늘 모든 분이 푹 숙면했으면 좋겠습니다.

프로그래밍을
배워 봤나요

프로그래밍을 정규 교과에 추가해서 시험도 보게 한다는 기사를 읽었습니다. 개발자 입장에서 은퇴하고 치킨집 말고 다른 대안이 생겼으니 환영해야 옳겠지만 그럴 수가 없네요.

모든 교육이 시험을 보고, 사교육을 더 많이 받아야 잘 알게 된다고 생각하지 않습니다. 완전히 외적인 동기만 잔뜩 강요하는 건데, 내적인 동기가 결여된 상태라면 그냥 귀찮은 시험 과목만 하나 늘어나고 개인 호기심에서 프로그래밍을 배워 성장할 수 있던 사람마저 진저리 치며 프로그래밍이 싫어지게 만들 거란 걱정이 듭니다. 사교육 시장이 활발한 수학과 영어만 봐도 그렇죠. 교육에 엄청난 비용과 시간을 지불하는데도 흥미는 점차 더 빨리 상실해 가고 있으니까요.

개인적으로 소프트웨어 개발은 매우 재미있는 일입니다. 솔직히 늘 재미있지는 않고 문제를 해결하는 시간 동안은 괴롭지만 그고난을 견디고 난 뒤 소프트웨어가 동작하게 하고, 소프트웨어를 사용하는 모습을 보면 도파민이 춤을 춥니다. 이러한 내적 동기를 파괴하는 교육이 되지 않기를 바랍니다.

나아가 개발자가 부족한 시장 상황 때문에 더 빨리, 더 많은 개발자를 시장 수요에 맞추어 공급하기 위한 것이라면 더 적극적으로 반대합니다. 세상 모든 일이 그렇지만 자신이 하는 일은 재미있어야 하고 그 일은 본인이 직접 선택해야 합니다. 사회가 강요해서는 안 됩니다.

해외에서 문화 차이로
충격받은 경험이 있나요

2003년부터 약 1년 반 동안 타 국가에서 근무를 했습니다. 한국에서 개발자를 구하기가 어려운 스타트업에서 근무하던 시절이라 해외에 사무실을 만들고 개발자를 채용하려는 목적이었습니다.

3개월 여행 비자로 입국한 뒤에 현지에서 업무 비자로 전환이 가능하다는 안내를 받았는데, 막상 도착해 보니 업무 비자를 받으려면 한국에서 신청해야 하더군요. 시간과 비용을 아끼기 위해 협력업체 분과 함께 해당 국가의 외교부에 가서 해결책을 찾아보기로 합니다.

건물 입구의 길게 늘어선 줄에 서서 제 차례가 오기를 기다리던 중 현지 경찰관이 오더니 외국인은 다른 줄에 서야 한다며 자기를 따라오라고 하더군요. 그분의 친절함에 감사하며 따라갔는데 모든 줄을 무시하고 바로 입장을 시켜주며 현금을 요구했습니다. 같이 간 협력업체 직원에게 입장료가 있는지 물었더니 그냥 돈을 주고 좋게 마무리하자더군요. 하는 수없이 돈을 지불했습니다.

안내 데스크에 방문 목적을 설명하고 번호표를 받아야 하는데 이번에도 번호표를 주지 않고 "집에 노모와 가족이 많고~" 등의 이야기를 하더군요. 하는 수없이 또 돈을 지불했습니다.

사무실 앞에서 순서를 기다리고 있는데 이번에는 고위급으로 보이는 공무원이 와서는 자신의 방으로 가서 문제를 해결해 주겠다고 하더군요. 우리는 따라 들어갔고 "이 나라에서는 되는 일도 없고 그렇다고 불가능한 일도 없다"라는 선문답을 하기에 한국에 가서 비자를 만들어 오겠다고 선언하고 나왔습니다.

한국에 들어와서 해당 국가 대사관에 비자 신청을 하러 갔습니다. 제 앞에 비자를 신청하는 한국 분이 서류를 제출하며 비자를 빨리 받을 수 있게 해달라고 대사관 직원에게 요청하더군요. 통상 일주일이 걸리는데 사흘 뒤에 출국해야 하니 이틀 안에 만들어 달라는 요구였는데 대사관 직원은 예외 없이 일주일이 걸린다고 거절했습니다.

몇 차례 이야기를 주고받다 한국 분이 "내가 당신네 나라에 가서 돈을 벌게 해주는 건데 비자를 빨리 내줘야지 뭐 하는 거냐?"라고 항의를 하더군요. 대사관 직원은 "우리나라는 거지가 아니다. 그런 식으로 이야기하지 말라. 모든 비자는 정상적인 절차를 거쳐 지급되어야 한다"라고 답변을 하더군요. 제 얼굴이 빨개지는 경험이었습니다.

모든 사회는 성장단계를 거칩니다. 퀀텀 점프[16]를 할 수 있으면 좋겠지만 순차적으로 필요한 단계를 모두 밟아가게 됩니다. 1980년대 대한민국에서 교통단속에 걸리면 운전면허증 뒤에 1만 원짜리 지폐를 숨겨서 주면 모른 척하며 그냥 보내주었다는 이야기가 있습니다. 교통경찰관의 부츠를 뒤집었더니 1만 원짜리 지폐가 쏟아져 나왔다는 신문 기사도 찾을 수 있습니다. 이런 과정을 거쳐 사회 공통의 인식이 발전한 덕에 과거에 당연시했던 부조리를 이제는 비판할 수 있게 된 것이죠. 이러한 특징을 이해한다면 우리 사회가 이미 거쳐온 과정을 지금 겪고 있다고 마냥 비난할 수 없습니다. 오히려 차이를 전제로 차별하거나 무리한 요구를 당연시하는 행동이 비난받아야 합니다.

조직의 성장 단계도 동일합니다. 새로 합류한 구성원이 이전 소속 조직과 현재의 조직을 비교하며 비판하는 일은 성장에 도움이 되지 않습니다. 성장하기 위해서는 현재의 문제를 공감하고 개선하기에 효과적인 부분을 찾아 개선할 수 있도록 지원해 주어야 합니다. 개선할 점이 보이는 일은 비난할 대상이 아니라 함께 성장할 수 있는 기회입니다. 기회를 놓치지 말고 협업하여 지속적으로 성장할 수 있도록 기여해 주기 바랍니다.

---

16 퀀텀 점프(Quantum Jump, 양자도약)란 본래 물리학에서 양자가 불연속적으로 도약하는 현상을 말합니다. 경제학에서는 기업이 단기간에 기존의 틀을 깨는 혁신을 통해 비약적으로 성장 및 발전하는 경우를 이르는 용어로 사용됩니다.

후광 효과에 대해
알고 있나요

후광 효과[17]는 뭔가 있어 보인다는 착각을 만들어 냅니다. 이 때문에 섣부른 실수를 하는 시스템을 이용해 오판을 하게 만들죠.

밀그램(Stanley Milgram)의 '복종 실험'은 감독관의 권위를 과도하게 인정하여 스스로의 판단을 무력화하고 고압의 전기 충격을 가하라는 지시를 따르게 되는 인간의 오류를 밝혀냈습니다. 찰스 로플링(Charles Hofling)의 '간호사 실험'에서는 고도로 훈련받은 숙련된 전문가라도 모르는 사람이 전화해서 의사라고 밝히며 잘못된 처방을 하면 그 말에 쉽게 굴복되는 문제를 보여줍니다. 이처럼 인간은 '뭔가 있어 보이는 권위'에 가치판단을 맡기는 약점이 있는 탓에 "사돈의 8촌~"으로 시작되는 사기에 쉽게 당하곤 합니다.

---

17 일반적으로 어떤 사물이나 사람에 대해 평가를 할 때 그 일부의 긍정적, 부정적 특성에 주목해 전체적인 평가에 영향을 주어 대상에 대한 비객관적인 판단을 하게 되는 인간의 심리적 특성을 말합니다.

최근에는 착각을 유발하는 새로운 형태의 권위가 생겼는데, 바로 팔로워 숫자입니다. SNS가 일반화되고 확증편향에 빠지기 쉬운 사람들이 저마다의 확증을 좇아 모이다 보니 실체가 없는 권위가 쉽게 만들어지곤 합니다. 이로 인해 잘 동작하던 검증 시스템이 멈추고 큰 위험이 조직 내에 저항 없이 침투하는 일도 발생합니다.

조직의 경우 사후라도 문제를 발견하고 수정하면 큰 피해는 면할 수 있지만 개인이 맹목적으로 잘못된 권위자를 따른다면 큰 어려움을 겪을 수 있습니다. 개발 분야에서는 '개발하지 않는 개발자'가 대표적인 경우입니다. 내용도 모르는 책의 번역에 참여하고 개발한 적이 없는데, 전문가처럼 행세하는 사람, 커뮤니티를 운영하여 아는 사람은 많지만 개발 능력은 없는 사람, 재직 회사를 대표해 발표한 내용이 전부 자기 것인 양 떠드는 사람, 다른 책의 내용을 모아 자신의 지식인 양 출판하고 전문가로 행세하는 경우 등 종류는 다양합니다(딱, 저 같은 부류를 조심해야 합니다).

권위의 함정에 빠지지 않으려면 그럴싸한 이야기라도 의도를 파악하고, 의문을 가지고 분석하며, 자신의 전문성을 포기해서는 안 됩니다. 팔로워 숫자에 가치 판단을 맡기는 일 없이 온전한 삶의 주도권을 행사하길 바랍니다.

힘든 하루를
보냈나요

뭘 해도 운이 따라 주지 않을 때가 있습니다. 이럴 때 자존감을 유지하기란 정말 어렵습니다. 더 열심히 노력해도 외부 여건 때문에 손써볼 틈도 없이 돌이킬 수 없는 일이 되어 버리면 난감하지만 운을 탓해봐야 바뀌는 것도 없습니다.

이럴 때 저는 청소를 합니다. 제가 직접 목표를 설정할 수 있고, 실천하고, 결과도 확인할 수 있습니다. 그리고 운이 개입할 확률도 낮아서 어지간하면 성공을 맛볼 수 있습니다(단, 청소하는 동안 다치지 않도록 주의합니다. 혹시라도 다치면 "난 한 번만이라도 행보카고시데 행보칼수가업서"[18]가 되어버리기 때문이죠). 그리고 내 손으로 깨끗해진 환경을 만든 성공사례로 자존감을 채워 묵묵히 해야 할 일을 할 수 있습니다. 청소 외에도 글쓰기와 독서도 효과적입니다. 스스

---

18 미국 드라마 〈로스트〉의 본 편에는 나오지 않고 DVD에 수록된 영상의 자막을 패러디했습니다.

로의 결심만으로 결과를 만들어 낼 수 있으니까요.

가끔은 운이 잘 따라주는 경우도 있습니다. 계획한 것도 아닌데, 착착 맞아 들어갈 때가 있죠. 10년도 더 지난 일인데 개발자에서 다른 직무로 전환을 했습니다. 해당 조직에 새로 온 센터장님이 제가 하고 있던 업무에 관심을 갖고 지원을 해주었습니다. 그 덕분에 팀에서 사용 중이던 새로운 시도를 전사로 확산시킬 수 있었습니다. 운이 좋았죠. 그 후 여러 문제로 조직장들이 맡지 않으려는 조직에 소방수로 투입됩니다. 끔찍한 팀을 맡아 실패가 확정된 프로젝트의 패전처리 투수가 된 거라며 모두가 저의 불운을 걱정했습니다. 하지만 이상하게 운이 좋았습니다. 맡아보니 재능 있는 개발자가 많았고 자율과 권한을 위임했더니 엄청난 결과를 만들어 냈습니다. 소문을 듣고 재능 있는 분이 모여 들었고 더 좋은 성과가 만들어지는 선순환이 일어났습니다. 그 덕에 팀원에서 출발하여 1년에 한 번씩 승진을 하고 결국 이사 직함까지 달 수 있었습니다. 정말 운이 좋았죠.

인생에 이런 행운이 얼마나 자주 찾아와 줄지는 모릅니다. 아무리 노력해도 행운이 웃어 주지 않는 경우도 흔합니다. 그러면 다시 고무장갑을 찾아 끼고 청소를 하면 됩니다.

오늘 여러분의 시간이 고무장갑을 찾아야 하는 상황이 아니길 바랍니다. 하지만 혹시라도 지쳐 있고 자존감이 낮아져 고민이라면 스스로 결심해서 주변 청소를 해보길 추천합니다.

2부

리더십

1대1 면담이
편한가요

최근에는 국내 기업에서도 1대1 면담이 보편적인 피드백 수단이 되었습니다. 1대1 면담은 타인의 눈치를 보지 않고 솔직한 피드백을 주고받고, 상호 신뢰를 쌓을 수 있는 좋은 방법이지만 형식만 차용할 경우 1대1 취조가 되어 버립니다. 시선 둘 곳도 없고 잠시 숨을 동료의 등도 없는 1대1 취조를 좋아할 분은 없겠죠.

반면 1대1 면담을 잘 진행해서 목적을 달성하는 경우라도 많은 팀원과 만나야 하는 리더에게는 상당한 부담이 됩니다. 1대1 면담이 효과가 있으려면 리더가 경청을 해야 하는데 '아무런 편견 없이 이야기 듣기'는 엄청난 집중력이 필요합니다. 그 결과 리더 입장에서는 1대1 면담이 힘들어서 피하고 싶어집니다.

1대1 면담이 취조가 되지 않고 리더도 지치지 않을 팁을 소개하겠습니다.

1. 비정기로 하세요

면담을 1개월 주기로 진행하는 경우가 많습니다. 부담을 줄이고 적절한 시기에 피드백을 주고받기 위한 선택이지만 1개월은 상황에 따라 매우 짧을 수도, 매우 길 수도 있는 주기입니다. 심각한 문제가 발생했는데, 한 달 동안 기다리며 속앓이를 한다면 해결 시기를 놓칠 수 있는 긴 시간입니다. 반면 매월 모든 팀원을 면담해야 하는 리더에게는 너무 짧은 주기일 수 있죠. 이런 문제를 해결하려면 비정기적인 면담이 자연스레 일어나야 합니다. 지나가다 문득 묻고 싶은 것이 있다면 리더와 이야기할 수 있어야 합니다.

리더가 평소 팀원과 가벼운 이야기라도 자주 나눈다면 문제가 있을 때 즉시 논의하고 해결하는 문화가 정착됩니다. 그러려면 리더는 잘 보이는 곳에 있어야 하고 충분한 시간 동안 자리에 앉아 있어야 합니다. 회의 참석으로 바빠 자리에 있는 시간이 없다면 당장 캘린더를 열어 자리에 있을 시간을 확보하길 추천합니다. 문이 있는 사무실에 있다면 문을 열어 놓고 근무해야 합니다.

2. 형식을 바꿔보세요

프랑스 생물학자 이브 파칼레(Yves Paccalet)는 "나는 걷는다. 고로 나는 존재한다"라며 걷기를 예찬했습니다. 인류의 진화 역사에서 의자에 앉아 일하기는 100년도 안 되었습니다. 그러므로 틀에 박힌 듯 꽉 막힌 회의실에서 만나기보단 함께 걸으며 이야기 나누는 방법이 효과적입니다. 인간의 뇌는 걸을 때 더욱 활성화되고 집중력을 유지할 수 있습니다. 편안하게 걷다 보면 경계심이 낮아져 개인적인 이야기를 나누기도 좋습니다. 햇살이 좋고 기온도 적당하다면 가볍게 걸으며 이야기를 나누어 보길 추천합니다.

3. 반드시 조언하지 않아도 됩니다

어렵게 잡은 자리이니 무엇이라도 생산성 있는 일을 하고 싶을 것입니다. 하지만 꼭 그럴 필요가 없습니다. 상대의 이야기를 끝까지 방해하지 않고 듣기만 해도 성공입니다. 하지만 서로 할 이야기가 없는 경우도 있습니다. 급하게 오느라 또는 너무 바빠서 아무 준비 없이 만난 경우, 시간은 더디고 주변의 공기는 빠르게 굳어 버립니다. 이런 상황을 대비해 리더는 공유하고 싶은 이야기를 미리 준비해야 합니다. 그리고 팀원이 공유할 이야기가 없어 난처해하면 양해를 구하고 준비한 이야기를 나누면 됩니다. 바빠서 상세하게 설명하지 못한 의사결정의 맥락이어도 좋고 개인적인 관심사여도 괜찮습니다. 때로는 리더가 고민하고 있는 내용을 솔직하게 이야기하는 것도 상호 신뢰를 쌓는 데 큰 도움이 됩니다.

21년 차 개발자는
왜 이직을 했을까요

저는 2021년 11월 1일에 [쏘카]로 이직을 했습니다. 10월 초까지 이전 직장에서 은퇴할 계획이라서 전체 개발자 회의에서 이를 공유하기도 했습니다.

글로벌 회사에 근무하며 모든 것이 안정되고, 충분한 금전적 보상도 받고 있던 터라 저의 급작스러운 이직에 궁금증이 생긴 분이 있었고 여러 오해도 발생했던 모양입니다. 이에 2021년 마지막 날에 그간의 오해에 대해 설명드립니다.

Q1. 곧 상장할 회사로 이직해서 대박 나려는 거지?

A1. 개발자로 근무하며 상장을 통한 금전적 이득을 취할 수 있는 기회는 많지 않습니다. 유니콘 기업(unicorn)[1]인 [쏘카]가 2022

---

1 기업 가치가 10억 달러(약 1조 원) 이상이고 창업한 지 10년 이하인 비상장 스타트업 기업을 말합니다. 스타트업 기업이 상장하기도 전에 기업 가치가 1조 원 이상이 되는 것은

년 상장을 목표로 하고 있어 많은 분이 이를 주된 이유로 생각하는 모양입니다. 하지만 이는 제 이직 사유가 아닙니다. 좀 더 정확히 이야기하자면〔쏘카〕가 상장한 후 매우 큰 성공을 거두어도 4년 동안의 총 소득은 이전 직장의 총 소득과 비슷하리라 예상합니다. 성장하지 못하면 당연히 손해를 봅니다.〔쏘카〕를 글로벌 기업으로 성장시키는 목표가 있지만 금전적 보상이 동력은 아닙니다.

Q2. 그렇다면 뭐 하러 리스크를 감수하는가?

A2. 운이 좋게도 저는 규모 있는 여러 기업에서 개발리더를 수행했습니다. 모두가 회피하는 조직을 맡아 모두가 오고 싶어 하는 조직으로 변화시킨 경험도 있습니다. 자기 조직화에 성공하여 놔두기만 해도 잘 성장하는 조직이라 믿고 떠난 적도 있습니다. 하지만 그 결과가 매우 참혹했음을 알게 되었습니다. 한참을 스스로 원망하고 슬퍼했던 시간을 보내고 당장이라도 복귀해서 힘을 보태야겠다는 결심을 했지만 그런 기회는 주어지지 않았습니다. 해당 조직에 있던 분들은 제가 제안을 거절한 것으로 알고 있는데, 저는 아무런 연락도 받지 못했습니다. 결국 제가 적임자가 아니었겠지요.

자기 조직화된 경우 리더는 불필요하다고 주장해 온 제가 어리

마치 유니콘처럼 상상 속에서나 존재할 수 있다는 의미로 사용되었습니다. - 위키백과

석었습니다. 그리고 명확히 주어진 제약 조건에서 그 틀을 깨기 위해 노력하는 상황을 답습하기보다는 좋은 개발 문화와 성장을 원하는 조직에 기여하고 이러한 문화가 지속될 수 있는 일을 해보겠다고 결심하게 되었습니다. 좋은 문화는 단순히 물질적 보상, 좋은 사람이 모이거나 프로세스를 정비하는 것으로 이루어지지 않는다는 것을 이제는 압니다. 지속적인 노력 없이는 힘들게 구축한 문화도 곧 허물어 짐을 잘 이해하게 되었습니다. 의도를 숨긴 조직에서 개선을 도모하는 일의 무효함도 알고 있습니다. 이러한 상황에서 〔쏘카〕의 제안을 기쁘게 받아들였습니다.

Q3. 그래서 뭘 할 건데?

A3. 동료들이 가치 있는 업무를 수행하고, 효과적으로 협업하여 지속적인 성장을 이루도록 지원하겠습니다. 리더가 해야 할 당연한 일인데도 이것이 당연하지 않은 사회가 되어 버렸지만 저는 그걸 지키고 해내겠습니다. 학벌, 출신 회사 등 어떠한 이유로도 차별받지 않는 조직에서 함께 성장해 나가는 조직문화를 만들고 지키겠습니다. 당장 업계 최고의 대우를 제공하지 못하더라도, 함께 비즈니스 성장을 도모하고 이를 정당하게 공유 받을 수 있게 만들겠습니다.

CTO가 되는 법이 궁금한가요

주말에 신입 개발자분을 대상으로 하는 외부 강연이 잡혔습니다. 요즘 모든 기업이 그렇듯 좋은 인재를 영입할 수 있다면 지옥이라도 마다할 이유가 없습니다. 사전 질문을 받았는데 'CTO가 되는 법'에 대한 질문이 압도적으로 높았습니다.

저는 CTO라는 직함을 두 번 달았습니다. 처음은 벤처기업이었는데, 프로젝트 수주를 위해 형식적이라도 CTO라는 역할이 필요했고, 정부 지원을 받으려면 연구소 설립에 석사 학위 이상의 책임자가 필요해서 CTO가 되었습니다. CTO라는 직함을 달고 한 일은 낮에는 고객 응대, 밤에는 개발이었고 회사에서 숙식하며 지냈습니다. 월급은 수시로 밀렸고 같이 일하는 개발자들의 사정이 눈에 밟혀 빚을 내어 회사 대신 월급을 주었습니다. 그리고 그 빚은 고스란히 제 것이 되었죠. 아마도 이런 모습을 기대하고 'CTO가 되는 법'을 질문하진 않았을 겁니다.

두 번째는 [쏘카]에 이직하면서입니다. 개발자 경력에서 타이틀상으로 가장 높은 직위이고 자연스레 처우도 좋을 것이니 개발자의 최종 목표를 CTO라고 생각해서 질문했으리라 예상합니다. 하지만 CTO는 개발자 경력의 정점이 아니라 그냥 한 가지 역할일 뿐입니다. 통상적으로 경력이 많은 사람이 맡다 보니 처우가 좋은 것으로 오해될 뿐이고요. 물론, CTO에게 주어지는 권한은 많습니다. 소속 직원에 대한 평가/보상/업무에 대해 상당한 권한을 행사할 수 있습니다. 하지만 마음대로 할 수는 없습니다. 설명하고 설득하고 양해를 구해야 합니다. 절대군주일 수 없기 때문이죠. 그리고 비즈니스 담당 부서가 이해할 수 있도록 개발 상황을 설명해야하기에 어쩔 수 없이 비즈니스에 대한 이해도 높여야 합니다.

상황에 따라 차이가 있지만 개발자로 코드를 작성하고 설계하는 일을 하기는 매우 어렵습니다. 결국 실무는 하지 않으면서 실무에 대한 이해도를 유지하고 최신 트렌드에 조직이 발맞추어 가도록 도와야 하며, 이 모든 것을 비즈니스 하는 분들이 이해할 수 있도록 설명하고, 비즈니스의 요구를 개발자가 이해하고 구현할 수 있게 만들어야 합니다. 복잡하죠? 솔직히 표현하면 힘듭니다.

그래서 처우와 권한 때문에 CTO를 목표로 하는 분들이 없기를 바랍니다. 저글링[2]에 뛰어난 역량을 가지고 있고 이를 보람으로 느

---

[2] 스포츠나 엔터테인먼트를 즐기기 위하여 물건을 가지고 잡다한 놀이의 기술이나 재주를 두 개 이상의, 손에 잡을 수 있는 물체를 가지고 부리는 것입니다. 한 번에 다양한 일을 하

끼는 분이라면 추천해 줄 수 있는 수준입니다.

그러면 "너는 왜 CTO를 하고 있느냐?" "이런 글은 잠재적 경쟁자 제거를 위한 거 아니냐?" 할 수 있습니다. 제가 〔쏘카〕로 이직하고 CTO 역할을 수행하는 이유는 "시간 변동성이 없는 개발 조직을 만들어 보고 싶어서"입니다. 좋은 개발 문화를 만들었다고 자신했던 때가 몇 차례 있었는데 리더에 따라 순식간에 바뀌는 상황을 보며 그렇지 않은 조직을 만들어 보고 싶다는 욕심이 생기게 되었습니다. 그리고 CTO가 꽤 괜찮은 역할이란 것도 증명해보고 싶습니다.

는 역량을 빗댄 비유입니다.

근무 환경이
안전하다고 느끼나요

시급한 업무를 기한 내에 처리하는 일터는 마치 전쟁터와 같습니다. 하지만 전쟁터라도 총알이 날아오는 방향이 밖인지 또는 안쪽인지에 따라 느끼는 안전감에 차이가 납니다. 외부의 문제와 싸우는 동안 조직 내에서 적극적인 지원을 받고, 문제가 발생할 때 동료가 자신을 희생해서라도 나를 구해줄 것이란 믿음이 있다면 안전하게 느껴집니다. 반면 실수를 하거나 문제 해결에 어려움을 겪고 있을 때 동료 또는 리더가 지적하고, 책망하고, 능력이 부족하다고 공격한다면 상상만으로도 끔찍합니다. 이런 환경에 속한 구성원은 외부 문제와 싸우기 위해 노력하기보다는 스스로를 지키기 위해 내부와 싸우거나 안전한 환경을 찾아 탈출을 선택하게 됩니다.

전쟁터에서 영웅적인 행동 사례로 자신의 위험을 무릅쓰고 동료를 구해낸 분들이 있습니다. 사이먼 시넥의 (TED) 발표에서 영웅적인 행동을 할 수 있는 이유를 살펴보는데 처음에는 '훌륭한 사람'이 그런 일을 해낼 것이라 추정합니다. 하지만 그분들을 직접 만나서 알게 된 이유는 '내가 어려움에 빠질 때 동료도 나와 같이 행동해 줄 것이란 신뢰'였습니다. 이처럼 상호 신뢰가 굳건한 조직에서는 이타적인 행동이 자연스럽고 또한 보상을 받습니다.

[자료 9] 사이먼 시넥의 [TED] 발표 (https://lnkd.in/gwapGsjS)

여러분이 속한 조직에서 타인을 위해 희생하고 조직의 목표를 달성하기 위해 헌신하는 분이 지지 받고 보상받는지 살펴보기 바랍니다. 수단과 방법을 가리지 않고 누군가의 희생을 발판 삼아 높은 성과를 올리는 사람이 인정받고 보상받는 조직이라면 내외부에서 총알이 날아다니는 상태이므로 그 누구도 오래 살아남을 수 없습니다.

리더는 안전한 조직을 만드는 책임자이지만 조직원의 성장과 성과를 위해 불안감을 조성하는 실수를 합니다. 리더가 조직원의 성장을 위해 문제를 지적하고, 화를 내고 독려하는 일은 효과가 없습니다. "따끔하게 혼을 냈더니 다음에는 실수 안 하고 잘하더라"는 믿음이 팽배하지만 대니얼 카너먼(Daniel Kahneman)의 저서

〈생각에 관한 생각(Thinking, Fast and Slow)〉에 소개된 이스라엘 공군 훈련 프로그램의 예를 살펴보면 '화내며 지적하기'는 성과 향상에 도움이 되지 않습니다.

통계적인 우연성에 따라 못했던 사람이 그다음에 잘하는 걸 '화'의 효과로 착각할 뿐입니다. 리더가 조직원에게 화를 내며 피드백하는 방식은 장기적으로 조직에 큰 문제를 유발합니다. 혼나면 위축되고 자신감을 잃게 됩니다. 그리고 혼나는 것을 피하기 위해 극도의 긴장 사태가 되는데 장기적인 긴장상태는 이성적인 뇌의 능력을 마비되어 업무 능력을 저하시킵니다. 이는 뇌과학에서 증명된 진실입니다. 또한 실수할까 두려워하는 마음은 '노력해도 좋아지지 않을 거야'라는 자기 암시를 만들고 결국 종말적인 자기 예언을 실현하게 합니다.

리더는 어려움에 빠진 조직원을 돕고 지원하는 문화를 조직에 정착시켜야 할 책임이 있습니다. 문제가 심각하여 조직에 해를 입히는 조직원을 다루기 위해 어쩔 수 없이 화를 이용해야 한다고 믿는 경우도 이득이 없습니다. 정말 심각한 문제라면 다른 조직원을 보호하기 위해서 '썩은 사과'를 단호하게 제거해야 합니다. 화를 내고 부정적인 피드백을 주며 썩은 사과가 조직에 오래 머물게 하거나 화를 이용해 썩은 사과를 쫓아내는 방법도 조직에 도움이 되지 않습니다.

모든 조직원이 어려움을 서로에게 이야기할 수 있고 함께 문제를 해결하기 위해 노력하는 조직의 기반은 상호 신뢰입니다. 내가 어려움에 빠졌을 때 동료가 나를 지원해 준다는 믿음이 생겨날 수 있도록 만들어 주길 바랍니다.

기술 리더의 역할에 대해
알고 있나요

최근 기술 리더의 역할에 대한 질문을 몇 차례 받았습니다.

기술 리더는 회사 기술 로드맵과 개발 조직을 책임지는, 어찌 보면 단순한 업무입니다. 하지만 실제 집중하는 업무는 조직 성숙도와 회사의 여건에 따라 달라집니다. 숙련도가 높은 소수의 개발자가 모여 있던 조직에서는 난이도 있는 서비스를 맡아 직접 개발 및 운영하고 커뮤니케이션을 담당했고, 조직 규모는 크지만 기술 전환을 해야 하는 시기에는 기술교육을 전담하기도 했습니다.

하지만 어떤 조직 상황이라도 최우선으로 챙긴 것은 '출근하고 싶은 회사' 만들기입니다. 어렵게 모셔온 개발자가 마지못해 버티는 상황을 만들지 않기 위해서입니다. 그러므로 기술 리더로서 저의 최우선 과제는 늘 '개발자의 동기부여'의 지속입니다.

불행히도 개발자의 동기부여를 망치기는 쉽지만 지속시키기는 어렵습니다. 고려해야 할 요소가 너무 많죠. 이 중에서 오늘은 내적 동기부여 요소에 대한 자료를 공유합니다. 〈드라이브〉의 저자인 다니엘 핑크(Daniel H. Pink)와 〈Alive at work〉의 저자인 대니얼 케이블(Daniel M. Cable) 교수의 강연을 통해 내적 동기부여에 대한 탐구를 시작해 보면 좋겠습니다.

[자료 10] 다니엘 핑크 강연(https://lnkd.in/gytc_rjC)

[자료 11] 대니얼 케이블 강연(https://lnkd.in/gGBakHma)

기억에 남는
면접 경험이 있나요

이전 회사에서는 면접을 이틀간 진행했는데 점심시간까지 면접을 진행해서 총 15명의 면접관을 만났습니다. 대부분의 면접이 그러하듯 주로 면접관의 당면한 고민을 질문으로 받는데 면접관이 "불가능한 일정에 불가능할 정도로 많은 프로젝트를 수행할 수 있는 방법을 제시해 달라"라고 요구했습니다. 이미 많은 시간을 고민한 담당자가 불가능하다고 결론 내린 일에 제가 가능한 방법을 제시할 수는 없으니 "우선순위 기반으로 못하는 일을 정리해야 한다"라고 답변했는데 불만족스러운 표정이 역력했습니다.

마지막 고위 임원 면접에서는 "회사 상황이 어려워져 정리해고를 한다면 누구를 내보내고 누구를 남길 것이냐?"란 질문을 받았습니다. "경영 실패에 책임이 있는 나를 포함해서 연봉 높은 관리자가 퇴직 대상이고 최소한의 유지 보수를 수행할 수 있는 실무자가 남아야 한다"라고 답변했는데, "자신을 해고하겠다고 답변한 최초의 사례"라며 꽤나 만족해하는 반응이었습니다. 최종 합격하고 1년 정도 지나 면접관 중 한 분으로부터 제 합격에 얽힌 비하인드 스토리를 들을 수 있었습니다.

해당 회사에서는 닻 내림 효과(Anchoring Effect)[3]를 방지하기 위해 모든 면접관이 동시에 합격/불합격 의견을 밝히고 이견이 있을 경우 토론하는 방식을 사용했습니다. 그날 고위 임원이 최종 결정 회의에 늦게 도착하여 미리 도착한 면접관끼리 자연스레 저에 대한 평가 의견을 교환하게 되었는데 초반에는 부정적인 의견이 많았다고 합니다. 불가능한 일정 관련 질문을 했던 면접관이 탈락 의견을 주장하는 시점에 고위 임원이 회의실에 들어오며 "이번 면접은 어땠어요? 나는 너무 좋았어요"라고 이야기를 했고 갑자기 모든 면접관이 합격 의견으로 돌아서며 저의 장점을 열심히 이야기했다고 하더군요. 닻 내림 효과의 전형입니다. 덕분에 8년 정도 근무하며 다양한 경험을 쌓을 수 있었습니다. 저에겐 운이 좋았던 닻 내림 효과가 회사에도 행운이었는지는 불확실합니다.

리더가 책임을 지고 중요한 의사결정을 할 경우 닻 내림 효과는 조직원을 하나의 목표로 결집시키는 영향력을 발휘합니다. 하지만 기회를 탐색해야 하는 단계에서 닻 내림 효과는 부정적 영향을 줍니다. 일정 추정, 면접, 평가, 브레인스토밍이 대표적입니다.

---

3 배가 닻을 내리면 그 지점에서 크게 벗어나지 못하는 것처럼 선입견의 영향으로 제한된 의사결정을 하게 되는 편향 효과입니다.

〔쏘카〕의 업무 방식에는 "대담하게 생각하고 과감하게 행동합니다"가 있습니다. 문제를 새롭게 보고 관습에 도전하며 실패하더라도 과감히 도전하고 과정에서 배우고 성장하는 업무 방식입니다. 효과적으로 과감하게 행동하려면 닻 내림 효과를 활용해야 할 때와 아닐 때를 구분해야 하며, 닻 내림 효과를 잘 활용하는 것이 리더의 중요한 역량임을 기억해 주기 바랍니다.

"너 뭐 하는 녀석이야"에 뭐라고 답할 건가요

군대에 가기 전 휴학을 하고 의류 회사에서 아르바이트를 했습니다. 의류를 제작하는 하청업체에 보낼 작업지시서를 작성하는 업무였는데 정해진 계산법에 따라 전자계산기를 두들겨 필요한 옷감의 양, 부자재 등을 수기로 작성해야 했습니다. 사무실에 컴퓨터 한 대가 있기는 했지만 수기 작업이 끝난 내용을 문서로 정리하는 용도로만 이용해서 불필요한 중복 작업이 많았습니다. 반복 작업을 싫어하는 성격이라 반복 작업을 안 할 방법을 생각하다 로터스 1-2-3 프로그램을 이용해서 몇 가지 항목만 입력하면 자동으로 작업지시서를 출력하는 프로그램을 작성했습니다. 당시 정직원 한 명에 수기 작업하는 아르바이트 직원 한 명이 팀이 되어 일하던 구조였기에 다른 분도 범용으로 사용할 수 있도록 프로그램을 공유했더니 수기로 작성하며 오기하는 실수와 손글씨를 잘못 읽어 발생하던 사고가 줄어들었고 담당자와 아르바이트의 작업 시간도 많이 단축되었습니다.

　그때의 인연으로 제대 후 복학 전까지 본사에서 아르바이트를 이어가게 되었습니다. 친구 형님이 본사로 이동한 후에 복학 전까지 도와 달라고 했던 터라 수기로 처리하던 이런저런 사무 업무를 자동화하며 지냈는데, 어느 날 몇 년간 거래 내역이 하나도 관리되지 않은 거래처 문제를 업무로 맡게 되었습니다. 수기 장부도 없었고 담당자는 퇴사한 상태여서 거래 내역서를 하나씩 찾아 맞추어 가는 방식으로 정리를 했습니다. 정리가 끝나고 나니 몇몇 거래처에는 대금의 초과 지급이 확인되었는데 많게는 몇 만 원에서 몇 천 원 수준이었습니다. 반면 지급해야 하는 비용은 몇 백만 원 단위더군요.

　정리한 내용을 가지고 대금 지급이 되도록 하라는 지시를 받아 처음 재무팀이란 곳을 찾아갔습니다. 재무팀에서 제일 높은 분이 어떤 일로 왔냐고 해서 이런저런 사정을 설명했습니다. 그리고 초과 지급되었던 금액을 이번에 지급할 비용에서 제외하고 지급해 달라고 요청했는데, 초과 지급된 금액이 회수되기 전에는 대금 지급이 불가하다고 답변을 주더군요. 거래처가 지방에 위치해있고, 대부분 영세한 곳이라 몇 천 원 때문에 누군가 왔다 가면 손해가 발생하고, 초과 지급의 원인이 본사에서 관리를 잘못한 것이라서 이를 거래처에 전가하는 일은 부당해 보인다고 항변했습니다.

　몇 차례 대화를 이어가다 재무팀 담당자분이 화가 나는지 목소리를 높이며 "너, 뭐 하는 녀석이야?"를 외치더군요. 워낙 젊은 때라서 그랬는지 저도 "나? 알바다. 알바는 의견도 못 내냐?" 하며 대들었습니다. 놀란 주변 직원들이 달려와서 저를 데리고 나가고 제 뒤통수에서는 그분이 호통치며 씩씩거리는 소리가 들렸습니다.

저를 데리고 나간 분이 설명하길 "저분은 회장님 동생이고 여기 실세인데, 그렇게 막 대하면 어쩌냐?" 하며 타이르더군요. 들어가서 잘못했다고 무조건 비는 게 좋겠다며 아르바이트하다 정직원 심사 볼 때 불이익을 당할 수도 있으니 저를 위해서라도 꼭 사과하라고 설득했습니다. 그 당시 대학생이 가고 싶은 기업 1위로 선정되던 회사라 일견 합리적인 조언일 수도 있었지만 다행히도 저는 정직원 전환 계획이 없기에 "아~ 그런 거면 걱정 마세요" 하며 사과하지 않고 지냈습니다. 그러다 우연히 그분과 복도에서 마주쳤는데 "자네 같은 사람은 처음 본다"라고 하더군요. 드라마였다면 둘이 사랑에 빠지는 전개가 맞겠지만 현실이라 그런 일 없이 데면데면 불편하게 지내다 복학했습니다.

돌이켜 생각해 보면 대들어 봤다는 나름의 통쾌함을 빼면 그 일처리는 잘못된 것입니다. '초과 지급금' 해결을 선결 과제로 내세우는 상황이니 그 일 때문에 일부러 오는 일 없이 본사 방문 일정이 생길 때 처리하도록 협의하거나 납부하러 오는 날 지급 비용을 받아 갈 수 있게 하는 등 다른 대안을 탐색해 보지 못하고 결국 상대가 원하는 대로 처리되었기 때문입니다.

이런 실수를 피하려면 해결하고자 하는 문제의 본질에 집중해야 합니다. 상대의 화에 맞대응하는 일은 상대가 원하는 방식으로 끌려가거나 아무런 이득 없이 손해만 발생시킬 수 있습니다.

리더는 해결하고자 하는 문제의 본질에 집중하여 서로 협의하는 문화를 만들어야 합니다. 갑질의 위험 없이 안전한 환경에서 본질에 집중할 수 있도록 지켜주기 바랍니다.

대학에서 받은 교육이 실무를 하기에
충분하다고 생각하나요

대학에서 실무역량을 키워야 한다는 산업계의 요구가 날로 커지고 있습니다. 대학을 취업학원으로 전락시킨다는 비판과 함께 실무 역량이 높은 인재를 키우는 게 국가 경쟁력이라는 요구가 뒤엉켜 무엇이 옳다고 단정 짓기 어렵습니다. 대학은 취업률로 평가받고 정부 지원금의 규모가 결정되기에 정부의 요구를 마냥 무시하기도 어렵습니다.

2012년 COMPSAC[4] 학회에서 충남대학교 컴퓨터융합학부의 조○○ 교수님을 우연히 만나게 되었습니다. 졸업생이 실무에 잘 적응할 수 있게 교육하는 일의 어려움에 대한 이야기를 나누다 제가 특강을 하면 어떻겠냐고 제안을 했습니다. 그러자 특강을 한차례 진행한 뒤 실무 개발자가 한 학기 수업을 전담하고 학점까지 결

---

4   이 학회와 관련해서 좀 더 자세한 정보는 https://ieeecompsac.computer.org/2022/를 참고하기 바랍니다.

정하는 교육을 할 수 있을지 역으로 제안을 하시더군요. 신입사원 교육 커리큘럼이 있고, 강사로 참여할 시니어 개발자도 충분하고, 공유를 통해 개발자 생태계 성장에 기여하는 일의 중요성도 알고 있어 몇 년간 교육을 진행했습니다. 강의명은 〔실전코딩〕이었습니다. 다소 촌스럽지만 실무를 하듯 교육받는다는 의미는 명확하게 전달되는 강의명이라고 생각했습니다.

다행히 〔실전코딩〕 과목에 대한 수강생의 만족도가 높고 실무에 도움이 되었다는 졸업생 의견도 많아지면서 소문을 듣고 강의 개설을 요청하는 대학이 생겼습니다. 하지만 막상 논의를 해보면 충남대학교와 같이 적극적으로 강의를 개설해 주는 경우는 없어 모두 흐지부지되었습니다. 현업 업무를 하며 여러 대학을 지원하기가 현실적으로 어려웠던 참이라 한편으로는 다행이라고 생각했지만 강의를 개설하지 못하는 이유가 궁금하긴 했습니다.

그러다 충남대학교의 여러 교수님과 이야기를 나눌 기회가 생겼는데 〔실전코딩〕 과목 개설을 위해 얼마나 많은 어려움을 극복했는지를 알게 됩니다. 오랜 기간 자리 잡은 교육 커리큘럼을 변경하고, 새로운 강의를 만들기 위해 담당 교수님의 결단으로 대체한 강의가 있고, 교육의 연관성을 높이기 위해 일정을 조정하며 모든 교수님이 양보와 지원을 해주었더군요. "학생을 위한 교육을 제공한다"라는 목표를 달성하기 위해 모든 교수님이 관성에 도전하고 혁신을 이루었기에 다른 학교에서는 따라 하기 힘들었던 것입니다. 최근에는 졸업 후 좋은 개발자로 성장한 졸업생들이 〔실전코딩〕과목을 직접 진행하며 더욱 발전된 형태의 수업이 되었다고 들었습니다. 그리고 그 교육을 받고 성장한 분들이 〔쏘카〕에 입사하여 저 또한 생태계에 기여했던 혜택을 받고 있습니다.

아주대학교에서도 〔실전코딩〕과목을 개설하여 운영 중인데, 한 학기만 실무 개발자의 도움을 받고 이후에는 최재영 교수님이 강의를 담당하고 지속적으로 성장시켜 나가고 있습니다. 산업계에서 오랜 경험을 쌓은 윤대균 교수님 외 여러 교수님이 좋은 산학협력 사례를 지속적으로 발전시켜 나가고 있습니다.

교육계는 매우 보수적이라는 평가를 받습니다. 하지만 이런 어려움 속에서도 본질을 위해 최선의 방법을 찾아가는 참 교육자들이 있습니다. 관성에 도전하는 리더의 역량과 실천을 보여주신 충남대학교 모든 교수님 그리고 특히 조○○ 교수님에게 감사와 존경의 마음을 전합니다.

"라떼는 말이야~"로 시작되는
이야기를 좋아하나요

전형적인 꼰대의 언어로 많은 이에게 불편한 경험을 주는 대화 방식입니다. 경험해 볼 수 없었던 타인의 이야기를 듣는 일은 옛날 이야기를 통해 배우고 성장할 수 있는 기회로 활용될 수 있긴 하지만 오히려 거부감만 들게 합니다.

'라떼'로 시작하는 이야기가 듣기 싫은 이유는 결론이 문제인 경우가 대부분입니다. 예전에는 이렇게 어려웠고, 지금은 그때보다 살기 좋아졌는데, 노력할 생각은 안 하고 불평만 한다는 식으로 마무리가 되기 때문이죠. 결국 현재 상황에 대한 공감은 배제되고 모든 사회 문제가 개인에게 원인이 있는 것으로 귀결되는 이야기를 좋아하고 수긍할 사람은 없습니다. 게다가 이는 사회 변화를 무시한 무지의 소치이기도 합니다.

프랑스의 경제학자 토마스 피케티(Thomas Piketty)의 저서 〈21세기 자본론〉은 200년간의 소득과 자본의 분배와 축적을 통계적

분석을 통해 상세하게 소개합니다. 왕정시대 계급사회에서 상위 계급에 축적되었던 부는 근대화와 2차 세계대전을 거치며 1940년 ~1970년대에 재분배가 일어납니다. 중산층이 증가하고 소득 증대에 힘입어 개인의 삶이 풍족해지던 시기입니다.

한국은 6·25 전쟁 이후 압축된 성장을 하며 중산층이 생겨났습니다. "라떼는~"을 이야기하는 분들의 경험은 주로 부의 재분배가 활발하던 시기와 일치하거나 그 혜택을 간접적으로 입은 세대입니다. 베이비 부머의 경우 은행 이자율이 25%이던 시절이어서 개인의 노력으로 소득을 늘리고 부를 축적할 수 있었습니다. 하지만 세계적으로 1970년대(한국은 개발도상국 과정을 거치며 약 10년 늦은 1980년대부터)를 기점으로 소득과 부는 특정인들에게 집중되기 시작했고 2022년 현재는 왕정시대의 부의 축적 정도와 유사한 분포가 되었습니다.

2016년 발간된 CBPP.ORG의 보고서에 따르면 전 세계 부의 39%를 1%의 인구가 소유하고 있으며 9%의 인구가 39%의 부를, 90%의 인구는 전체 부의 23%만을 소유하고 있습니다. 이로 인해 자본주의 성장의 핵심이었던 중산층은 빠르게 해체되고 있으며 직접적인 영향을 받은 세대가 바로 MZ입니다. 베이비 부머의 경우 부모 세대보다 돈을 많이 버는 비율은 90%, X 세대는 59%, MZ 세대는 50%로 예상됩니다. MZ 세대는 부모 세대보다 부자가 될 수 없는 최초의 세대라고도 불립니다. 이러한 사회적 변화에 대한 고려 없이 "라떼는~"으로 이야기를 시작하고 "노력을 하지 않아서 그래"로 마무리하는 이야기를 경청할 사람은 없습니다. "다, 너 잘 되라고 하는 소리야"라고 선한 의지를 강조해도 무의미합니다.

사회적 흐름을 개인의 힘으로 단기간에 변화시키기는 불가능하므로 사회를 탓하지 말고 개인을 탓하는 편이 현실적인 대안으로 느낄 수 있겠지만 조언을 하고 싶다면 공감이 우선되어야 합니다. "제가 경험했던 세상은 이랬는데, 지금의 세상은 그때와 달라졌습니다. 이런 상황에서 느끼는 감정이 무엇인지 당사자가 아닌 상황에서 이야기하기는 어렵지만 어려움에 공감하며 이러한 세상이 되도록 만든 기성세대로 책임감을 느낍니다"가 할 수 있는 최선의 답변이라 생각합니다.

MZ 세대의 어려움을 듣게 된다면 지적하고, 개인의 노력으로 해결할 방법을 알려 주기 이전에 '공감' 해주기 바랍니다. 양측에 심리적인 유대감이 형성되면 "라떼는~"으로 시작하는 이야기도 할 수 있습니다. 물론, 마무리는 "노오력~ 하라"가 아닌 "공감"이어야 합니다.

리더가 꼭 필요하다고
생각하나요

이상적인 목표이지만 완벽하게 권한을 위임하고 모든 구성원이 효과적으로 협업하며 자신의 역할을 수행하고 점차 영향력을 확대해 나간다면 리더가 할 일은 사라집니다. 자신의 역할이 필요 없는 조직을 만드는 소명을 달성한 리더는 실무 전문가로 복귀하는 기쁨을 누릴 수 있습니다.

예전에 어려움을 겪고 있던 조직을 맡아 구성원과 함께 노력하며 개선하고 권한 위임을 하다 보니 리더가 필요 없는 조직을 만들 수 있다는 확신이 생겼습니다. 두 개의 조직을 겸직하고 있었지만 리더 역할보다 개발 업무에 더 많은 시간을 쓸 수 있었고 전사 신입 개발자 교육을 병행했지만 조직에는 활기가 넘쳤습니다. 더 좋은 방안이 있다며 찾아오는 담당자의 이야기를 듣고 실천할 방법을 같이 고민해 주고 때로는 너무 무리하지 말아야 한다는 조언을 하는 게 리더 역할의 전부였습니다. 그러다 다른 역할을 맡아야 하는 상황이 되어 조직을 옮겼습니다.

후임 조직장은 외부 컨설팅의 도움을 받아 현황을 파악하고 새로운 비전을 만들어 한 단계 도약할 목표를 세웠다고 합니다. 외부 컨설팅 업체는 조직원과의 인터뷰를, 개선점을 찾기 위해 노력하는 방법이 아닌 문제점을 지적하고 현재의 방식이 잘못되었기에 새로운 방식을 도입해야 한다는 정당성을 부여하는 데 사용합니다. 결국 열심히 일하며 지속적인 성장을 해오던 조직은 일순간에 문제점이 많아 뜯어고쳐야 할 대상이 되어 버립니다. 반복적으로 작은 성공을 쌓아가며 성장하던 조직에서 한순간에 지속적인 실패를 경험하며 비난받는 악순환에 빠지게 된 것이죠. 그 결과 역량 높은 조직원이 이탈하고 조직장에 대한 문제 제기가 걷잡을 수 없이 터져 나왔는데 불과 6개월 만에 벌어진 일입니다. 리더는 더 좋은 조직을 만들고 더 높은 성과를 내고 싶은 선한 의지로 과감한 투자를 했지만 역효과만 얻고 만 것이죠.

실패의 원인은 조직원의 참여를 배제하고 죄인에게 형벌을 내리듯 외부 개선안을 강제했기 때문입니다. 해당 분야 최고 전문가인 조직원의 의견을 무시하고, 개선 대상으로 지목하여 망신을 주고, 해당 업무를 경험해 본 적 없는 사람이 만들어낸 이상적으로 보이는 상상을 따르라는 지시가 효과적일 리 만무했습니다. 결국 새로운 아이디어의 원천이었던 조직은 마른 우물이 되고 맙니다.

영국의 경제학자인 존 메이너드 케인스(John Maynard Keynes)

는 중산층과 저소득층의 소득이 증가하면 총수요가 크게 증가한다며 이를 분수 효과(Trickle-Up Effect)[5]로 명명합니다. 낙수 효과(Trickle-Down Effect)[6]의 반대 개념인 분수 효과는 조직 관리에도 적용할 수 있습니다. 실무 담당자가 권한과 책임을 가지고 개선에 기여하면 조직이 효과적으로 높은 성과를 올릴 수 있습니다. 분수 효과가 가능하려면 권한을 위임해 주고, 지지해 주고, 장애물을 제거해 주고, 의견 충돌을 조율해 줄 리더가 필요합니다. 낙수 효과를 지지하는 보스가 조직을 장악하지 못하도록 분수 효과를 지지하는 리더가 역할을 수행하고 있어야 하는 것이죠.

언젠가 모든 리더가 분수 효과를 믿고 실행하여 효과를 거두는 때가 되면 리더의 역할은 필요 없다는 주장을 다시 해보고 싶습니다. 이 글을 읽는 모든 분이 동참해 주길 희망해 봅니다.

---

5 분수에서 물이 아래로부터 위로 솟구치는 것처럼 중산층과 저소득층을 대상으로 세금을 인하하거나 정부 지출을 확대하면 이들의 소득과 소비가 증가하여 경제가 활성화되고 이에 따라 고소득층의 소득도 늘어날 수 있다는 것을 말합니다. -시사경제용어사전

6 대기업이나 고소득층 등 선도 부문이 성장하면 이들의 성과가 연관 부문으로 확산됨으로써 경제 전체가 성장한다는 이론입니다. 컵을 피라미드같이 층층이 쌓아 놓고 맨 꼭대기의 컵에 물을 부으면, 제일 위의 컵에 흘러들어간 물이 다 찬 뒤에 넘쳐서 아래 컵으로 자연스럽게 내려가는 현상에 빗대어 경제성장 원리를 제시한 이론입니다. -시사경제용어사전

리더가 되고 처음 느낀 감정은 무엇이었나요

저는 '공포감'이었습니다. 제가 '조직의 한계'가 될 수 있다는 공포였죠. 명색이 리더이니 무엇이든 다 알아야 하고, 조직원을 성장시켜야 하고, 당면한 문제를 해결할 수 있어야 한다고 믿었습니다. 조금만 생각해 봐도 성취 불가능한 목표인데 남들이 무시할까 두려워, 잘나 보이고 싶어 난리를 쳤던 거죠.

아무런 준비 없이 1년 경력으로 리더가 되었으니 채용을 해본 적도, 고민을 해본 적도 없이 채용을 하고, 상용 프로젝트를 완료한 후 출시해 본 경험도 없이 리더 역할을 해내려고 했습니다. 막연히 벤처라고 하면 돈을 많이 벌 수 있으리라는 기대로 회사를 옮겼고 개발자가 저 혼자여서 일어난 일을 능력이라 착각한 정도였으니 한심하단 말이 아까울 지경입니다.

돈 없던 벤처 시절이라 공부해서 세미나 해준다고 늦은 밤까지 퇴근 못하게 하고, 관련도 없는 무료 세미나를 듣자고 주말에 불러

내고, 팀원이 고심해서 구현한 기능이 마음에 안 든다며 제가 다시 작성하곤 했습니다. 정말 악질 중의 악질이었죠.

다행히 벤처 생활은 실패로 끝났고 다시 팀원이 되었습니다. 그리고 6년 뒤 이번에도 준비 없이 리더의 역할을 맡게 되었죠. 차이점이라면 "리더가 제일 똑똑한 사람일 수 없다"를 아는 정도였습니다. 제가 가장 똑똑할 수 없고 그게 당연한 것이라 인정한 뒤에는 팀원이 제가 성장시켜야 할 대상이 아니라 제게 도움을 줄 전문가로 보이더군요. 팀원별 강점을 발휘할 수 있는 일을 함께 고민해서 배정하고 팀원의 약점이 강점에 방해가 되지 않도록 함께 인지하고 억제했습니다. 그렇게 팀원들이 저를 키워 주었습니다.

모든 리더는 열심히 일합니다. 악의적으로 팀을 망치려 시도하는 사람도 없습니다. 하지만 과도한 책임감은 팀원이 성장할 기회를 빼앗고 리더가 조직의 한계가 되게 합니다. 자신이 조직의 한계가 되지 않도록 그리고 조직원들이 그 한계를 넘어서도록 지지하고 의지하기 바랍니다.

문제를 해결할
권한이 있나요

문제를 발견하고 이를 해결하려면 권한과 책임이 있어야 합니다. "권한과 책임? 당연히 존재하는 거지. 그게 왜?"라는 생각이 든다면 좋은 환경에서 근무 중인 겁니다.

한국에 본사가 있는 회사의 중국 지사를 방문하여 담당자를 만나 보니 본사에서 권한을 주지 않아 힘들다는 고충을 토로했습니다. 특수한 경우인가 싶어 제가 담당하던 서비스의 기획부터 개발까지 전체를 이관했습니다. 이후 이직한 회사에서는 제가 지사에 근무하게 되었는데 "권한과 책임을 주지 않는다"라는 것이 무엇인지 뼈저리게 느꼈습니다.

사고가 터져 사용자 불만이 극에 달한 상황에서 해결책을 찾아 프로토타입까지 만들고 시연도 했지만 2년 동안 곧 해결되니 기다려 달라는 답변만 반복해서 들었습니다. 결국 서비스의 존폐 위기까지 몰리고 난 뒤 우격다짐을 하다시피 해서 개발 권한을 받아 문제를 해결했습니다. 그 후로도 몇 년을 권한 때문에 고생하다 그럴 필요 없는 [쏘카]로 이직을 했습니다.

권한을 위임하지 않는 이유는 보통 다음과 같습니다.

① 곧 해결할 문제라서 굳이 중복 투자를 할 필요가 없다.

② 지금까지 그렇게 한 적이 없어 못한다.

③ 당신들이 사고 치면 누가 책임을 지나?

하지만 저변에 깔린 두려움은 밥그릇입니다. 뺏긴다고 생각하는 것이죠. 하지만 누구도 솔직하게 말하지 않고 다른 근사해 보이는 이유를 찾고는 합니다.

권한 위임은 자신을 위해서도 필요합니다. 중요한 일을 하려면 기존에 하던 일을 누군가 해주어야 합니다. 그럴 목적으로 지사를 만들지만 정작 권한 제공을 하지 않거나 허드렛일만 제공하는 실수를 하는 경우가 너무도 흔합니다.

권한과 책임이 없어 힘든 분들이 없길 기원합니다. 권한과 책임을 가진 리더라면 이를 위임하여 가치를 확대할 수 있도록 지원해 주기 바랍니다.

변화를 주도하고 있나요

지속적으로 성장하기 위해서는 변화를 시도하고, 배우고, 또다시 변화해야 합니다. 변화가 필요함에 의문이 있는 분은 없지만 변화하는 과정은 가시밭길입니다. 초기 변화의 필요에 대해 강력한 지지를 표하던 사람도 자신이 변화해야 하는 시점이 되면 강력한 저항자로 변하기 일쑤입니다.

모든 조직은 불필요한 낭비를 제거하고, 꾸준히 개선해 나갈 수 있는 문화를 만들어 가야 합니다. 이는 모든 조직의 일을 하는 방식과 협업의 변화를 의미합니다. 변화의 목적인 혁신을 통해 더 효과적으로 일을 하고, 서비스를 발전시켜 나가고자 하는 바에 의구심을 갖는 분은 없을 것입니다. 변화의 의도가 선하고, 건강한 조직이라면 혁신은 아무 문제 없이 안착되고 최고의 성과를 낼 것이 자명해 보입니다. 하지만 이런 변화가 성공하기란 어렵습니다.

1970년대 사회과학에서 인간은 대체로 합리적이며, 두려움, 애정, 증오 같은 감정이 합리성을 저해하는 주요 요인이라 생각했습니다. 하지만 인간의 생각에는 체계적 오류가 있으며 오류의 원인은 사고를 방해하는 감정이 아닌 타고난 인지체계에 기인합니다. 간단한 예를 들어 보겠습니다.

A 마트에서 1만 원짜리 라디오를 골라 계산대에 갔습니다. 계산대의 정직한 직원이 동일한 라디오를 바로 옆 B 마트에서 2천 원이 싼 8천 원에 판다고 알려 줍니다. 여러분은 B 마트로 갈 건가요? 얼마 뒤 100만 원짜리 TV를 구매하기 위해 A마트에 갔습니다. 이번에도 정직한 직원이 B 마트에서 2천 원 더 싸게 판다는 정보를 알려 줍니다. 이번에도 B 마트에 갈 건가요?

두 경우 모두 2천 원을 아낄 수 있고 들여야 할 추가적인 수고도 동일하므로 늘 B 마트에 가야 합리적입니다. 하지만 100만 원을 소비하려는 경우 2천 원을 아끼기 위해 수고를 감수하려는 분은 거의 없습니다. 인간은 절대적인 가치보다 상대적으로 가치 평가를 하기 때문입니다. 감정이 전혀 개입하지 않았지만 인간의 합리성은 쉽사리 파괴되고 말았습니다. 결국 인간의 인지체계는 합리적이지 않으며 편향적입니다. 편향의 예는 무수히 많으며 인지체계의 오류를 인정하고 활용하는 행동경제학이 탄생하는 배경이 되었습니다.

하지만 현대에서 고등교육을 받고 회사에서 고도의 합리적인 업무를 수행하는 상황에서 인간의 인지 편향은 단순한 실수나 감정적 요인으로 취급받습니다. 인간은 인지체계 오류로 합리적일 수 없다는 사실이 과학적으로 증명되었음에도 이를 인정하지 않습니다. 대표적인 예가 맨먼스(Man Month, M/M)[7]입니다. M/M은 인간이 언제나 생산성이 동일하다는 기계적인 정의입니다. 하지만 숙취에 시달리는 오늘의 내가 멀쩡했던 어제의 나와 생산성이 동일하다는 데 동의할 분은 없을 겁니다.

행동경제학까지 언급한 이유는 혁신과 변화 시도가 구체적으로 실천되는 시점의 불편한 감정적 대응이 정상임을 설명하기 위해서입니다. 변화에 대한 환영은 추상적인 수준에서 상위 목표를 공유하는 경우에 한정됩니다. 상위 목표가 환영받을 수 있는 원인은 개인의 변화를 명시하지 않아서입니다. 구체적인 실천 과제가 주어지고 자신이 해오던 방식을 바꾸어야 하는 시점이 되면 변화와 혁신은 불합리하고 개인을 무시하는 잘못된 접근으로 보입니다. 익숙한 방식을 버리고 새로운 방식에 적응하는 과정은 필연적으로 고통을 수반합니다. 능숙하게 처리할 수 있던 일을 새로운 방식으로 시도하며 갑자기 초보자가 되어 버린 기분이 들면 조직이 자신의 전문성을 무시하고 부당한 대우를 한다고 오해합니다. 변화에 대한 필요성을 부정하는 것은 비합리적이고, 부정적인 감정을

---

7 소프트웨어 개발에서의 작업량을 나타내는 단위 중 하나로, 한 사람이 한 달 동안에 할 수 있는 작업의 양을 나타냅니다. 달리 말하자면, 한 달에 투입되는 인력의 수로 생각하면 됩니다. 단위는 MM으로, 1MM은 1개월 동안 1명이 일한다는 뜻입니다. - 캐스팅엔

가졌다고 선언하면 외부 평판을 해칠 가능성이 있기에 "실천방법이 잘못되었고 이를 개선하려는 것이다"로 합리화하는 전략을 선택하게 됩니다.

이러한 '인지 편향'이 혁신을 방해하는 주요 원인입니다. 하지만 '확증 편향(確證偏向, Confirmation Bias)'[8]과 결합된 '인지 편향(認知偏向, Cognitive Bias)'[9]은 다루기 매우 어렵습니다. 개인이 인지 편향 상태임을 지적하는 일은 편향을 강화시킬 뿐입니다. 확증을 강화할 자료를 찾는 일은 언제나 가능하며 이에 동의하는 사람을 찾는 일 또한 용이합니다. 동료와 의견을 같이 하면 개인의 편향이 아닌 집단적 확증으로 만들 수 있습니다. 이렇게 힘을 모아 혁신을 주도하는 개인에게 문제가 있다고 주장하게 되면 혁신은 좌절되고 맙니다.

이런 문제만으로도 감당하기 힘든데 관점만 다르고 동일한 문제가 혁신을 전파하는 사람에게도 발생합니다. 현실에서 혁신을 달성하기 위해서는 조직과 개인의 현재 상황을 고려하여 목표 달성을 위한 적절한 디딤돌 설계가 필요합니다. 하지만 혁신이라는 막중한 임무를 부여받은 개인이 동료들의 감정적 대응에 직면하

---

8   원래 가지고 있는 생각이나 신념을 확인하려는 경향성입니다. 흔히 하는 말로 "사람은 보고 싶은 것만 본다"와 같은 것이 바로 확증 편향입니다. - 위키백과

9   경험에 의한 비논리적 추론으로 잘못된 판단을 하는 것을 말합니다. 인지심리학에서 확증 편향은 정보의 처리 과정에서 일어나는 인지 편향 가운데 하나입니다. - 위키백과

게 되면 인지 부조화와 확증편향에 빠지게 됩니다. 합리적인 문제 제기조차 혁신을 저해하려는 행위로 오인할 수 있습니다. 그리고 이러한 확증을 강화할 방법과 증거는 언제나 차고 넘칩니다.

결국 대부분의 혁신이 실패하는 원인은 관점만 다른 인지부조화와 확증편향의 결합입니다. 원인은 명확하지만 이를 다루기는 매우 어렵습니다.

인지부조화와 확증편향을 다룰 수 있는 가장 확실한 방법은 이를 인정하는 것입니다. 인지부조화는 특정 개인의 문제가 아닙니다. 저를 포함하여 모든 사람에게 당연히 발생합니다. 부끄러워하거나 숨겨야 할 대상이 아닙니다. 부끄럽다고 생각하는 순간 확증편향의 늪에도 빠져 버립니다. 누구에게나 일어나는 일임을 인정하고 타자화하여 스스로를 검토해야 합니다.

그리고 서로를 신뢰해야 합니다. 상호 신뢰가 있다면 약점을 타인이 이용하고 공격하리라고 걱정할 이유가 없습니다. 약점은 동료와 함께 개선할 수 있는 대상이며 개선의 과정을 통해 신뢰를 강화할 수 있는 좋은 기회도 제공합니다. 모호함은 상호 신뢰를 기반으로 한 토론과 협업을 통해 조직과 개인이 발전할 수 있는 기회가 됩니다. 신뢰가 없다면 모호함은 서로를 깎아 내리고 조직을 와해시키는 치명적인 흉기가 됨을 인정해야 합니다.

변화는 함께 노력해야 합니다. 안 되는 일보다 가능한 일에 집중하고 모두의 지지를 받길 기대하지 말고 지지하는 분들과 점진적인 개선 결과를 만들어 갈 수 있기를 기대합니다. 영향력은 점진적으로 확대되고 점차 가속이 붙게 됩니다. 꾸준히 실천하길 응원합니다.

불과 얼마 전까지는 당연했지만
어느 순간 허용되지 않는 일을
경험한 적이 있나요

버스, 기차, 비행기 등 대중교통은 1995년까지, 식당은 2015년 까지도 흡연이 가능했습니다. 지금이야 식당 안에서 담배를 피워 물면서 "내 권리야"를 외친다면 SNS에 소개되고 종국에는 언론에 까지 보도되어 지탄을 받겠지만 그 시절에는 이를 반대하는 사람 이 별종 취급을 당했습니다.

1967년 펜실베이니아 대학 심리학과 교수인 마틴 셀리그만 (Martin Seligman)은 우울증 연구의 일환으로 만성 스트레스 상황 에서의 반응을 알아보기 위해 강아지를 이용한 실험을 합니다. 강 아지에게 지속적으로 전기 충격을 주어 이를 피할 수 없는 일이라 체념한 강아지가 모든 것을 포기하고 같은 자리에서 고통을 감수 하는 현상을 관찰합니다. 이런 현상을 '학습성 무기력'이라고 합 니다. 25년 전쯤 처음 실험을 접했을 때는 학습성 무기력에 빠지 는 원인을 설명하는 좋은 실험이었다고 생각했는데, 오늘 다시 찾아보고는 부도덕한 실험 방식이라 생각되어 기분이 언짢아졌습니다.

사회의 변화 속도는 느린 듯 보이지만 꾸준히, 때로는 매우 급격하게 변합니다. 과거에 옳다는 믿음이 잘못되었음을 알게 되는 일은 매우 흔합니다. 산업혁명 이전에는 당연하게 여겼던 노예제도, 산업혁명 시절의 아동 노동 실태를 보며 "아니 이 사람들은 기본적인 인권도 모르는 거야?"라며 화가 나지만 지금도 커피 수확과 축구공/운동화 생산을 위한 저개발국의 아동 노동력 착취가 벌어지고 있습니다. 그 사회에서는 아동 노동이 당연하게 여겨질 것이고 사회가 발전하고 나면 과거의 일에 분노하게 될 것이라 예상합니다. 그리고 지금 분노하는 저조차 20년 전에도 분노할 수 있었을지는 모르겠습니다. 제가 사회 변화에 따라 조금이라도 나아진 사람이 되었거나 적어도 사회의 공통 '선'을 이해하는 사람이 되었기를 바랄 뿐입니다.

회사 업무를 하다 보면 과거에 무슨 생각으로 이런 결정을 했을까 의아해하며 비난하는 경우가 생깁니다. 과거의 의사결정이 어떤 결과를 만들었는지 지금은 알 수 있기에 잘못되었다고 말하는 것이죠. 하지만 의사결정을 하는 시점에서 미래에 어떤 결과가 나올지를 예측하기란 불가능합니다. 가진 정보와 역량을 총동원하여 가장 합리적이라 믿는 것을 선택하거나 신념을 믿고 따랐을 것입니다. 지금 타당하다고 내린 의사결정도 시간이 지나면 잘못된 의사결정이었다는 비판을 받을 확률이 높습니다. 절대적인 불변의 기준이라 믿는 대상도 변하기 마련이라 현재를 기준으로 과거를 비난하는 일은 지속됩니다.

이런 구조적인 문제를 인지한다면 '과거에 대한 비난'보다 지금 당면한 문제가 무엇인지를 이해하고 더 나아질 방법을 찾아야 합니다. 사회를 움직이는 힘이 지속적인 개선이기에 어제보다 조금이라도 나아질 방법을 찾고 실천해야 합니다. 과거 시점에 알 수 없거나 알지 못했기에 발생한 문제점을 인지할 수 있게 된 사회의 발전에 감사하며 진화의 바퀴가 멈추지 않도록 힘을 보태야 합니다.

리더는 과거로부터 조직이 배우고 성장할 수 있도록 책임을 져야 하며 불필요한 비난이 조직 내에 생기지 않도록 주의해야 합니다. 조직의 한정된 자원은 가치 있는 일에 사용되어야 함을 이해하고 마녀사냥을 위한 장작을 줍느라 정신 팔린 조직이 되지 않도록 관리해 줘야 합니다. 다만 의사결정 시점에 부도덕함을 알고도 무시했다면 아무리 오랜 시간이 지났더라도 반드시 분석하여 재발 방지 대책을 세워야 합니다.

과거에서 배우고 지속적으로 성장하는 조직을 만들기 위해서는 리더의 시선은 과거의 실수와 영광이 아닌 현재와 미래를 향해야 합니다.

사공이 많아 배가 산으로 간 경험을
해 본 적이 있나요

예전에 대규모 투자가 이루어진 프로젝트를 맡게 되었는데, 첫 주 회의에 참석해 보니 상위 의사 결정권자들에게 개별 보고를 하고 피드백을 받는 구조였습니다. 집무실로 한 분씩 찾아가 개별 보고를 하니, 보고 때마다 다른 방향성이 나왔고 이를 실무자가 정리하여 다시 보고하는 식이라 의사결정은 매우 느리고, 프로젝트 방향성도 수시로 모호해졌습니다. 최우선으로 의사결정 체계의 정리가 필요했습니다.

프로젝트는 2주 반복 주기로 기획과 개발을 완료하는 방식으로 운영하며 계획(Planning)과 시연(Demo)에 모든 관련자가 참석해서 의견을 달라고 선언했고 그 외 별도 보고는 하지 않겠다고 결정했습니다. 당연한 결과로 높은 분들 방에 불려가 혼나며 설득했습니다. 그 결과 바쁜 분들은 그 누구도 계획과 시연에 참석하지 않았고 실무진 중심으로 프로젝트를 수행할 수 있었습니다. 그리고 무사히 서비스를 론칭하였죠.

세상에 나쁜 피드백은 없습니다. 그리고 높은 분들도 모두 최선을 다해 도움을 주기 위해 노력했고 프로젝트의 성공을 원했죠. 하지만 산발적으로 주어지는 피드백은 프로젝트를 느리게 만들고 수시로 변경되는 목표는 참여자들에게 혼란을 줍니다. 실무자 중심의 자율과 권한 위임이 잘 동작해야만 효과적으로 개발할 수 있습니다. 그리고 피드백을 받을 수 있는 공식 경로도 잘 동작해야 하고요.

실무자를 지시받은 업무를 수행하는 대상이 아닌 전문가로 인정하고 최선의 선택과 실행을 할 수 있게 지원해야 합니다.

상대방의 배경이
중요하다고 생각하나요

소위 말해 배경을 중시하는 경우가 있습니다. 올바른 판단을 하기 위한 목적이겠지만 오히려 선입견을 강화해 잘못된 판단으로 이끄는 경우가 많습니다.

예전 회사에서 이사로 승진하고 회식에 초대받았을 때의 일입니다. 축하 인사를 건네며 저의 학번을 묻는 분이 많았습니다. 아래에 그때의 대화를 재현해 봤습니다.

다른 분 몇 학번이지?

나 90학번입니다.

다른 분 그럼 누구를 알겠네?

나 죄송하지만 모릅니다.

다른 분 아~ 그럼 누구를 알겠구나?

나 모릅니다.

다른 분 잉?? 그럼 외국에서 학교 다녔어? 아니면 CTO 님의 회사
후배야?

이사진에 있는 분들은 대부분 두 군데의 학교 출신이어서 쉽게
범주화의 오류에 빠지게 된 것입니다. 하지만 이런 범주화와 선입
견은 개인의 능력을 배경으로 획일하여 올바른 판단을 할 수 없게
방해합니다. 결과가 좋으면 "거봐, 그래서 그런 거야." 나쁘면 "거
봐 맞지?"와 같이 확증편향으로 선입견이 강화되어 채용부터 평가
까지 인사의 전 영역에 악영향을 줍니다.

의사결정과 사람에 대한 판단을 범주화와 선입견에 의존하고
있는지 살피고 주의를 기울여 주길 바랍니다.

서비스 장애를
경험해 봤나요

개발자로 근무하다 보면 서비스 장애를 겪게 됩니다. 자신의 실수일 때도 있고, 다른 사람의 실수일 때도 있고, 미처 예상하지 못한 천재지변이 원인일 때도 있습니다. 최근 데이터 센터의 전력실화재로 많은 국민이 영향을 받는 장애가 발생했습니다. 서비스를 이용하지 못하여 고통을 받은 분도 많고, 이를 복구하기 위해 많은 분이 고생했을 것을 생각하니 마음이 아픕니다. 지인에게 연락을 해보니 잠도 못 자고 계속 복구 중이라고 들었습니다. 건강을 해치는 분이 없기를 간절히 바랐습니다.

장애 예방 노력은 꼭 필요하지만 예방 활동 강화만으로 모든 장애를 막을 수는 없습니다. 조직이나 개인의 역량이 충분히 성숙하지 못하여 문제를 예상하지 못하는 경우와 문제 예방에 필요한 자원이 없는 경우라면 알고도 감수하는 결정을 해야 할 때도 있습니다. 예상 가능한 경우라면 문제 발생 예상 빈도와 영향력을 종합적으로 고려하여 피해를 최소화하는 방법으로 대비할지, 문제 발생 자체를 차단할지를 결정하는 게 일반적입니다.

이처럼 예방 활동이 완벽할 수 없다 보니 문제가 발생할 경우 조직이 어떻게 대응하는지가 조직역량과 리더십에 의해 결정됩니다. 장애가 인지되면 담당자가 문제 해결에 대한 전권을 가지고 필요한 지원을 받아 장애 여파를 최소화하고 복구할 수 있어야 합니다. 리더십에서는 조직 간의 협업이 필요할 때 원활한 협업이 가능하도록 지원을 하고 담당자들이 문제 해결에 집중할 수 있는 환경을 제공해야 합니다.

장애의 여파와 예상 해결 시간 등의 정보는 최대한 폭넓게 공유하여 장애 복구에 전념해야 할 담당자가 연락받고 답변하느라 시간을 낭비하는 일이 없어야 합니다. 리더가 담당자를 불러 "누가 그랬어? 언제 해결돼?"라고 묻는 일은 문제 해결에 방해만 될 뿐입니다. 책임 추궁을 당할 거라는 공포감을 느낀 조직은 문제 해결보다는 문제의 원인을 서로에게 떠넘기기 위해 노력할 뿐입니다. 실무자가 책임을 져야 하는 경우는 고의적인 장애 유발, 횡령/배임과 같이 개인 귀책사유가 명확한 사안뿐입니다.

그 외 모든 책임은 리더의 몫입니다. 리더는 그 역할을 하기 위해 존재하며 권한과 책임이 주어지는 것입니다. 조직이 장애를 겪으며 배우고 성장하는지, 아니면 서로를 비난하며 조직 이기주의에 빠지고 실무자를 지목하여 책임을 떠넘기고 말지는 리더의 역량에 달려 있습니다.

　제가 근무하는 조직에서도 크고 작은 장애가 발생합니다. 장애가 발생하면 고객 피해를 최소화하기 위해 노력하고 리더인 저는 매우 무거운 책임감을 느낍니다. 밝은 면은 장애가 발생하고 난 후에는 서비스가 더 안정화되고 조직원의 경험과 성숙도가 올라가 전체 조직의 역량 성장이 확인되는 겁니다. 장애가 조직 성장의 기회가 될지 서로를 비난하며 상호 신뢰를 파괴할지는 리더의 철학과 행동에 달려 있습니다.

선입견이 있는 분과는
대화하기 힘들죠

제가 사는 아파트 옆에 〔코스트코〕가 있어 주말마다 차량 정체가 심합니다. 교통정리하는 분이 〔코스트코〕로 갈 차량이 실수로 아파트로 진입하지 않도록 도와주는데, 제 차량이 〔코스트코〕로 갈 것이라 생각하고는 아파트로 못 가게 필사적으로 막는 경우가 종종 있습니다. 입구에서 급하게 차선 변경하는 게 싫어 미리 차선을 바꾸고 길이 밀려도 천천히 가는데, 아파트에 들어갈 사람이 그럴 리가 없다고 생각하는 거죠. 결국 창문을 내리고 큰 소리로 한참을 설명을 하고 나서야 집에 들어가곤 합니다.

게다가 선입견은 확증편향을 강화시키기 때문에 주의가 필요합니다. 행동경제학에 따르면 인간이 직관에 의지해 빠르게 의사를 결정하는 시스템 1[10]이 선입견을 만드는 오류를 일으키고는 합

---

10 시스템 1과 시스템 2에 대한 내용은 46쪽의 '능숙한 일인데도 실수해 본적이 있나요'를 참고하기 바랍니다.

니다. 시스템 1은 인간이 많은 일을 큰 에너지 소비 없이 처리할 수 있게 돕지만 관찰 사실을 기반으로 속단해 버리는 단점이 있습니다. 예를 들어, 예상보다 긴 개발 기간을 추정하는 개발자를 보고 "열심히 하지 않으려 한다." "적극적이지 않다"라는 판단으로 바꿔 버립니다. 이렇게 만들어진 선입견은 협업에 큰 방해가 됩니다. 무슨 일이 일어나던 "그럴 줄 알았어. 저 사람은 그런 사람이라 그래" 라고 확증편향을 통해 부정적 감정을 더욱 강화하기 때문이죠.

서로 다른 추정치를 이야기했다면 서로의 전제가 다른 경우가 일반적입니다. 누군가는 수동 운영을 전제로 하고 누군가는 관리 시스템이 필수적이라 생각할 수 있는 것이죠. 서로의 전제가 무엇인지 확인하고 합의안을 찾는 노력이 필요합니다. 이런 노력 없이 숫자만을 가지고 "우린 절박한데 저긴 안 그러네"라고 이야기하게 되면 긴밀하게 협업하고 서로 도와야 할 대상에게 시간이 갈수록 확증편향으로 부정적 감정을 쌓아가는 실수를 하게 됩니다.

내가 알고 있으니 타인도 알 것이라고 가정하는 일도 위험합니다. 이견이 생겼을 때는 반대하는 의견을 나쁜 목적이라고 속단하지 말고 관찰한 사실과 자신의 전제를 적극적으로 설명해야 합니다. 그리고 자신이 믿는 내용만 선택적으로 듣지 않기 위한 노력도 필요합니다. 어려운 일이죠. 하지만 꼭 해내야 하는 일이기도 합니다. 섣부른 판단이 아닌 사실 관찰을 기반으로 상호 신뢰를 쌓아가길 바랍니다.

성과평가 면담에서 장점과 개선점 중
어떤 점을 주로 이야기하나요

　대부분 단점은 쉽게 나열하는 반면, 장점은 이야기하기 어려워합니다. 리더는 조직원을 성장시킨다는 목적으로 장점보다 단점을 지적하고 개선해야 한다고 오해하는 경우가 많습니다. 원래 잘하는 건 앞으로도 잘 할 테니 언급할 필요가 없고 못하는 걸 고쳐주면 완벽해지리라고 기대하는 거죠. 이성적으로 보이지만 잘못된 판단입니다.

　"추진력이 좋다"는 장점을 달리 표현하면 "이견이 있어도 자신의 의견을 관철하고 결과를 만들어 낸다"가 되고, 이를 더욱 풀어보면 "자기주장이 강하고 때로는 타인의 의견을 무시하고 독불장군처럼 굴기도 한다"가 되기도 합니다. 결국 장점은 그 사람의 단점이기도 합니다. 그렇다면 단점은 어떨까요? "소극적이라 자신의 의견을 이야기하지 않는다"는 "타인의 감정을 배려하여 심사숙고하고 꼭 필요한 경우에만 자신의 의견을 밝힌다"로 장점과 연결됩니다.

이러한 특성을 이해하지 못하면 상대를 성장시키기 위해 단점을 지적하고 고치는 과정에서 장점이 사라져 버립니다. 결국 교육받은 평범함을 연기하는 사람만 넘쳐나는 조직이 됩니다.

저는 사람의 타고난 기질은 바꾸지 못한다고 생각합니다. 다만 외부의 자극에 반응하는 방식은 개선할 수 있습니다. 면담에서 단점을 지적하고 고치라고 요구하기보다 장점을 알려 주고 그로 인해 파생되는 단점을 인지하고 인정할 수 있도록 설명해야 합니다. 단점이 장점을 희석되지 않도록 관리하는 일의 중요함과 외부의 자극에 효과적으로 반응하는 방법을 찾고 실천할 수 있도록 도와야 합니다.

저는 화가 많은 사람이고 경력 초기에는 이를 적극적으로 표현하고 이용했습니다. 특히 권위를 이용해 의견을 관철하려는 경우를 싫어하여 격렬하게 저항하곤 했습니다. 20여 년이 지난 지금도 화가 많은 본성이 바뀌지는 않았습니다. 다만 화의 해악을 이해하고 대안을 선택할 수 있는 정도입니다. 예전이라면 "아니 대체 무슨 말도 안 되는 소리를 하는 거야? 나랑 한번 해보자는 건가? 좋아, 그게 틀린 말이란 것을 내가 증명해 주지"라고 반응했다면 이제는 "상대가 하는 말은 나에 대한 공격이 아니라 이 상황에 대한 의견이다. 내가 지금 이해할 수는 없지만 내가 놓치거나 모르는 내용이 있을 수 있으니 근거를 제시할 수 있게 해주자. 지금 화가 나는데 시간을 갖고 차분해지면 이야기를 이어 가자고 제안하는 게 좋겠다"와 같이 외부에 보이는 반응을 조절할 수 있게 되었습니다. 물론, 아직도 실패하고 화를 내기도 하지만 화가 났다는 사실을 인정하고, 화난 이유를 합리화하지 않고, 결과에 책임지고 사과할 수 있습니다.

"강점에 대해 이야기한다"를 "상대에게 듣기 좋은 이야기를 한다"로 오해하지 않아야 합니다. 두루뭉술하게 "열심히 일하고 성실해요." "고생 많아요. 잘 하고 있어요." 같은 방식의 피드백은 장점에 대한 설명이 아닙니다. 잘못된 기대치를 설정하여 평가에 대한 수용성을 낮출 뿐 성장에도 도움이 되지 않습니다. 불편해지고 싶지 않아 "좋은 게 좋은 거다"라고 넘기고 싶은 회피행동을 경계해야 합니다.

이러한 실수를 피하고 효과적인 피드백을 제공하고 싶다면 면담 전 구체적인 사실을 충분히 모으고 사실 관계 전달에 집중해야 하며 정형화시키거나 모호한 판단의 언어를 사용하지 말아야 합니다. "성실하다." "신입답게 행동한다." "경력자 다웠다." 등이 정형화와 모호한 판단의 언어입니다.

장점과 단점이 서로 연결되어 있음을 이해하고 성장을 위해 장점을 강화하고 동료들의 장점이 빛을 발할 수 있도록 지원해 주길 바랍니다.

소방수 역할을 맡아 본 적이 있나요

납기일이 임박한 상황에서 심각한 어려움에 빠진 프로젝트에 소방수로 투입된 적이 있습니다. 빠르게 팀원의 역량을 파악하고 적합한 업무를 할당하기 위해 프로젝트 기간 동안 커밋한 내용을 팀원별로 확인했습니다. 매우 특이한 분이 있었는데 1년 동안 소스코드 한 줄을 지웠다가 다시 쓰기만 반복하고 있었습니다. 경력이 많은 분이었고 처음 인사를 나눈 날 프로젝트가 잘못된 이유로 리더십 문제에 대해 열변을 토했기에 더욱 이해하기 어려웠습니다. 그분과 개인 면담을 하며 내용을 파악해 보니 안타깝게도 개발 역량이 없는 분이었습니다. 리더십이 약한 조직에 외주 개발자로 계약되어 있던 상태였기에 업무나 역량에 대한 관리가 이루어지지 않았고, 아무 일도 하지 않으면서 일이 되지 않는 이유로 타인과 리더십을 탓하며 비공식 통로로 활발하게 소통하고 있었던 것입니다.

여기까지 읽은 분들은 아득한 느낌이 들 것입니다. 그런데 이런 일이 의외로 자주 발생합니다. 특히 조직이 급속하게 성장하면서 채용을 한 경우가 그렇습니다. 채용에 대한 기준과 프로세스가 정립되지 않았다면 면접관의 역량에 따라 들쭉날쭉한 기준으로 채용이 이루어집니다. 운이 좋으면 코드가 잘 맞는 면접관을 만나 손쉽게 면접을 통과하고 재수가 없으면 좋은 개발자라도 면접에서 탈락합니다.

부랴부랴 채용 기준을 세우고, 면접관 교육을 진행하고, 채용 후 업무 성과를 분석하지만 이미 채용된 사람에 대해 경영진의 우려가 생겨납니다. 특히 위의 사례와 같은 일이 보고되면 경영진의 불만은 극에 달하게 됩니다. 빠르게 비즈니스 성장이 이루어지고 있는 상태라면 이런 혼돈도 표면에 드러나지 않지만 성장의 기울기가 낮아지면 늘어난 인력만큼 성장하지 못하는 원인을 찾게 되고 조직 내에 역량이 낮은 사람의 관리와 개선이 시급해집니다. 그리고 이를 해결하기 위해 특별한 형식의 평가 제도가 도입되곤 합니다. 바로 전체 인원의 일정 비율을 최하위 평가자로 지정하는 제도입니다. 이 제도는 모든 저성과자를 '썩은 사과(Rotten Apple)'로 취급하고, 성과만 좋으면 썩은 사과도 칭송받아 마땅하게 만듭니다.

경영진의 관점에서는 좋은 인재를 잘 대우하고 성장하도록 지원하기 위해서라도 저성과자에게 적합한 피드백을 제공하고 역량을 개선할 수 있도록 해야 하는 당위성이 있습니다. 조직원의 관점에서도 도움이 되지 않거나 무임승차하고 있는 인력을 조직이 방치하면 의욕을 잃게 됩니다. 경영진, 조직원 양쪽의 관점 모두 조직 내의 썩은 사과는 빨리 치우고, 저성과자는 발전할 수 있도록 지원해야 합니다. 하지만 해결책으로 조직원의 일정 비율을 최하위 평가자로 만드는 일이 좋을지는 의심스럽습니다.

실제 이런 인사제도를 운용한 조직에 근무한 경험이 있습니다. 어떤 리더는 조직 내에 연차가 가장 낮은 사람을 설득하여 "이번에는 네가 좀 낮게 받아. 그럼, 나중에 내가 잘해 줄게"와 같은 방식을 사용했고, 그럴 목적으로 신입사원을 충원하기도 했습니다. 나아가 조직 내에 저성과자를 일부로 방치하여 부담 없이 저성과 할당량을 채우기도 했습니다. 결과만 보면 리더를 비난할 수밖에 없지만 평가는 매년 반복되는 일이기에 리더의 스트레스를 고려하면 이해가 되는 정상적인 방어 행위입니다.

저의 경우는 좀 특별했는데 전사 개발 조직을 지원하기 위해 역량이 좋은 개발자를 차출하여 구성한 팀을 맡고 있었습니다. 원소속이라면 최고 등급의 평가가 보장된 팀원이 새로운 평가 제도로 인해 저성과자가 될 위기에 처한 것입니다. 리더로서 저의 역할은 저성과자가 없다며 인사팀과 평가 기간 내내 실랑이를 하는 것이었습니다. 그 여파인지 아직도 평가 기간이 되면 우울해지고 술을 찾게 됩니다. 나쁜 일은 삶에 흔적을 남깁니다.

팀의 리더로 팀원의 성장과 업무 목표 달성을 위해 피드백을 명확하게 제공하는 일은 중요합니다. 하지만 이를 잘 수행하기란 어렵습니다. 좋은 피드백도 제공하는 방식에 따라 동기부여를 약화시킬 수 있고, 개선을 목적으로 하는 경우라면 더욱 어렵습니다. 기본적으로 인간은 타인에 대한 부정적 평가를 당사자에게 직접 이야기하기 어려워합니다(그래서 험담 문화가 발전합니다). 아마도 약육강식의 시대를 진화해온 인간에게 남겨진 기억 때문이겠죠.

조직과 구성원 모두를 위해 저성과자와 썩은 사과의 관리는 필요합니다. 하지만 일률적인 방식은 부작용이 큽니다. 특히 제거하길 원했던 썩은 사과는 남고 좋은 사과가 이런 상황을 못 이겨 떠나는 경우가 그렇습니다. 이에 매우 신중한 접근이 필요합니다.

우선 모든 리더는 조직원의 성장을 위해 명확한 피드백을 주기적으로 제공해야 합니다. 1년에 한번 아주 짧은 시간을 만나 "너는 실패" "너는 성공"을 외치는 일은 아무런 도움이 안 됩니다. 그리고 피드백은 관찰과 그에 따른 개선점에 대한 구체성이 있어야 합니다. 단순히 "기대보다 못했어요, 더 열심히 해야 합니다." "능력이 없어요"라는 피드백은 아무런 개선도 이끌어내지 못합니다. 반대로 "잘했어요"도 마찬가지입니다. 피드백을 통해 개선점을 도출하려고 노력했는데도 좋은 결과를 만들지 못했다면 서로 윈-윈 할 수 있는 방법이 필요하며 이는 리더의 결정과 인사팀의 지원이 필요합니다. 이 중에서 현실을 직시하고 본인의 역할을 수행할 수 있는 리더가 중요합니다. 오직 리더만이 할 수 있는 일입니다.

무거운 주제를 다루었네요. 조직원의 업무와 개인의 성장은 리더의 핵심 업무입니다. 하드 스킬과 소프트 스킬 모두 지속적으로 성장할 수 있도록 체계를 만들어 가길 응원합니다.

시간의 압박을
받나요

1973년 프린스턴대학교 심리학과 교수인 존 달리(John Daly)와 대니얼 뱃슨(C. Daniel Batson)은 상황에 따라 윤리 의식이 어떻게 변하는지 알아보기 위한 실험을 합니다. '착한 사마리아인(Good Samaritan)'[11]이라 불리는 심리 실험으로, 곤란에 처한 사람을 돕는 행위가 시간 압박에 따라 달라지는지 확인합니다.

신학생에게 '착한 사마리아인에 대한 강연을 요청하고 대기실에 있다가 학교 교정을 가로질러 강연장에 가도록 실험을 설계했습니다. 신학생이 지나가게 될 경로에는 강도를 당해 다친 모습의 연기자가 있습니다. 시간 압박은 세 단계로 조절했는데 특정 그룹

---

11 여행 중이던 유대인이 강도를 당하여 심하게 다친 상황에서 같은 종교의 유대인들은 무시하고 도움을 주지 않는데 종교가 다른 사마리아 사람이 치료하고 돌보아 주었다는 성경의 이야기로, 좋은 이웃의 기준이 종교가 아니라 자신에게 해주길 바라는 대로 타인에게 해줄 수 있어야 한다는 교훈의 내용입니다.

에게는 "시간이 없고 청중이 기다리고 있으니 서둘러야 합니다"라며 강한 압박을 하여 아주 빠르게 교정을 지나가게 유도하고, 다른 그룹에게는 중간 정도의 압박으로 "청중은 준비를 마쳤으니 지금 바로 가면 됩니다"로 설명하고, 마지막 그룹은 약하게 압박하며 "관계자들이 강연 준비를 마치려면 조금 기다려야 하지만 미리 가서 기다리는 게 좋겠어요. 가서 조금만 기다리면 준비가 금방 끝날 겁니다"라고 설명합니다.

사람을 돕는 일을 중시하는 신학생들이고 '착한 사마리아인'에 대한 강연을 준비한데다 마침 유사한 상황을 맞이하는 것이라서 어떤 압박 상황에서든, 다친 사람을 기꺼이 도울 것으로 예상하겠지만 압박감이 약한 상황 63%, 중간 45%, 강한 상황에서는 10%만 다친 사람을 도우려 했습니다. 이로써 시간의 압박은 좋은 일을 하려는 신학생의 의지마저 꺾을 정도로 강력함이 증명됩니다.

이를 일상에 가져와 대입해 보면 시간의 압박에 시달리는 상황에서 동료를 돕고, 협업하고, 상호 신뢰하기란 어렵습니다(맞습니다. 우리가 나쁜 게 아니라 시간의 압박이 나쁜 겁니다).

이 결과는 두 가지 관점에서 이해가 필요합니다. 시간의 압박이 강한 상태라면 개인 이기주의가 나타나는 게 보편적이라는 것과 다른 관점으로는 이런 상황에서도 협업과 공동의 가치를 추구하는 사람은 정말 고귀하기에 조직에서 소중히 여겨야 한다는 점입니다. 그러므로 아주 고귀한 사람을 식별하기 위해 모든 조직원을 시험에 들게 할 목적이 아니라면 시간의 압박은 선량했던 사람마저 타락시키는 도구임을 인지해야 합니다. 문제를 피하고 싶은 리더의 기도문은 다음과 같아야 합니다.

"시간의 압박으로 조직원을 시험에 들게 하지 마옵시고, 다만 번아웃에서 구하옵소서."[12]

소프트웨어 개발은 시간의 압박을 받기에 아주 좋은 환경입니다. 정해진 데드라인에, 정해진 기능을, 정해진 비용 안에서 구현해야 합니다. 이 세 가지를 꼭짓점에 둔 죽음의 삼각형이라고도 불리는데 삼각형의 안쪽에는 품질이 놓여 있습니다. 세 가지 변수 중 하나를 조정하면 다른 두 가지도 따라서 조정되며 품질이 희생될 수밖에 없지만 자연법칙을 거스르고 시간의 압박으로 해결할 수 있다고 착각하는 경우가 많습니다. 시간의 압박에서 개발자는 품질을 포기하고, 중복 코드를 만들고, 자신도 다 이해하지 못한 코드를 가져다 쓰며 절대로 오지 않을 "언젠가 모두 개선하겠노라"라는 헛된 맹세를 하게 됩니다.

리더가 우선순위 기반으로 시간의 압박 없이 집중할 수 있는 환경을 조성할 때 죽음의 삼각형은 지속적인 성장을 위한 선택의 도

---

12 주기도문의 마지막 구절인 "우리를 시험에 들게 하지 마옵시고, 다만 악에서 구하옵소서"의 문구를 패러디했습니다.

구가 됩니다. 시간 압박이 가져오는 느리지만 파멸적인 영향은 리더만이 막을 수 있음을 꼭 기억해 주기 바랍니다.

식사를
빨리하나요

저는 매우 느린 편입니다. 별게 아닐 것 같은 느린 식사 속도는 인생에 참 많은 어려움을 가져다주었습니다. 군대에서는 밥을 씹기보단 삼켜야 했고, 사회생활을 하면서는 동료들의 속도를 따라잡지 못해 입안 가득 음식을 물고 일어나는 일이 빈번했습니다. 대부분 저를 기다려 주는 배려를 하지만 타인의 시간을 낭비하는 느낌이 들기에 마음이 편치 않아 차라리 숟가락을 일찍 내려놓는 선택을 하게 됩니다. 저처럼 식사 속도가 느린 분을 만나면 같은 테이블에 앉아 천천히 먹고 갈 테니 식사를 마친 분들은 먼저 가라고 설득합니다. 그제야 식사 시간이 느린 분들도 마음 편히 식사할 수 있다며 고마움을 표하곤 합니다. 먼저 일어난 분들도 뻘쭘하게 스마트폰만 보면서 시간을 낭비하지 않아도 되기에 서로 윈-윈입니다.

일상에서 너무나 자연스러워 인식 못 하는 차이가 많습니다. 사소한 일이라도 어느 한쪽이 계속 맞추거나 배려하다 보면 불만이 생깁니다. 이럴 때는 솔직하게 이야기하고 때로는 따로 행동하는 편이 좋습니다. 음식 취향이 다를 수 있고, 단합을 위해 함께 하는 활동도 개인 편차가 존재합니다. 가끔 모두가 참여해야 하는 경우라면 개인 취향을 묻고 선택권을 주어야 합니다. 대다수가 동의하는 경우라도 선택을 강요해서는 안 됩니다. 취향이 맞지 않아 참석이 어려운 경우라면 이를 알리고 양해를 구하는 데 어려움이 없어야 합니다.

리더는 구성원의 취향을 면밀히 파악하고 일방적인 희생이 발생하지 않도록 주의를 기울여야 합니다. "너는 왜 그러냐?" "많은 사람이 원하니 맞춰봐라"와 같은 잘못된 메시지를 전달하지 않도록 살펴주기 바랍니다. 부득이 참여하지 못하는 결정을 하는 경우에도 당연하게 받아들이기보다는 결정을 존중하고 참석할 수 있는 환경을 만들지 못한 부분에 대해 양해를 구하고 미안함을 표현해야 합니다. 리더는 '다름'이 '틀림'이 되지 않도록 그리고 창의성의 원천이 되도록 지원해 주어야 합니다.

실수를 하면
어떤 생각이 드나요

"실수해서 창피하다"로 끝나기도 하지만 "내가 그렇지 뭐. 이럴 줄 알았어. 잘 될 턱이 없지"라고 생각하는 경우도 있습니다. 전자의 경우 사건과 자신을 분리해서 생각하는 것이라 문제를 개선하는 긍정적인 효과가 생길 수 있지만 실수의 원인을 개인의 문제로 여기는 후자의 반응은 개선이 아닌 악화를 가져오게 됩니다.

후자의 감정은 수치심(shame)입니다. 수치심은 너무나 고통스럽고 자신에게 모든 문제의 원인이 있다고 자책하는 일로 건강한 관계를 만들 수 없도록 방해하며 성장도 불가능하게 만듭니다. 그리고 다른 이에 대한 공격성으로 표현되기도 하기에 잘 이해하고 관리해야 합니다.

제 어머니가 좋아하는 저의 어린 시절 에피소드로 "애늙은이 같았다"가 있습니다. 어린 시절 동네 할머니가 핫도그 장사를 하셨는데, 다섯 살인 제가 할머니의 리어카 앞을 지나가며 "오늘 많이 파섰어요?"라며 인사를 드리곤 했고 그 모습을 기특하고 귀엽게 본 할머니가 공짜로 핫도그를 주시면 한사코 거절하다 가끔씩만 받았다는 이야기입니다. 그런데 저는 그 이야기를 들을 때마다 쥐구멍에라도 숨고 싶고 꽤나 고통스럽습니다. 왜 그런 행동을 했는지를 정확히 알고 있기 때문입니다.

우연히 지나가다 마주치고 인사를 드렸던 게 아니라 핫도그를 먹고 싶은 마음에 일부러 찾아가 공짜로 얻기 위해 노력을 했던 것이죠. 그리고 그 바탕에는 "엄마 100원만!"을 외칠 수 없는 가정 형편이 있습니다. 그런 어린 시절의 제 행동과 상황에 수치심을 느끼게 되고 결국 "집안 형편이 넉넉하지 못해 내가 그런 행동을 하게 만들었다"라는 식으로 부모님을 향한 원망으로 표출하기도 했습니다. 수치심을 느낄 때의 전형적인 반응이죠.

이런 수치심은 한 번 생기면 없애지 못합니다. 유일한 방법이 수치심이 주는 고통에서 빠르게 빠져나오는 회복탄력성을 키우는 것이죠. 반면에 수치심을 만들기는 쉽습니다. 특히 부모, 연인, 직장 상사, 선생님과 같이 권위가 있는 경우 타인에게 수치심을 만들기가 매우 쉽습니다. 하지만 그걸 모르고 여러 사람에게 수시로 수치심을 느끼도록 만드는 끔찍한 실수를 하죠.

"다들 공부 잘하는데 넌 뭐 제대로 하는 게 없니?"

"방이 이게 뭐니? 돼지가 형님이라고 부르겠다."

"다른 집 아이들은 청소도 잘한다는데 너는 왜 그러니?"

"멍청하니까 그런 실수를 하지."

"그럴 줄 알았다."

"네가 잘하면 내가 손에 장을 지진다."

자주 듣고 사용하기도 한 표현일 것입니다. 슬프게도 이런 표현은 너무 많고 너무 쉽게 사용합니다. 잘 되길 바라서 그랬다는 이유가 흔한 변명이지만 그렇다면 정말 큰 실수입니다. 절대로 잘될 수 없는 저주를 걸어 버렸기 때문이죠.

회사에서 개선을 원하는 부분에 대한 피드백을 할 때 문제와 사람을 합치거나 사람을 원인으로 지목하는 실수는 반드시 피해야 합니다. 중요한 문서에 오타가 발생한 경우에 대한 피드백이라면 "오타가 발생했네요. 사전에 검토할 수 있는 방법이 있을지 같이 고민해 보죠"와 같이 문제 자체에 집중해야 합니다. 만일 "칠칠 맞게 이런 실수나 하고"와 같은 피드백을 반복한다면 끔찍한 수치심을 심어줄 뿐이며 업무 능력은 오히려 저하되고 맙니다.

수치심이 무엇인지 그리고 어떻게 다루어야 하는지가 궁금하다면 브레네 브라운(Brené Brown)의 저서 〈나는 왜 내 편이 아닌가(I Thought It Was Just Me(but it isn't))〉를 읽어 보길 추천합니다.

개인의 자아존중감과 상호 신뢰, 효과적인 피드백의 가치를 알고 실천하기 위해 수치심이 만들어질 수 없도록 살펴 주길 바랍니다.

아무리 좋은 일이라도
하고 싶어 하지 않는 분들을
어떻게 설득하나요

학교 시절부터 익숙한 방법은 혼내고 강제로 시키는 것일 텐데 이게 빨라 보일 수는 있어도 효과적이긴 어렵습니다. 합리적인 방법은 토론하고, 설득하고, 최종적으로 리더가 의사결정하고 본인의 생각과 다르더라도 이를 실천하는 것인데, 감정의 동물이자 확증편향을 가진 인간이기에 이 또한 잘 동작하지 않습니다. 안 될 것이라고 확신하는 사람은 안 될 방법을 찾기 마련이고 본인이 의식하지 못해도 그렇게 행동하게 됩니다. 결국 스스로 동의하고 가치를 인정하고 실천하는 방법이 최선이지만 어렵죠.

이때 사용할 수 있는 선택지는 두 가지입니다. 하나는 관심 있고 해보려는 분을 집중 지원하여 성공사례를 만들고 성과를 보고, 반대하던 분들의 마음을 점차 돌리게 하는 방법입니다. 다른 하나는 자신이 반대하던 일을 스스로 인정하도록 만드는 일인데, 이게 윤리적으로 옳은지는 논란의 여지가 있지만 효과는 확실합니다.

6·25 전쟁 때 중공군이 포로로 잡힌 미군과 한국군을 대상으로 웅변대회를 엽니다. 주제는 '공산주의의 우월성'인데 워낙 열악한 포로생활이다 보니 부상으로 삶은 감자가 주어지는 대회에 포로들이 참여합니다. 그리고 포상을 받은 포로의 대다수는 공산주의자로 전향을 합니다. 배고픔에 몇 알의 감자에 자신의 신념을 팔았다고 인정하기 싫으니 인지부조화로 가치 있다고 믿어 버린 결과입니다.

리더가 조직원에게 가치에 맞는 일을 했다고 피드백을 주는 방법이 이에 해당합니다. 예전 직장에서 코드 품질 활동을 전파할 때였는데 연말에 꽤 높은 상금이 걸린 상을 받게 되었습니다. 이때 전파 활동에 중요한 역할을 해줘야 할 분들을 공동 수상자로 선정했습니다. 그 결과 열심히 반대하던 분들이 적극적으로 실천하고 대안을 제시하게 되었습니다.

조직원이 기대에 맞게 행동하지 않을 때 문제점을 지적하고 개선하라고 요구하는 것보다 그분의 행동에서 기대에 맞는 것을 찾아 긍정적인 피드백을 제공하는 것이 더 효과적일 때가 많은데, 바로 이러한 효과 때문입니다. 상호 신뢰 하에 합리적인 대안을 찾기 어려운 상황이라면 한번 고려해 봐도 좋을 듯합니다.

압박면접을
받아 봤나요

2007년에 함께 근무했던 분이 이직 제안을 했습니다. 특이하게 프레젠테이션 면접으로 진행되었는데 10명 정도의 면접관 앞에서 자신의 경력과 장단점에 대해 발표하는 방식이었습니다. 추천해 준 분이 면접 방식을 귀띔해 주었는데, 고의적으로 압박하여 스트레스 상황을 잘 이겨내는지 파악한다더군요. 이러이러한 경험을 바탕으로 꾸준히 성장하기 위해 노력했다고 발표했고 면접관의 분위기도 긍정적이었습니다. 질의응답에서 "그렇게 노력하며 살아온 사람이 대학교는 왜 지방대를 나왔어요?"란 질문을 받았습니다.

"중고등학교 시절 공부에 관심이 없었고 고등학교 때는 주로 농구를 하며 시간을 보냈습니다. 공부를 열심히 하지 않았으니 공부를 잘하지 못했고 열심히 했어도 좋은 대학을 들어갈 수 있었을지는 모르겠습니다. 암기에 재주가 없어 좋은 점수를 받기는 어려웠을 거라 생각합니다"라고 답했습니다. 실제로 제가 겪은 일이고 그게 저라는 걸 알고 인정하고 있었기에 답변하는 데 어려움은 없었죠.

스트레스 상황에서 안정감을 유지하는지를 확인하는 방식의 면접이 유행하던 때였습니다. 최근에는 압박면접이 반사회적 인격장애 경향이 높은 사람을 뽑는 위험이 있다고 알려져 선호되지 않습니다. 모욕과 수치심을 잘 이겨내는 역량이 중요할 수 있으나 그런 역량이 높아야 업무를 수행할 수 있는 환경이라면 취업을 하는 게 좋을지 고민해 볼 필요가 있습니다. 저 또한 고민을 했고, 좋은 처우를 제안받았지만 다른 회사를 선택했습니다.

개인적으로 면접관은 피면접자가 최선의 역량을 발휘할 수 있도록 지원해야 한다고 믿습니다. 사람의 성향에 따라 스트레스를 잘 이겨내기도 하고 어려움을 겪기도 하는데 고의적으로 스트레스를 주는 방법이 유효하다고 생각하지 않습니다. 면접 시간에 긴장을 많이 하는 모습이 관찰되면 마음을 가다듬을 수 있도록 시간을 제공하거나 때로는 잠시 혼자 있도록 배려하는 방법도 필요합니다. 면접 시작 전에 아이스브레이킹을 충분히 하고 면접을 시작해도 좋을지 묻는 방법도 도움이 됩니다. 상호 존중을 바탕으로 면접을 진행하여 지원자가 최고의 실력을 발휘할 수 있도록 지원하는 면접 방법이 서로 윈-윈 할 수 있는 최선입니다.

어두운 새벽길, 건장한 사내 두 명이
마주 오는 상황이라면 어떻게 할 건가요

특히 미국에서 벌어진 일이라면 긴장을 할 수밖에 없습니다. 주변에 지나가는 차나 사람도 없는 상태라서 혹시 모를 사태에 대비해 도망갈 곳이 있을지를 확인했습니다. 지나가던 길 아래쪽으로 다른 길이 있어 여차하면 급한 경사로를 뛰어내려 도망가야겠다고 계획을 세웠습니다. 점차 거리가 가까워지는데 갑자기 두 명이 제가 생각했던 방향으로 도망을 가더군요. 저는 혼자였고 그쪽은 두 명이었는데 "대체 왜? 내가 그 정도로 범죄자 외모인가?" 의아해하며 숙소로 복귀했습니다.

TV를 틀어보니 조금 전의 상황이 이해가 되더군요. 흑인 갱단과 베트남 갱단 사이에 유혈 충돌이 발생해서 많은 사상자가 났다는 뉴스가 나오고 있었습니다. 길에서 마주쳤던 두 분은 저를 베트남 갱으로 오해를 했던 모양입니다. 그 이후로는 새벽에 걸어서 숙소로 복귀하는 일은 가능하면 피하며 지냈습니다.

위와 같은 방식의 사회적 범주화는 흔합니다. 한국인의 특징, 일본인의 특징과 같은 방식의 사회적 범주화는 오래되었고 알게 모르게 노출되어 아무런 가치판단 없이 자연스럽게 동의하며 지내는 경우가 많습니다. 시간이 갈수록 범주화는 강해지기 마련인데 범주화의 조건에 맞으면 범주화를 강화시키는 근거로 사용하고, 조건에 맞지 않으면 무시해버리기 때문이죠.

조직에서 사회적 범주화는 소속감과 동일 목표 추구 측면에서 긍정적인 영향이 있지만 장점보다는 단점이 부각될 여지가 많습니다. 회사라는 대상으로 범주화가 이루어져 소속감을 느끼는 경우라면 수단과 방법을 가리지 않고 경쟁에서 이기기 위해 경쟁사를 증오하고 적극적으로 위해를 가하고 싶어 하는 심리상태에 빠지기도 합니다. 사회적 범주화가 회사가 아닌 소속 조직으로 한정된다면 내부 경쟁이 심화되어 협업이 불가능해지기도 합니다. 채용 과정에서도 범주화는 문제가 됩니다. 특정 학교나 회사 출신을 선호하고 나아가 특정 연령대나 성별을 선호하는 상황에서 지원자에 대한 올바른 평가가 이루어질 수 없습니다.

리더는 자신이 사용하는 언어와 의사결정 기준에 범주화가 작용하는지 검토하고 주의해야 합니다. 나아가 개인의 다양성이 창조와 혁신의 근원이 될 수 있도록 잘못된 사회적 범주화가 조직에 뿌리내리지 않도록 관리해야 합니다.

어떤 경우라도 틀리지 않는
데이터를 봤나요

군사기밀을 누출하는 것 같아 조심스럽지만 놀라운 사실을 하나 이야기하겠습니다. 군대의 모든 자산은 단 하나의 오차도 없이 장부와 일치합니다. 매년 반복적으로 검사를 시행하는데, 그 어떤 경우라도 남거나 부족한 일이 없는 프로크루스테스(Προκρούστης)의 침대[13]와 같습니다.

비밀은 주변의 부대와 산이 알고 있습니다. 모자라면 빌려오고 남으면 파묻기 때문이죠. 신막사를 짓기 위해 구막사를 허물었더니 벽 사이에서 온전한 실탄이 한통 가득 나와 기겁했다는 이야기를 심심치 않게 들을 수 있습니다. 에드거 앨런 포(Edgar Allan

---

13 테세우스의 신화에 나오는 프로크루스테스는 손님을 초대하여 극진하게 대접하고 누구에게나 딱 맞는 침대가 있다며 손님을 눕게 한 후 침대보다 길면 자르고 짧으면 늘려서 살해합니다. 자기 생각에 맞추어 남을 뜯어고치려는 횡포를 의미하는 용어로도 사용됩니다. – 위키백과

Poe)의 〈검은 고양이〉처럼 벽 사이의 공간에서 진실을 밝히기 위해 인내하고 있던 느낌이 듭니다. 군대의 산속에는 밤마다 생매장당한 군화와 의복의 억울한 울음소리가 납니다. 멀쩡하지만 장부에 없는 숫자이기에 군화나 의복으로 불러보지 못했기 때문이죠.

비슷한 사례로 최근에는 많이 근절된 '겨울철 보도블록 뒤집어 엎기'가 있습니다. 예산이 부족할까 봐 예산을 아끼다가 연말이 되면 예산이 남아 이를 소진하기 위해 보도블록이 멀쩡해도 새로 깝니다. 예산을 남기면 문책을 받고 다음 해 예산 배정에 불이익을 받기 때문이죠. 예산안을 정밀하게 계획하고 집행하여 국고의 손실을 줄이기 위한 목적으로 제도를 고안했지만 결국에는 제대로 집행도 못하고 낭비만 하게 됩니다.

리더가 특정 부분을 집중적으로 평가하면 위 사례와 같은 일이 벌어집니다. 실수를 줄이라며 조직을 닦달하면 실수는 급격하게 줄어드는 것처럼 보이지만 실제로는 보고되지 않고 어딘가에 숨겨져 썩어가게 됩니다. 일정을 관리하면 언제나 일정 내에 마무리됩니다. 하지만 허겁지겁 마무리만 되었을 가능성이 높습니다. 측정하면 물리량이 달라지는 '슈뢰딩거의 고양이(Schrödingers Katze)'[14]는 조직 안에도 살고 있습니다. 리더십은 측정이 아닌 지

---

14 양자역학의 불완전성을 비판하기 위해 1935년 에르빈 슈뢰딩거가 고안한 사고실험입니다. 어떤 상자 안에 고양이가 있고 계수기와 망치가 연결되어 계수기가 방사선을 감지하면 망치가 상자 안에 있는 병을 깨트려 병 안에 들어있는 독성물질이 흘러나오며, 이 상자

지를 통해서만 올바르게 동작합니다. 정교한 프로세스를 만들고 지키지 못할 경우 처벌하면 멀쩡한 군화를 산속에 파묻게 됩니다. 문제를 해결할 수 있도록 지지하고, 포기하지 않고 해결해 낸 사람과 문제를 발견한 사람에게 감사를 표하고 해당 사례를 조직이 배울 수 있도록 공유하여 함께 성장하길 바랍니다.

를 열기 전에는 안에 있는 고양이가 살아있는 상태와 죽어있는 상태로 공존하고 있다는 이야기로 유명합니다.

어떤 인센티브를
받고 있나요

모든 경제주체는 경제체제, 시대와 무관하게 자신의 이익을 위해 최선의 노력을 합니다. 개인 이익의 극대화가 사회 공동체에 이득을 제공할 수도 있고 때로는 해를 입힐 수도 있기에 개인의 자발적 노력과 함께 올바른 행동을 유도할 수 있는 장치인 인센티브가 필요합니다. 사회나 공동체에 유익한 행동을 했을 때 주어지는 사회적인 칭찬과 명성이 인센티브의 예입니다. 목적을 가지고 인센티브를 설계하여 목표한 행동을 유도하는 일이 인센티브 설계입니다. 잘 설계된 인센티브는 바람직한 행동을 유도하여 목표를 달성하지만 의도와 다르게 동작하는 경우도 많아 주의가 필요합니다.

1914년 미국 공장 노동자의 평균 임금은 일당 2~3달러 수준이었으며 노동자의 이직은 매우 흔했습니다. 잦은 이직 문제를 해결하기 위해 헨리 포드(Henry Ford)는 포드사의 노동자에게 당시 공장 노동자 임금의 두 배에 해당하는 일당 5달러를 지급합니다. 급격한 급여 상승으로 회사의 이익이 크게 감소할 것이라는 주변의 우려가 매우 높았지만 오히려 불량품 발생이 감소하고 자동차 생산시간이 단축되며 생산량이 늘어 이윤이 증가합니다. 다른 직장 대비 높은 보수를 받게 된 포드사의 노동자는 근무 기간이 늘어나며 담당 업무에 대한 전문성을 쌓게 되어 생산성이 높아집니다. 또한 직원은 최고의 대우를 받는다는 자부심과 더 좋은 대안이 없음을 이해하고 자신의 업무에 최선을 다하는 태도를 자율적으로 갖게 됩니다. 이는 급여 인상을 통한 인센티브 제도가 긍정적인 효과를 달성한 사례입니다.

반대로 외적 보상으로 바람직하지 못한 결과가 나타나는 경우도 있습니다. 2019년 기준 우리나라의 분만수술 비율은 51%로 OECD 회원국 평균보다 세 배 정도 높습니다. 2006년 36%에서 꾸준히 증가한 결과입니다. 건강보험공단에 따르면 2003년 기준 자연분만의 의료보험 수가는 평균 33만 원인데 비해 분만수술은 86만 원으로 이러한 금액 차이가 의사로 하여금 분만수술을 적극 활용하게 만드는 동기로 작용한다는 의심의 눈초리를 받았습니다. 이후 자연분만을 확대하기 위해 자연분만의 의료보험수가를 분만수술보다 높게 책정하는 개선이 꾸준히 이어졌습니다.

하지만 분만수술의 비중은 오히려 확대됩니다. 더 높은 인센티브를 제공하면 자연분만이 증가해야 하는데 반대의 결과가 나온 것입니다. 초산 연령의 증가와 출생률 감소로 인한 산부인과의 분만전문병원 폐쇄 등이 원인으로 지목되었지만 의료계는 자연분만 과정에서의 의료분쟁을 주요 원인으로 지목합니다. 의료분쟁 결과 분만수술의 경우 법적 책임을 지게 되는 경우가 적은 반면 자연분만은 법적 책임의 위험이 높기 때문입니다. 자연분만은 24시간 병동 운영이 필요하여 비용과 자원이 많이 들어가고 법적 위험까지 감수해야 하므로 의료보험 수가가 높다고 해도 자연분만보다는 분만수술을 선택하는 편이 유리한 이유입니다. 이러한 상황에서도 산모와 아기를 위해 자연분만을 선택하는 산부인과 의사가 있습니다. 분만병원 심상덕 님의 이야기를 확인해 보기 바랍니다.

[자료 12] 분만병원 이야기(https://lnkd.in/gQABuVG9)

회사에서는 업무 목표를 설정하고 달성 정도에 따라 인센티브를 제공하는 평가 방식을 많이 사용합니다. 업무에 몰입할 수 있고 적합한 보상도 하겠다는 취지이지만 의도와 다르게 동작하는 경우가 많습니다. 자신의 업무 목표 달성에 도움이 되지 않는 일은 전사적으로 중요한 가치가 높더라도 거부하고, 목표 달성에 유리한 업무만 선택하고, 목표를 달성한 경우에는 추가적인 노력을 하지 않고 내년도 목표를 위해 태업을 하기도 합니다.

이와 같은 인센티브 제도의 부작용을 없애려면 외적 동기부여를 위한 인센티브 제도와 함께 내적 동기부여를 할 수 있는 인센티브 제도가 함께 고려되어야 합니다. 1년에 한 번, 개인 목표를 설정하고 단순하게 달성하는지를 평가하기보다는 전사 목표에 맞추어 개인의 목표를 지속적으로 검토하고 조정해 주어야 합니다. 단순 목표 할당이 아닌 목표를 달성해야 하는 이유를 설명하고 담당자의 의견을 목표에 반영하여 주어진 일이 아닌 자발적으로 실천하고 싶은 목표로 만들어야 합니다.

리더는 조직 구성원이 스스로 동기부여되는 목표를 설정할 수 있도록 돕고 전사 목표에 따라 피드백을 제공하고 목표를 조정해 주어야 합니다. 인센티브 제도의 목적이 잘 달성되고 있는지 살피고 조정하길 바랍니다.

기억에 남는 스카우트 제의가 있었나요

제가 첫 스카우트 제의를 받은 곳은 전봇대 위였습니다. 군대 시절 전봇대에 올라가 끊어진 전화선을 연결하고 있었는데 지나가던 전화국 차량이 멈춰 서더군요. 전화줄에 앉아 있던 상황이라 전화줄이 끊어진다고 혼내려나 싶어 얼른 죄송하다고 말하려는 순간 "어이~ 자네는 제대하고 할 일이 있나? 없으면 나랑 같이 다녀 보겠어?" 하더군요. 생애 첫 스카우트 제의였고 제대 후 뭐 먹고 사나 고민하던 시기였는데, 왜인지 모르지만 거절했습니다. 하지만 지금도 편견 없이 스카우트 제의를 해주었던 그분에게 감사한 마음입니다.

최근에도 스카우트 제의를 받았는데, 시골길에 무성히 자란 잡초를 베고 있을 때였습니다. 지나가던 어르신이 "내가 이 근처에 땅 1만 평을 가지고 있는데 자네가 원하면 공짜로 농사를 지어 보게" 하더군요. 참 감사했지만 농사를 지을 줄도 모르고 또 회사를 다니며 할 수 있는 일도 아니어서 감사하단 인사만 했습니다.

반대로 제가 스카우트 제의를 하러 다닌 적도 있습니다. 이전 회사 CTO 님이 모 책의 추천사를 보여주며 이 글을 쓴 사람을 찾아서 입사시켜 보라고 하더군요. 국내 유명 포털 기업이라 알아서 지원하는 사람도 많은데 왜 그러나 싶었지만 시키니 그냥 했습니다. 성함 하나만 알고 있던 상태로 〔링크드인〕을 뒤졌는데 운 좋게 찾을 수 있었습니다. 메시지를 보냈고 다행히 답변을 주더군요. 그 당시 창업을 해서 매우 바쁜 상태였는데 만나서 함께 이야기를 나눈 후 고심 끝에 합류하게 되었습니다. 처음에는 개발자 역할로 이야기를 나누었는데 입사 후에 창업 경력을 잘 활용할 수 있도록 PM 역할로 전환했고 여러 프로젝트를 성공적으로 수행해 내며 좋은 성과를 올렸습니다.

그때 처음으로 '채용은 단순히 기다리는 게 아니라 적극적으로 찾아다니고 함께 고민하고 최선의 방안을 찾아야 하는 일'임을 알게 되었습니다. 이후로도 많은 분을 만났고 함께 근무하기도 하고 서로의 행운을 빌며 끝나기도 했습니다.

찾아가 만나서 이야기를 나눌 때 그분을 입사시키는 목적보다는 지원자분에게 도움이 되는 일인지를 함께 고민했습니다. 그러다 보니 "이런 회사가 있는데 거기가 잘 맞으실 것 같아요"라며 다른 회사 채용팀처럼 행동하는 일도 많았습니다. 언제나 사람이 우선이기 때문입니다.

리더의 어떤 역량이
중요하다고 생각하나요

저는 현실 인식이 가장 기본이라 생각합니다. 예전 직장의 CTO 님이 자회사의 대표로 이동하게 되었습니다. 저도 자회사 프로젝트를 지원하기 위해 이동하게 되었는데 본사와 여러 차이가 나서 놀랐습니다.

① 사용하는 의자와 책상의 품질이 다르다.

② 개발자 처우가 본사의 약 70% 수준이다.

③ 모든 개발 업무는 본사에서 지정하여 배당한다.

④ 자연스레 갑을 관계처럼 일한다.

이런 상황을 파악한 후 어떻게 개선해야 하나 고민하고 있던 차에 대표님이 다음과 같은 선언을 했습니다.

① 우리의 현재 상태를 인정하자. 우리는 2순위에 속하는데 3년 내에 2순위 중에서는 최고가 되자.

② 교육을 잘 시켜서 개발자의 역량을 강화한 후 본사로 보내자.

③ 본사에서 일하는 사람과 여기에서 일하는 사람의 유일한 차이는 운이다. 그러니 그 운을 극복할 수 있게 우리가 도와주자.

④ 최근 신입사원을 뽑지 않는 추세인데, 우리가 뽑고 잘 교육해서 성장시켜 본사뿐만 아니라 전체 개발자 생태계에 많이 공급하자.

그 후에 개발자의 50% 정도를 본사에 발령받게 했고, 신입사원을 매년 50명 규모로 채용하고 교육해서 다양한 회사에서 좋은 대우를 받으며 근무할 수 있게 해주었으며, 본사에서 잘못된 태도를 보일 경우 본사 출신의 사람들이 직접 커뮤니케이션에 참석해서 동등한 관계로 협업해 나갈 수 있도록 바꾸었습니다.

문제를 파악하기는 쉽습니다. 하지만 해결 방식을 찾기는 어렵습니다. 아직도 대표님이 "우린 2순위에 속한다"를 선언할 때의 충격이 생생합니다. 그리고 현재를 인정해야만 나아갈 방법을 찾을 수 있다는 점과 차이점의 발생이 개인 능력이 아닌 '운'이라는 점을 강조하며 조직원이 열등감/자괴감 등의 부정적 감정 대신 성장하고 극복할 목표를 갖도록 해주었습니다.

현실을 인정하고 성장하기 위해 구체적인 목표를 통해 실천할 수 있기를 바랍니다.

여러분은 알기 전의 상태로 회귀할 수 있나요

알게 되면 이전의 모르던 상태로 완벽하게 돌아갈 수 없습니다. 바로 '지식의 저주(The curse of knowledge)'에 걸리기 때문입니다. 지식의 저주는 자신이 알고 있는 내용은 타인도 알고 있으리라 가정하는 인지 오류입니다.

1989년 콜린 캐머러(Colin Camerer) 외 두 명의 학자에 의해 소개되고, 1990년 엘리자베스 뉴턴(Elizabeth Newten)에 의해 널리 알려진 실험이 있습니다. 뉴턴은 실험 참가자에게 생일 축하 노래처럼 유명한 노래를 손톱으로 두드려 리듬을 연주하고 상대방이 얼마나 맞출 수 있을지를 예측하게 했습니다. 두드린 사람은 실험 참가자의 50%는 맞출 것이라고 예상했지만 실제 실험에서는 2.5%만 정답을 맞혔습니다. 노래를 이미 알고 있는 사람은 자신이 두드리는 소리에서 자연스레 노래를 떠올릴 수 있어 사전 정보가 없는 사람도 이해할 것이라고 기대한 거죠. 이처럼 "알게 된다"는

"선입견을 가지게 된다"와 동일합니다.

노래 맞추기 문제는 웃고 지나가면 되지만 '지식의 저주'는 의사소통에 심각한 문제를 일으킵니다. "기본인데 그걸 몰라요?" "이미 알려줬잖아요"와 같은 답변을 하게 만듭니다. 이런 답변을 받는다면 다시 질문하기란 어렵겠죠. 자연스레 조직 안에 정보는 흐르지 않게 되고 성장의 기회도 사라집니다.

얼마 전, 저녁식사 자리에서 회사의 시장점유율 이야기를 나누는 중에 모두가 이 내용을 알고 있으리라고 착각하고 있음을 알게 되었습니다. 그리고 한 번도 구체적인 수치를 전체 조직원 대상으로 설명해 본 적이 없다는 것도 깨달았습니다. 회사 경영진은 많은 정보를 접하고 의사결정의 맥락을 알고 있기에 모든 조직원도 그럴 것이라고 가정하는 실수를 합니다. 그 결과 기대치와 실행이 달라지는 문제가 발생합니다. 조직이 지식의 저주에 빠지지 않으려면 질문을 하기에 안전한 환경이어야 합니다. 모든 종류의 질문을 묻고 답할 수 있는 문화가 필수입니다. 그리고 정보를 접할 수 있는 공식적인 경로가 다양하게 동작해야 합니다.

모든 질문이 환영을 받고 답변도 받아 지식의 저주에 빠지지 않는 조직을 만들어 가길 바랍니다.

칭찬과 부정적인 피드백 중
어느 편이 더 편한가요

"당연히 칭찬이 쉽지"라고 생각할 수 있는데, 의외로 칭찬을 어려워하는 분이 많습니다. '자존감 기반 협업' 사내 교육을 실시할 때 다양한 피드백 상황을 실습했습니다. 주로 힘든 내용에 대한 피드백 사례였고 마지막에 칭찬을 해보는 실습이었습니다. 어려운 피드백의 경우 활발하게 논의가 진행되고 또 관찰자가 여러 개선 사항을 찾아내어 강의장이 시끌벅적했는데, 칭찬의 경우는 얼마 가지 못하고 조용해졌습니다.

"고마워. 진짜 고마워."

"수고했어. 어려운 일인데 잘 했어."

"앞으로도 잘 부탁해."

위와 같은 내용이 주를 이루다 보니 길게 이야기할 수도 없었고 칭찬을 하면서 부끄러워하는 분도 많았습니다. 재미있던 점은 어려운 피드백의 경우 '구체적인 사실'이 많지 않았는데도 많은 이야기가 나왔고 칭찬은 구체적인 내용을 많이 드렸는데도 이야깃거리를 찾지 못했습니다. 평소에 칭찬을 많이 해보지 않은 것도 원인일 테고 "우리 사이에 뭐 말 안 해도 다 알지"가 다른 축일 것이라 예상해 봅니다.

칭찬이 효과적이려면 구체적인 관찰 사실을 전달하는 게 중요합니다. 어려운 피드백도 마찬가지고요. 예를 들어, "일정을 맞추기 위해 자발적으로 추가 근무를 해서 업무를 완료했다"를 칭찬할 때 내용에 따라 동기부여 요소가 달라집니다.

"추가 근무를 해서 일정을 지켰네요. 수고했어요."

위와 같은 칭찬은 '추가 근무'를 했다는 사실에 대한 칭찬입니다. 결국 앞으로도 추가 근무를 해야 긍정적으로 평가할 것이라는 오해를 하게 만듭니다.

"일정 지연이 안 되게 해줬으니 고생했어요. 고마워요."

위와 같은 칭찬은 '일정 준수'가 유일한 가치라는 인식을 주어 이를 위해서 어떤 행위도 가능하다는 오해를 하게 만듭니다.

"자발적으로 조직원들과 추가 근무를 했다고 들었어요. 덕분에 프로젝트도 일정을 지킬 수 있었네요. 자발적으로 추가 근무를 하자고 의견 모으기 어려웠을 텐데 실행 가능한 대안을 찾아주었네요. 추가 근무로 피로한 분이 있을 텐데 대체 휴무나 회식 등 제가 지원을 해드리면 좋을 것이 있을까요? 알려주시면 제가 가능한 방법을 찾아보겠습니다."

위와 같은 칭찬을 한다면 '자발적인 문제 해결' 부분에 대한 명확한 감사를 표한 것이므로 이후에도 문제가 발생할 경우 이를 적극적으로 해결하고 싶은 욕구로 동기부여를 할 수 있습니다. 그리고 말뿐인 칭찬이 아니라 구체적인 감사의 표시를 원하는 수준에 맞추어 제공할 수 있는 기회도 만들 수 있어 좋습니다. "밤샘 작업을 했으니 일찍 퇴근해"보다는 어떤 것을 원하는지 선택할 기회를 제공하며 같이 결정에 참여할 수 있도록 유도하는 것이 자기 주도권이 있다고 느낄 수 있어 바람직하다고 생각합니다.

저 또한 칭찬을 잘하지 못하는 사람이라서 어떻게 칭찬하면 좋을지 늘 고민하고 노력하고 있습니다. 진정한 감사함을 표현하기 위해 꾸준한 실천과 연습을 해보길 응원합니다.

여러분이 하는 업무는 유한한가요
아니면 무한한가요

스포츠 경기를 통해 '유한한 업무'와 '무한한 업무'의 차이를 설명하겠습니다. 한 경기에서 이기는 일에만 집중한다면 그 경기의 승패가 전부이며 모든 자원을 총동원하여 승리를 쟁취하고 미래는 고려할 필요가 없습니다. 한국 프로스포츠 초기에는 승리를 위해 혹사당하는 선수가 많았고 이로 인해 선수 생명이 매우 짧았습니다. 뛰어난 선수 덕에 우승을 경험한 팀이 핵심 선수의 부상과 이탈로 다음 시즌에서 낮은 순위를 기록하는 경우가 많았는데, 이를 '승자의 저주'라고 불렸습니다. 모든 자원을 단기간에 소진했기 때문에 장기적으로 승리를 이어갈 수 없는 것이죠. 장기적인 관점에서 수십 년을 유지하는 명문 구단이 되려면 선수를 육성하고 경기력을 향상하고 관리하기 위한 체계를 만들어야 합니다. 단기간의 목표 달성을 위해 모든 자원을 써버리고 미래를 기약하지 않는 방식이 유한한 업무입니다.

반면 장기적으로 꾸준히 발전하고 승리해가는 목표를 추구하는 일이 무한한 업무입니다. 매사에 최선을 다한다는 관점을 오해하여 유한한 업무 방식을 무한히 이어갈 수 있다고 착각하지만 이는 불가능한 목표 추구입니다. 단기 목표를 추구하며 조직원들에게 매일 야근을 강요한다면 생산성은 어느 시점 이후 급격히 떨어지고 회복 불가능하게 되는 것과 같은 이치입니다.

유한한 업무를 수행 중이라면 수단과 방법을 가리지 않고 단기 실적을 달성하라는 압박에 시달릴 것입니다. 자신의 실적을 위해서라면 정보를 독점하고 상호 신뢰와 협업보다는 내부 경쟁이 더 유리한 전략입니다. 무한한 업무라면 장기적 관점에서 상호 신뢰하고 협업하여 더 가치 높은 성과를 지속적으로 쌓기 위해 노력해야 합니다.

예전 게임 회사에서 부정행위 프로그램 대응 업무를 처음 시작할 때의 경험입니다. 부정행위 대응 경험이 없었지만 워낙 심각한 상황이라 문제에 공감하며 동기부여된 팀원과 함께 문제에 대해 책임을 지기로 합의했습니다. 부정행위 프로그램 관련 업무를 해본 인력이 없기에 참고할 대상이 필요하여 부정행위 방지 솔루션을 판매하는 업체를 찾아 논의하고 다른 게임사의 부정행위 관리 방법을 벤치마킹했습니다. 일반적인 부정행위 방지 방법은 다음과 같습니다.

① 부정행위 프로그램 입수

② 분석 및 탐지 방법 개발

③ 탐지 시행

④ 탐지된 대상을 일정 기간 경과 후 제재

부정행위 프로그램 사용자를 탐지 즉시 제재하는 편이 효과적이지 않느냐고 질문했더니 "그렇게 되면 부정행위 개발자가 즉시 대응책을 만들어내므로 탐지 여부를 숨겨야 합니다"라는 답을 받았습니다. 이는 해당 업계의 오랜 관행이라 누구도 의심을 하지 않더군요.

조언에 따라 운영을 해봤는데 일정 수준 이하로 부정행위 사용이 줄지 않는 문제가 관찰되었습니다. 업계 표준은 "탐지 후 2주 뒤 제재"였는데 부정행위 사용자는 넘치는 이득을 얻을 수 있을 충분히 긴 기간이라 제재 당해도 다시 사용하며 포기하지 않았고 이로 인해 피해를 당하는 사용자도 여전히 많았습니다.

부정행위 방지 업무를 유한한 업무라 생각하면 부정행위 사용률이나 탐지 여부를 목표로 설정하게 됩니다. '하루에 100명 이하로 탐지' 하는 목표라면 달성을 위해 새로운 부정행위 프로그램을 적극적으로 찾아낼 동기가 없습니다. 아는 범위 내에서 목표만 달성하면 되기에 새로운 부정행위 프로그램을 찾는 행위는 목표 달성에 해가 되기 때문이죠. 2주간 사용이 가능하다면 부정행위 개발자도 구태여 새로 개발할 이유가 없고, 부정행위 프로그램 사용자도 만족하고, 탐지도 가능하기에 선량한 사용자를 제외한 모두에게 이득입니다. '하루에 100명 이상 탐지'를 목표로 하는 경우도 효과는 없습니다. 많이 탐지하려면 방치하면 되기 때문이죠. 이처럼 유한한 목표로 사용자의 가치를 높일 수 없습니다.

팀원과 이에 대한 논의를 하고 기존 업계의 관행을 깨보자고 의기투합했습니다. "탐지 즉시 제재하고 단 한 게임도 사용할 수 없게 만들자"를 목표로 설정했습니다. 새로운 목표를 기반으로 부정행위 프로그램을 적극적으로 찾아 제재하기 시작했고 새로운 프로그램이 출연할 때마다 가장 빠르게 입수하고 대응해 나갔습니다. 부정행위 사용은 빠르게 줄어들었습니다. 당시 팀이 정한 목표는 무한한 목표입니다. 어느 한순간에 달성되어 끝나지 않고 영원히 추구해야 하는 목표이기에 팀원은 단기 실적이 아니라 장기적으로 "단 한 게임도 사용 못 하게 한다"를 달성하기 위해 새로운 접근법을 지속적으로 시도하고 개선해 나갔습니다.

만일 관성에 젖어 있었다면 틀을 깨지 못했을 것입니다. 너무나도 익숙해서 의심하지 않는 일조차 의문을 제기하고 함께 논의하여 더 나아질 방법을 찾고 실천하며 배우고 개선하는 일이 무한한 업무를 수행하는 방법입니다.

사이먼 시넥(Simon Sinek)의 〈인피니트 게임(Infinite game)〉에서 유한 게임과 무한 게임의 차이를 명확하게 설명합니다. 단기적

인 성과를 추구하여 결국 번아웃되고 실패하는 문제를 해결하고
싶다면 읽어 보길 추천합니다.

[자료 13] 도서: 인피니트 게임 (https://lnkd.in/gPsrxa3n)

이 사건은 2000년대 초반에
겪은 일입니다

3개월 동안 개발한 기능을 검토하기로 한 날, 출근하지 않는 개발자에게 전화를 하니 퇴사하겠다고 한다면 어떤 기분이 들까요?

공공기관 프로젝트 납품이 얼마 안 남은 상황이었기에 매우 당황했습니다. 개발을 완료했냐고 물으니 완료했다고 하면서도 컴퓨터 패스워드는 알려 줄 수 없다고 하더군요. 불과 며칠 전까지 저랑 스노보드를 열심히 즐겁게 타러 다니던 사이였기에 그러는 이유를 찾기 어려웠고 끝내 듣지 못했습니다. 결국 하드디스크를 떼어내어 살펴보니 개발한 내용은 없었습니다. 그 뒤로 당연히 전화도 받지 않더군요.

제가 리더 역할을 처음 수행할 때의 일이었기에 수년간 무책임한 개발자의 대표 사례라 인식하며 지냈습니다. 그러나 최근에는 생각이 바뀌었습니다. 열심히 하고 싶었을 텐데, 혼자 해결할 수 없어 도움이 필요했는데, 리더인 제가 알아채지 못하고 방치를 했던 것이죠. 지금에야 자주 커밋하고 코드를 리뷰하는 게 자연스러운 일이지만 십수 년 전에는 그런 걸 할 줄 몰랐고 그분은 제 무관심 속에 방치되었습니다.

처음 개발 리더를 맡는 분에게 조직원들의 커밋(commit)[15] 히스토리를 꼭 살펴보라고 요청을 하는 이유가 여기에 있습니다. 어떤 도움이 필요한지 파악할 수 있는 가장 확실한 방법입니다. 리뷰로 어떤 내용을 개발자들이 주고받고 있는지, 유지 보수가 용이한 코드인지, 커밋 주기가 일정한지를 확인해야 합니다. 그리고 적시에 필요한 지원을 해줄 수 있어야 합니다.

사람은 도움을 요청하는 일에 능숙하지 못합니다. 혼자 고민하고 해결해 보려다 좌절하고 포기하는 편을 선택할 수 있습니다. 리더는 감시가 아닌 지원 목적으로 개발자의 코드 커밋을 살펴야 합니다. 혼자 고민하고 어려움에 처한 개발자가 없도록 살펴주기 바랍니다.

---

15 소프트웨어 개발자가 작성한 소스코드를 저장소에 저장하는 작업으로 개발자가 어떤 작업을 해왔는지 기록으로 확인할 수 있습니다.

이 상황에서
'그분이라면 어떻게 했을까' 하고
생각해 볼 수 있는 대상이 있나요

군대에서 휴가 나온 친구 중에서 군 생활이 힘들다고 불평하는 경우를 못 봤는데, 막상 제가 겪어 보니 온갖 불평불만을 토로하고 싶은 상황 천지였습니다. '어찌 참은 거지? 딱히 참을성 많은 녀석이 아닌데?'라는 생각이 자주 들었는데 나중에는 '별 수없이 참았겠구나'로 생각이 바뀌었습니다. 그 이후 힘든 상황이 되면 '친구들도 다 겪은 일인데 나도 할 수 있다'며 스스로를 다독였습니다.

회사에서 고민이 생기면 '그분이라면 어떻게 했을까?' 생각해 봅니다. 어려운 결정도 쉽게 쉽게 처리하던 모습으로 기억하는데 '스트레스를 안 받은 걸까 아니면 참고 견디신 건가? 그렇게 할 수 있는 동기는 무엇이었을까?'를 유추해 보는 거죠. 그러던 중 그분이 자주 하던 이야기가 생각났는데, 바로 'Have fun'입니다. 해외에서 공부한 분의 '쿨~'한 인사말 정도로 생각했는데 시간이 지날수록 여러 의미가 함축되어 있음을 알게 됩니다.

- 무슨 일이든 견디고 마무리를 짓는 경험이 중요하다.
- 당신의 의사결정을 전적으로 지지하고 권한을 위임하겠다. 하고 싶은 대로 해봐라.
- 조언이 필요하면 언제든 찾아와라. 내 방문은 항상 열려있다.

이를 이해한 후로는 사실 관계를 인정하고 견디고 완료할 줄 알게 되었습니다. 예를 들어, 서비스 장애가 발생하면 '축소' '은폐'하고 싶은 마음이 드는 게 인지상정입니다. 대부분의 원인은 사람이 한 실수이고 그 사람은 헌신적으로 일해왔기에 사람을 위해, 조직을 위해, 별것 아닌 것처럼 넘기고 싶어지는 거죠. 하지만 이런 유혹에 넘어가면 개인도 조직도 성장하지 못합니다. 나아가 자신을 방어하기 위해 상대를 비난하게 되므로 협업은 불가능해지고 말죠. 그래서 다음과 같이 마음속에서 한번 외치고 겪어냅니다.

"사실 관계를 인정하고, 알리고, 수습하고, 배우고, 개선하자. Have fun!"

이제 제 나이도 〔네이버〕의 CTO를 역임한 김정민 님이 "Have fun!"을 이야기하던 나이가 되었습니다. 그분의 깊이를 따라잡을 수는 없겠지만 항상 생각하며 배우기 위해 노력 중입니다. 여러분도 가치지향점을 알려줄 나침반과 같은 분이 있기를 바랍니다. 나아가 다른 분에게 그러한 영향을 줄 수 있는 리더가 되길 응원합니다.

"Have fun!"

인간은 합리적이라고
생각하나요

인간은 '추상화'와 '일반화'를 통해 빠른 의사결정을 하지만 그로 인해 비합리적인 결정을 하는 실수를 합니다. 이런 비합리적인 행동은 심사숙고하지 않는 이상 뭐가 잘못된 것인지도 모르고 지나가게 됩니다. 예를 들어, 집에서 출발해서 어디를 다녀오는 경우에 합리적이라면 가는 길과 오는 길의 경로가 같아야 합니다. 하지만 어떤 이유에서인지 서로 다른 경로를 선택하는 경우가 많습니다. 인간은 '최적의 경로'를 선택하는 것이 아니라 '그 당시에 최적으로 보이는 경로'를 선택합니다.

또 다른 유명한 예도 있습니다. 지금 당장 1억 원을 받는 조건으로 내가 제일 싫어하는 사람이 100억 원을 받게 된다면 대부분의 사람은 돈을 받지 않는 선택을 합니다. 합리적인 인간이라면 1억 원을 받는 게 무조건 이득인데 말이죠. 행동경제학의 창시자이며 심리학자이자 경제학자인 대니얼 카너먼(Daniel Kahneman)의 저서 〈생각에 관한 생각〉에서는 수많은 사례를 통해 비합리적인 인간의 특성과 이유를 설명합니다. 이외에도 인간이 비합리적이라는 증거는 심리학과 철학에 넘쳐납니다.

재미난 것은 인간이 비합리적이란 것을 정작 인간이 모른다는 거죠. 그래서 모든 업무와 협업을 고도의 합리성을 기반으로 만듭니다. "A는 주어진 업무를 비슷한 시간 안에 처리할 것이다. 나에게 화가 난 상태든 아니든 간에 ⋯." 이런 식입니다. 그러다 보니 사는 게 참 고달픕니다.

이런 인간의 비합리성을 고려하면 인간에게 동기를 부여하기란 정말 어렵습니다. 인간이 기계적인 합리성을 갖추었다면 외적 보상이 주어지면 업무효율이 높아지고, 외적 보상을 제거하면 이전의 효율성으로 복귀해야 합니다. 간단하죠. 이러면 정말 세상을 살아가기에 좋습니다. 하지만 현실에서 외적 보상은 단순 업무에 한해 단기적인 효과가 있을 뿐이고 외적 보상이 사라지는 순간 이전보다 더 낮은 동기를 갖는 상태가 됩니다. 결국, 동기부여란 고정될 수 없는 인간의 본성을 명중시켜야 하는 일이기에 어렵습니다. 게다가 아무런 영향이 없어야 할 빗나간 총알이 동기부여의 근본을 파괴하는 위험성도 있습니다. "이럴 바에는 안 하는 게 낫다"가 그럴싸한 답변이고 실제로 잘하지 못할 바에는 실수를 안 하는 편이 더 좋습니다.

하지만 인간의 비합리성이 여기에서도 능력을 발휘합니다. 인간은 일어나지 않은 일을 판단하는 능력이 없습니다. 하지만 판단할 수 있다고 믿죠. 한 심리학 실험이 있었습니다. 참가자에게 문제를 풀게 한 후 정답 유무와 상관없이 무조건 문제를 푼 보상으로 초콜릿을 받을 수 있다고 합니다. 그리고 다른 제안으로 문제의 정답을 확인할 수 있으며 그에 따른 보상을 스스로 선택할 수 있다고 말합니다.

이런 두 가지의 경우가 있다면 문제를 풀고 난 후에 답이 맞든 틀리든, 초콜릿 보상을 선택하는 편이 합리적이기에 참가자의 대부분은 초콜릿을 선택하겠다고 답변합니다. 하지만 막상 문제를 풀어 본 후에는 정답을 확인하려는 참가자가 더 많았습니다. 궁금증을 참지 못하게 된 것이죠. 이처럼 사람은 의사결정을 할 때 현재 상태를 준거로 삼기에 잠시 후 벌어질 일조차 제대로 예측하지 못합니다. 이렇다 보니 동기부여를 위한 시도를 해보기 전에는 잘 동작할지 아닐지 판단하지 못합니다. 보통은 안 하는 것보다 훨씬 낫다는 생각이 들어 일을 저지르고 후회하게 되죠. 동기부여의 특징을 이해하는 데 다니엘 핑크의 [TED] 강연을 보면 큰 도움이 됩니다.

[자료 14] 다니엘 핑크의 [TED] 강연 (https://lnkd.in/dJ-K3yyS)

외적 동기를 중심으로 설명했는데 이제는 내적 동기를 살펴볼 차례입니다. 내적 동기란 '스스로 무엇인가 성취하고 싶어 하는 욕구'입니다. 남이 시킨 것이 아닌 스스로의 선택과 결심과 실천이죠. 개인적으로 '내적 동기'는 개인별 한계가 정해져 있다고 생각합니다. 동기부여를 통해 내적 동기를 더 커지게 만들기는 불가능하며 '내적 동기'를 해치지 않도록 환경을 조정하는 게 유일한 방법입니다. 내적 동기를 유지시키는 데는 또 하나의 개인적인 특성이 관여하는데 바로 '근성(grit)'입니다. 근성에 대해서는 다음 자료를 참고하면 좋습니다.

[자료 15] 근성에 대한 [TED] 강연 (https://lnkd.in/dUDjm5Up)

무엇인가를 지속적으로 실천할 수 있는 능력을 의미하는 근성이 높으면 외부 환경에 상관없이 높은 내적 동기를 더 오랜 시간 유지할 수 있습니다. 그렇다면 앞으로의 면접은 동기부여 요소를 묻기보다 지원자를 맛있는 음식과 함께 혼자 있게 두고 몇 분이 지난 뒤에 먹는지를 관찰하는 편이 더 효과적일 수 있습니다. "미슐랭 별 3개짜리 요리를 10분 넘게 안 먹고 버티다니 지옥 같은 우리 프로젝트에서도 제법 오래 버티겠어"와 같은 판단이 유효할 수 있다는 이야기죠.

여기까지 읽었다면 실소와 함께 '아까운 내 시간'이란 생각이 들 수 있습니다. 그런데도 강조하고 싶은 것은 '동기부여'는 매우 어렵지만 동기를 저하시키는 매우 쉽다는 점입니다. 동기부여를 위해 계획적으로 한 일조차 종국에는 동기를 저하시킬 수 있습니다. "그럼 뭐 어쩌란 말이냐?" 싶을 텐데 제가 강조하고 싶은 점은 "내적 동기를 해치지 말자"입니다. 일터에서의 내적 동기를 지키는 핵심은 '자율성'과 '권한 위임'입니다. 자신의 업무에 영향력을 발휘할 수 있고 전문성을 조직이 인정해서 권한을 위임해 준다면 내적 동기는 낮아지지 않습니다.

구성원의 내적 동기를 유지하려면 인문학, 리더십 교육이 필요합니다. 모든 구성원이 내적 동기를 최고치로 유지할 수 있도록 인간의 비합리성을 인지하고 자존감이 충만하도록 지원하고 지속 발전시켜 나가길 바랍니다.

입사 첫날 어떤 일을 했는지
기억하나요

보통 새로운 회사에 출근한 첫날은 정신이 없지만 할 일은 딱히 없는 어정쩡한 하루입니다. 2013년 저에게도 그런 날이 있었는데, 특이하게 오후에 회의가 하나 잡혔습니다. 참가자 명단을 보니 개발팀 리더들이어서 '어색한 저를 위해 고맙게도 인사 시간을 만들어 주셨구나'라고 생각하며 들뜬 마음으로 참석했습니다.

회의실 바닥은 인조 잔디가 깔려 있고 캠핑 의자가 여기저기 놓여있는 편안한 분위기였는데 참석한 분들의 표정과 모습은 너무도 심각해 보였습니다. 초대해 주셔서 감사하다는 첫인사를 드리고 어떤 이야기를 나누고 싶은지 물었습니다. 그러자 팀 리더인 분이 이렇게 얘기하더군요.

"전임 CTO가 올해 승진과 파격적 처우 개선을 약속했는데, 이를 지키지 않고 퇴사를 했으니 후임자인 당신이 이행하겠다고 약속해 주기 바랍니다. 그렇지 않을 경우 팀원 전원과 동시에 퇴사하 겠습니다."

왜 회의실 공기가 이상하게 느껴졌는지 의문이 풀리더군요. 이에 저도 답변을 했습니다.

"죄송하게도 저는 아직 팀장님들 성함도 모릅니다. 오늘 첫 출근이 고 업무와 관련해서 파악을 하지 못했습니다. 이에 방금 말씀하신 내용도 공유 받지 못했습니다. 공식적인 기록이 있다면 저에게 공 유해 주시기 바랍니다. 적극적으로 해결해 보겠습니다. 그리고 대 한민국은 직업 선택의 자유가 있기에 퇴사를 한다면 막을 방법은 없습니다. 하지만 하루도 지나지 않은 시점에 제가 어떤 계획을 가지고 있는지 들어보지 못했으니 여유가 된다면 이야기를 함께 나누어 보면 좋겠습니다."

무거운 분위기에서 지금 당장 승진과 보상을 약속하라는 요구 와 그럴 수는 없다는 답변을 반복하다 회의는 끝이 났습니다.

회의를 끝내고 인사팀장님을 찾아갔습니다. 승진 등에 대한 부 분을 질문했고 인사팀에 공유된 내용은 없다는 답을 들었습니다. 상황 파악을 위해 팀장님들의 입사 시기와 지원 방법에 대한 자료 를 요청했습니다.

다음날 인사 기록을 통해 특이한 사실을 알게 되었습니다. 당시 회사가 워낙 빠르게 성장하고 있던 터라 개발자 채용이 시급했고 이를 해결하기 위해 경쟁업체 세 곳에서 팀 단위로 개발자를 영입했습니다. 모두 동일한 기술을 사용하던 업체에서 온 분들이고 경력도 많은데, 제가 신임 CTO로 입사한다는 소문이 돌면서 새로운 기술로 전환하게 되리라는 불안에 사로잡혔다고 합니다.

인사 기록을 살펴보니 다른 특이한 점이 보였는데 인사고과와 우수사원 평가 등을 세 개 회사 출신이 돌아가면서 받고 있었습니다. 서로를 침범하지 않겠다는 합의가 있던 모양이었습니다. 결국 하나의 회사에 또 다른 세 개의 회사가 존재하고 있는 상태였습니다. 그리고 회사의 목표가 아니라 각자의 조직 이익을 위해 움직이고 있었습니다.

그 뒤로 요청했던 '승진' '파격적 대우 약속'에 대한 자료는 끝내 제공받지 못했습니다. 이에 공정한 평가 제도를 수립해서 피해를 받는 일이 없도록 하겠다고 설명하고 문제가 있을 시 언제든 자유롭게 의견을 개진하고 토론하자고 요청했습니다.

이후 중요한 서비스 출시를 앞두고 파업을 통해 서비스 출시를 막자는 이야기도 들려 "파업은 노동자의 신성한 권리이기에 적극 지지한다"는 전체 메일을 보내기도 했습니다.

기존 기술 스택으로 서비스 성장 속도를 따라갈 수가 없는 상황이어서 적합한 기술 스택으로 전환하기 위한 논의를 시작했고 이를 위한 개발자 교육 프로그램을 설명하고 난 후 블라인드 게시판에 "새로온 CTO ××가 똥 싸고 도망갈 게 뻔하고 그러면 그 똥을 우리가 다 치워야 하는데, 이게 뭔 짓이냐"라는 글이 올라왔습니다. 저는 "아직 허리띠도 안 풀었습니다"라고 답변을 달았죠.

소설이라고 이야기하고 싶지만 제가 겪은 일입니다. 지난 일이라 비판하기에는 쉽지만 그렇게 된 데에는 모두 절박한 합리성이 있습니다. 상당히 좋아 보이는 아이디어를 문제 발생 때마다 열심히 실천했을 뿐인데 결국은 서로 오해만 가득한 상태가 되어 버린 것이죠.

빠르게 성장하는 조직에서 채용은 언제나 조직의 성장 속도를 따라잡지 못합니다. 이에 위험하지만 당장 효과가 있을 법한 방법의 유혹에 빠지기 쉽습니다. 하지만 이런 유혹은 사이렌의 노랫소리와 같아 결국 심각한 피해를 가져오고 복구가 불가능할 수도 있습니다.

느리더라도 제대로 가야 하는 일이 있고, 채용은 늘 그 범주에 속합니다. 당장의 시급한 문제를 해결하고자 하는 유혹을 이겨내길 응원합니다.

채용 과정에서
기분 좋은 경험을 했나요

채용 과정에서 지원자는 채용팀과 헤드헌터를 통해 회사를 간접 경험하게 됩니다. 그리고 이 부분에서 지원을 철회하게 되는 경우가 많죠. 제가 겪은 몇 가지 사례를 소개하겠습니다.

1. 혹시 이력서는 봤나요?

이직한 지 한 달 정도 되었을 때 헤드헌터에게 메시지를 받았습니다. 이직한 직후라 "관심 없다." 정도의 정중한 거절 메시지를 보내는데, 이번에는 신기한 경우라서 직접 연락을 해보았습니다.

나 혹시 제 이력서 봤나요?

헤드헌터 그럼요. 이 포지션에 너무 잘 맞는 분이라 생각해서 연락드렸어요. 아주 중요한 자리라 비밀리에 진행 중입니다.

나 그럼, 제가 그 회사를 그만두면서 채용을 진행하게 된 포지션이란 것도 알텐데, 그래도 제가 적임자라 생각해서 추천하는 건가요?

헤드헌터 ….

2. 면접 보러 온 거 아닌데요

이직 의사가 없다고 거절을 했음에도 꼭 한 번 만나서 의논하면 좋겠다고, 지인을 통해 소개받았음을 강조하며 인사 임원이 찾아온 적이 있습니다. 본인의 고민 상담을 하고 싶다고 하셔서 저녁식사를 하며 이야기를 듣고 제 의견을 전했습니다. 이후에 조직장들을 대상으로 간단한 강연과 Q&A를 해주면 좋겠다고 부탁해서 재능기부로 하겠다고 흔쾌히 수락했습니다.

강연 당일 오후 3시가 강연 시작이라서 오후 2시 40분에 회사 1층에 도착해서 연락을 했습니다. 그런데 답장이 오질 않더군요. 3시 15분까지 기다리다 뭔가 착오가 있다고 생각하고 문자 메시지를 보내고 돌아서는 순간 모르는 번호로 전화가 왔습니다.

전화한 분 지금 어디 계세요?

나 1층에 있습니다. 연락이 안 되어서 돌아가려던 참이에요.

전화한 분 아니~ 왜 1층에 있어요? 5층으로 오셔야죠.

나 그런 안내를 받지 못했는데요. 알겠습니다. 올라갈게요.

5층에 도착해 보니 사원증을 대야만 열리는 문이었고, 나온 분이 없어 두리번거리며 서 있자니 예전에 알던 개발자분이 지나가다 문을 열어 주셨습니다. 들어가 보니 전화를 했던 것으로 추정되는 분이 동료와 이야기를 나누고 있더군요.

전화한 걸로 추정되는 분　아니~무슨 지원자가 멍청하게 1층에서 기다리고 있어. 이상한 사람이야~.

나　음…. 제가 그 이상한 사람인 것 같네요. 이제 어디로 가면 되죠?

전화한 걸로 추정되는 분　(위아래로 훑어보곤 손가락으로 한곳을 가리키며) 저쪽으로 돌아가면 방이 하나 있어요. 거기서 기다리면 돼요."

나　네? 음…. 일단 알겠습니다.

손가락으로 가리킨 방향으로 가보니 면접자 대기실이 나왔습니다. 뭐 강의장 준비가 덜 된 것일 수도 있으니 일단 들어가 앉았습니다. 방 안에는 회사와 관련한 홍보문구가 잔뜩 붙어 있고 면접을 잘 보라는 응원 글이 가득했습니다. 15분을 더 기다리니 인내심이 한계에 달하더군요. 인사 임원은 이때까지도 연락이 되지 않았습니다. 빨리 벗어나야겠다고 결심하고 밖으로 나왔습니다. 그리고 그 전화와 관련된 분에게 인사 임원을 불러 달라고 요구했습니다.

나　음…. 제가 확인할 게 좀 있는데, 제가 오늘 면접 보러 오는 걸로 되어 있나요?

그분 그럼 뭐 하러 오셨어요? 면접 보러 오신 거 맞아요.

나 저는 강연을 요청받아 온 건데, 착오가 있나 봐요. 인사 임원 좀 불러 주세요.

그분 아니, 왜 인사 임원을 불러요? 그냥 기다리세요.

나 (목소리가 커짐) 저 면접 보러 온 거 아니고 강연 요청을 받아서 왔는데 30분 넘게 기다리고 있습니다. 인사 임원 좀 불러 주세요.

이때 한 면접장에서 인사 임원이 저를 알아보고는 황급히 나오더군요. 면접이 있어서 전화를 못 받았고 죄송하다고 하더군요. 착오가 있어서 직원이 안내를 잘못했다고 사과를 하는데 그러면 강연을 듣겠다고 하는 분들이 있는 강연장으로 안내해 달라고 하니 인사 임원이 자꾸 말을 돌리며 저를 붙잡더군요. 어렵사리 대화를 마무리하고 빠져나올 수 있었습니다. 요즘에도 가끔 면접장도 못 찾아온 모지리를 위아래로 훑어보던 분의 시선이 떠오릅니다.

그 뒤로 사과를 드리고 싶다며 찾아온 인사 임원과 함께 회사 대표님도 만나 사과는 받았지만 좋은 경험으로 바꿀 수는 없었습니다.

어떠한 경우라도 구직자를 '을'로 여겨서는 안 됩니다. 구직자 역시 회사를 평가하고 입사할지를 결정합니다. 그리고 어떤 경우라도 상호 존중은 기본입니다. "나는 이 회사 직원. 너는 우리 회사에 오고 싶어 하는 사람. 그러니 내가 막 해도 상관 없어"라는 태도로 좋은 인재를 모을 수 없습니다.

채용 과정이 좋은 경험이 되도록 지속적으로 살피고 개선하며 상호 존중을 실천하길 바랍니다.

칡 등의 덩굴 잡초를
제거해 봤나요

워낙 빠르게 자라서 잠시만 신경을 안 써도 정말 손쓰기 어려울 지경이 되곤 합니다.

시골에는 연로한 분들만 계시니 진입로 등에 잡초가 방치되면 보행자도 위험하고 차량 통행도 어려워서 주말에 방문하면 한 번씩 잡초를 치웠습니다. 운동도 되고 또 깨끗해지면 기분도 좋아서 수년간 습관처럼 해오던 일인데 동네에서 비용을 걷어 외부에 맡기겠다고 해서 저도 더 이상 그 일을 할 이유가 없게 되었습니다.

그 후 다시 방문해 보면 잡초가 무성한 경우가 많았는데 이미 비용도 지불했고 다른 사람의 일이 되어 버려서 '언젠가는 하겠지' 하며 기다렸습니다. 1년을 지켜보니 비용을 효과적으로 쓰려는 목적으로 우거질 대로 우거진 후에 한 번만 작업을 하더군요. 결국, 안전과 청결 모두 달성하지 못했고 자발적 참여자였던 제 동기부여도 사라졌습니다. 지금은 돈도 내고, 제거 작업도 하고 있습니다.

운동 부족을 해소하려는 목적입니다.

　세상 모든 일이 그렇듯 딱 담당자를 나누기 애매한 경우가 많습니다. 대부분 자기 동기부여된 분들이 자발적으로 처리하는 경우가 많은데, 이를 합리적으로 처리한다고 조정하다 자발적 동기부여도 낮추고 일도 제대로 안 되는 경우가 많습니다. 이런 일에 제대로 된 감사의 표현이 아닌 단순한 금전 보상을 하는 것도 효과적이지 않습니다. 돈을 받는 순간 동기부여가 아니라 받은 돈과 일의 가치를 비교하게 되어 이 정도는 돈을 받으며 할 필요가 없다고 느끼게 되기도 합니다.

　동기부여를 하기란 정말 어렵습니다. 하지만 망치기는 참 쉽습니다. 좋은 방법을 찾지 못했다면 우선은 진정한 감사를 표하기 바랍니다.

합리적인 의사결정을
하고 있나요

합리적인 인간이라면 100원의 이득으로 느끼는 감정과 100원의 손실로 느끼는 감정의 크기가 동일해야 합니다. 하지만 현실의 인간은 이득보다 손실에 두 배 정도 민감하게 반응합니다. 연말 평가를 예로 살펴보겠습니다.

〔잘 나간다 회사〕의 평가 등급은 다음과 같습니다.

- **A 등급** 자신의 역할과 역량을 초과하는 성과 달성, 임금 10% 인상
- **B 등급** 모든 목표를 달성, 임금 5% 인상
- **C 등급** 대부분의 목표를 달성하지 못함, 임금 3% 인상

연초 계획한 모든 목표를 달성하기란 어려운 일이기에 B 등급은 높은 수준의 평가이지만 3단계의 중간이므로 평균이라 오인됩

니다. 여기에다 회상 용이성(Availability Bias)[16]으로 인해 대부분은 자신을 평균 이상이라 생각하기에 평가의 기대 준거점은 A 등급이 되고 맙니다. 그러므로 B 등급을 받은 사람은 임금 인상 5% 차이만큼의 부정적 반응이 아닌 두 배의 손실에 대한 감정 반응을 보입니다. 자신의 기대 준거점 대비 손실이 발생하기 때문입니다. 평가 단계를 세분화하더라도 평균에 대한 준거점 설정으로 인한 손실 감정을 피할 수는 없습니다.

이런 상황을 더욱 악화시키는 일은 기대치를 높이는 근거 없는 피드백입니다. "아주 잘하고 있어. 이대로만 하면 이번 평가 잘 받겠네"와 같은 피드백이 대표적입니다. 피드백으로 인해 평가 준거점이 A가 되어 버린 경우 실제 A 등급의 부여는 기쁜 일이 아닌 당연한 일이며 그보다 낮을 경우는 큰 손실로 여겨집니다.

현실의 인간은 자신의 손실에는 민감한 감정적 반응을 하지만 타인의 손실에는 이성적 접근을 하기에 조직에 심각한 문제를 야기하는 경우가 많습니다.

준거점과 손실에 대해 이해할 수 있어야 상대의 감정적 반응의 원인을 파악하고 해결할 수 있습니다.

---

16 쉽게 떠올릴 수 있는 정보에 더 큰 비중을 두어 사물을 판단하는 것입니다.

핵심 부서에서
근무 중인가요

　개발자로 처음 근무하기 시작한 2000년도만 하더라도 소프트웨어 개발은 기업의 핵심 기능이 아니었습니다. 주로 회사의 비즈니스 효율화를 지원하는 업무로 여겨졌으며 개발자가 많이 근무하는 회사의 형태는 SI(System Integration) 전문 업체였습니다. 드물게 자체 솔루션을 보유하고 판매하는 기업도 있었으나 고객사의 요구사항에 맞추어 납품을 하는 방식이라 결국에는 SI 업무가 핵심이었습니다. SI 업체를 제외하면 금융업계의 전산실로 취업하는 경우가 많았고 지원 부서의 역할을 수행했습니다. LG전자에 소프트웨어 개발자로 입사했을 때에도 선배사원들이 미래를 위해 하드웨어 기술을 익히라고 배려해 줄 정도였습니다. LG전자의 핵심 업무를 하려면 하드웨어 기술이 필수였기 때문입니다.

　이후 인터넷 기업이 성장하면서 고객사가 아닌 불특정 다수를 대상으로 하는 웹서비스 개발을 위해 많은 개발자가 근무하는 회사가 만들어졌는데, 주로 기획자가 무엇을 만들지 결정하고 개발자는 구현만 담당하는 역할로 한정되는 경우가 많았습니다. 핵심 부서는 '기획'이고 잘 구현해 내는 역할이 개발의 전부로 취급되어 결국 개발자는 내부 고객을 상대로 SI를 하는 역할로 취급되었습니다. 최근에는 소프트웨어 개발자가 기획 단계부터 참여하며 효과적으로 협업을 해야 더 좋은 서비스를 개발할 수 있다는 공감대가 만들어져 개발을 비핵심 부서로 여기는 경우는 많이 줄었습니다.

개발이란 업무가 핵심으로 분류되어 기쁘다는 이야기를 하려는 것이 아닙니다. 그보다는 핵심과 비핵심으로 나누어 차별하는 문제에 대해 이야기를 하려고 합니다.

외부 컨설팅 업체를 통해 역량 레벨을 만드는 작업을 하던 중 "비핵심 업무의 경우 역량이 성장할 수 있는 한계가 있으므로 세분화하지 않는 게 좋다"라는 이야기를 들었습니다. 어떤 업무가 비핵심인지 질문하니 구매를 예로 들며 "높은 하드 스킬, 소프트 스킬이 필요한 직무가 아니고 글로벌 영향력을 발휘할 수 없으므로 비핵심 업무다"라고 설명하더군요. 동의할 수 없어 한참 토론을 했습니다. 특정 업무가 글로벌 영향력이 없다는 점은 현실을 고려하면 일리가 있지만 이는 특정 직군의 문제가 아닌 모든 직군에 공통된 현상입니다. 개발자가 글로벌 명성을 얻을 수는 있으나 이는 매우 특수한 경우이고 글로벌 명성을 얻는 일이 항상 회사에 기여한다고 볼 수도 없습니다. 그런데도 담당 업무에 따라 핵심과 비핵심이란 딱지를 붙이고 성장 가능성도 낮다고 정의하는 일은 위험한 발상입니다.

총무팀이 구매 업무를 효과적으로 처리하지 못한다면 회사의 경쟁력은 낮아집니다. 개발자가 노력해서 좋은 서비스를 제공한다고 해도 운영 비용을 낮추지 못한다면 경쟁력이 낮아집니다. 인사팀이 좋은 회사 문화를 만들지 못하고, 좋은 인재를 선별하여 채용하지 못하고, 적합한 인사제도를 고안 및 운영하지 못한다면 회사의 경쟁력은 낮아집니다. 결국 회사에 핵심이 아닌 기능을 가진 부서는 없습니다. 모든 부서가 효과적으로 업무를 수행하고 개선해 나가야만 회사가 성장할 수 있습니다. 은연중에 핵심과 비핵심의 낙인을 찍으면서 효과적인 협업을 기대하고 좋은 문화가 만들어지고 성장하리라 기대할 수 없습니다.

우리 모두는 핵심 부서에 근무 중입니다. 개인이 성장하고 싶은, 그리고 성장할 수 있는 한계까지 스스로 선택하고 노력하여 성장할 수 있어야 합니다. 그 성장의 한계를 비핵심이란 이름을 붙여 강요하는 실수는 절대로 해서는 안 됩니다. 리더는 차별의 언어와 생각이 조직에 발붙일 수 없도록 살피고 관리하고 동기부여해 줘야 합니다. 모든 구성원이 자기가치감을 느끼고 효과적으로 협업할 때에만 진정한 성장이 가능합니다.

리더의
생각

3부

협업

간단한 사고실험에
참여하겠나요

여러분은 프로젝트의 책임자입니다. 팀원의 역량 부족으로 데드라인을 맞추지 못할 위기에서 "천재적인 개발자인데 동료와 마찰이 심해 누구도 함께 일하고 싶어 하지 않는다"는 지원자를 소개받았습니다. 그분을 채용하겠습니까?

제가 자주 받아온 질문인데, 간단하게 답하자면 "조직 전체를 위험에 빠뜨릴 모험은 하지 않습니다"입니다. 한 명의 천재가 회사 전체를 살려낼 가능성은 희박하지만 한 명이 조직 전체를 망치기는 쉽기 때문이죠.

2000년대 초반 소프트웨어 엔지니어링을 소재로 한 소설 형식의 책을 읽었습니다. 억만장자인 개발자가 독재 국가를 사들여 소프트웨어 개발 프로젝트를 진행하는 내용인데, 오래되어 제목도 기억나질 않네요(톰 디마르코가 쓴 〈데드라인〉임을 〔링크드인〕 1촌인 이태성 님이 제보해 주셨습니다). 주인공 프로젝트 관리자가 독재 국가에 납치되어 위기에 빠진 프로젝트의 책임자가 됩니다. 이 과정에서 극단적이지만 자주 발생하는 소프트웨어 개발의 문제를 다루는데, 조직원의 사기를 저하시키는 악랄한 관리자를 처리하는 방법으로, 소설답게 특수 요원이 납치해 더 악랄한 독재 국가의 프로젝트에 투입하는 해결책을 사용합니다. 가끔은 그런 특수 요원이 회사마다 있으면 좋겠다는 생각이 들지만 꽤나 괜찮은 내용을 다룬 책에서마저 이런 식으로 묘사하는 것이라면 정말 어려운 일이란 반증이겠지요.

우선 추천받은 개발자의 평가가 추상적이고 주관적이라 '천재'와 '마찰'이란 단어만으로 채용을 결정하기는 불가능합니다. 천재성은 조직의 상황이나 성숙도에 따라 다를 수 있고 동료와의 마찰도 문제의 원인이 누구인지 속단할 수 없습니다. 현실적인 해결책은 선입견 없는 채용 과정의 진행입니다.

채용 과정을 진행할 때는 '닻 내림 효과(Anchoring Effect)'[1]를 주의해야 합니다. 사고실험(思考實驗, Thought Experiment)[2]처럼 조직원의 역량 부족으로 어려움을 겪고 있다면 '천재적인 개발자'에 선입견이 작용할 가능성이 높습니다. 당장의 시급한 문제를 해

---

1 배가 닻을 내리면 그 지점에서 크게 벗어나지 못하는 것처럼 선입견의 영향으로 제한된 의사결정을 하게 되는 편향을 가리킵니다.

2 사물의 실체나 개념을 이해하기 위해 가상의 시나리오를 이용하는 것입니다. 즉 어떤 상황을 가정하고, 그 상황 속에서 특정 주체가 어떻게 행동하는지에 대해 기술하는 방식입니다.

결할 수 있으니 '동료와의 마찰'은 상대적으로 사소하게 느껴집니다. 관리자가 적당히 신경 써서 조언하고 중재하면 문제없으리라는 낙관적인 생각을 할 가능성이 높죠. 하지만 최악의 경우 그나마 있던 조직원마저 퇴사하여 프로젝트는 회생 불능에 빠지고, 안 좋은 소문마저 나버려 좋은 개발자가 오고 싶어 하지 않는 회사로 낙인찍힐 수 있습니다. 이런 끔찍한 일은 상위 조직장이 면접관에게 "능력이 좋은 개발자라고 하니 잘 살펴보세요"라며 마법의 주문을 걸면 면접에서 불합격할 사람이 합격하여 더 큰 비극이 벌어지게 됩니다.

이와 반대로 '동료와의 마찰'에 선입견을 가지게 되면 조직이 지속적으로 성장하기 위해서는 꼭 필요한 '관성에 저항하고 더 나아지기 위해 노력하는 과정에서 조직적인 저항에 직면했던 인재'를 채용하지 않는 실수를 하게 됩니다. 이 또한 상위 조직장이 면접관에게 "좀 문제 있어 보이던데 잘 보세요"라며 선입견을 심어주면 발생하게 됩니다.

후광효과와 추천사로 인한 선입견에 잘못된 채용을 하고 고통받는 경우를 자주 목격합니다. 평소같이 채용을 진행했다면 식별할 수 있던 위험을 선입견을 통해 프로세스와 면접관을 무력화시켜 조직에 재앙을 불러들인 거죠. 우리에겐 특수 요원이 없으므로 이러한 위험은 적극적으로 회피해야 합니다. 그 과정에서 '좋은 인재'를 놓칠 가능성도 있지만 '양의 탈을 쓴 늑대'인지 명확히 구분할 수 없다면 조직의 현재 채용 역량을 인정하고 깔끔하게 놓치는 편이 좋습니다.

　이런 이유로 채용 과정에서 선입견을 배제할 수 있도록 면접관에게 객관적인 사실만 알리고 선입견을 유발할 수 있는 추천사는 전달하지 말아야 합니다. 면접관은 독자적으로 판단하고 상위 조직장이라도 그 판단을 뒤집을 수 없는 프로세스가 필요합니다.

갑자기 분위기가 싸해지는
경험을 해봤나요

경력이 쌓이다 보면 이런저런 강연 요청을 받게 됩니다. 주로 주최 측이 원하는 강연을 해달라고 요구받게 되는데, 정부기관이 요청하면 거절하기 어렵죠.

2014년 겨울, 정부기관에서 주최하는 행사에서 발표를 하게 되었습니다. 정부기관이 공유하는 발표자 명단이 있는지 행사장에 도착해서 보니 발표자 대부분과 안면이 있었습니다. 그리고 이 친밀감이 평소라면 안 할 말을 하게 만드는 기폭제가 되어 버리고 맙니다.

정부기관장까지 참석하는 자리인지라 모든 발표자가 조신(?) 하게 발표를 끝냈는데, 전체 발표자를 모아 놓은 질의응답 시간에 진행자가 오늘 장관님도 오셨으니 하고 싶은 이야기를 솔직하게 해보라고 부추겼습니다. 아마도 분위기를 띄울 목적이었을 텐데 발표자들 입에서 나온 이야기는 다음과 같습니다.

"해당 부처 정책이 도움이 아니라 방해만 됩니다."

"뭘 직접 하려고 하지 말고 시장 전문가들에게 맡기거나 적어도 물어는 봐주시길 바랍니다."

"전 뭐 하는 곳인지 몰라서 부탁드릴 게 없어요. 알아서 잘 해주세요."

위와 같은 발언이 장관의 면전에서 나왔으니 그날 행사를 주최한 공무원들은 꽤나 힘든 시간이 되었으리라 어림짐작만 하고 있습니다. 그리고 요령 없이 직언하는 건 개발자 공통의 특성인가 싶기도 했고요.

그날 이후로 정부기관의 강연 요청은 한동안 없었고 덕분에 몇 년간은 편하게 보낼 수 있었습니다.

돌이켜보면 그날의 직언으로 얻은 거라곤 나름의 속 시원함뿐입니다. 반면 공무원들이 치렀을 곤혹을 생각하면 어리석었다는 후회만 생깁니다. 의도의 전달만이 중요한 것이 아니라 결과를 만들어 낼 수 있어야 커뮤니케이션인데, 어리석었죠.

서로를 돕고 목적을 달성하는 커뮤니케이션을 하길 바랍니다.

기능 고착에 빠져
실수한 적이 있나요

〔쏘카〕에 입사한 후 이상하게 손등이 트기 시작했습니다. 손을 씻고 핸드크림을 매번 발라도 점점 거칠어지기만 해서 겨울인데다가 사무실이 서울숲 옆이라서 바람이 많이 부는 환경이라 그런가 보다 합리화하며 지냈습니다. 그러던 어느 날 손을 씻기 위해 물비누를 짜고 있는데, 옆에 있던 동료가 "그거 치약이에요"라며 알려 주더군요. 한 달 가까이 치약으로 손을 씻어서 손등이 거칠어졌던 건데 눈치를 못 챘습니다. 민트 냄새가 많이 나고 손이 화하게 느껴지는 감촉도 있었지만 무시하고 물비누가 맞다고 착각했던 것이죠.

치약을 물비누라 믿은 이유는 치약통이 전형적인 물비누통 모양으로 생겼고 또 으레 물비누가 놓여있을 법한 자리를 차지하고 있어서였습니다. 세면대 거울 하단에 물비누 디스펜서가 달려 있었지만 물비누를 따로 비치하는 곳이 많다 보니 의심하지 않았습니다. 이 경험을 공유했더니 같은 실수를 한 분이 정말 많았습니다. 〔쏘카〕입사 이벤트라고 표현하더군요.

기능 고착은 기존에 사용하던 방식대로만 사용하려는 인지 편향입니다. 1945년 칼 던커(Karl Duncker)의 '촛불 문제(Candle Problem)'가 대표적인 실험으로 실험 참가자에게 양초와 상자 안에 담긴 압정을 탁자 위에 올려두고 양초를 벽에 고정해 보라 지시합니다. 실험 참가자의 대부분은 촛농을 벽에 발라서 양초를 고정하려 시도하다 실패합니다. 이후 압정을 탁자 위에 쏟아 두고 빈 상자와 양초를 배치하니 많은 참가자가 상자를 압정으로 벽에 고정한 후 상자에 양초를 올리는 방식으로 쉽게 문제를 해결했습니다. 압정이 상자에 담겨 있느냐 아니냐의 간단한 차이가 문제 해결 능력에 큰 차이를 만들어 낸 것이죠. 압정이 상자에 담겨 있을 경우 상자의 용도를 압정을 담는 기능으로 한정하여 생각하는 편향이 생겨 문제 해결을 방해한 것입니다.

제가 치약 냄새를 맡으면서도 물비누라고 생각하며 반복 사용한 바보스러운 이유가 기능 고착에 빠졌기 때문입니다. 회사 업무에서 기능 고착에 빠지는 대표적인 경우는 업무 영역을 역할에 따라 한정하는 경우입니다. 개발자는 개발만 하고 기획에 의견을 내는 일은 하지 말아야 하며, QA(Quality Assurance)도 품질보증 업무에 한정되어야 한다고 오해합니다. 개발자는 서비스를 만들고 직접 사용한 경험이 많기에 더 좋은 기능 대안을 제시할 수 있고

QA도 제품의 기능과 비기능 요소에 대해 폭넓은 식견이 있어 역할을 제한하기보다는 함께 논의하여 더 나은 방법을 찾을 수 있습니다. 기획자도 기능 구현 방법에 있어 더 효과적이고 단순한 방법에 대해 아이디어를 제공할 수 있습니다. 서로의 역할에 한정하여 기능 고착 오류를 범하지 말아야 하는 이유입니다.

기능 고착에 빠지지 않으려면 대상을 구성요소로 나누어 봐야 합니다. '압정이 담긴 상자'가 아니라 '압정과 상자가 있다'처럼 개별 요소로 인지해야 합니다. 효과적이지만 일상생활에서 실천하기는 어렵습니다. 우리의 빠른 직관이 순식간에 처리해 버리기 때문입니다. 출입문에 "당기시오"라고 크게 써진 안내문을 여러 장 붙여도 효과가 없는 이유입니다.

당길 문을 밀거나 치약으로 손을 닦는 실수는 웃어넘길 수 있지만 협업 중 기능 고착에 빠져 잘못된 주장을 하거나 의사결정을 하면 큰 피해가 발생할 수 있습니다. 기능 고착을 피하려면 다양한 관점에서 문제를 살피고 여러 의견을 자유롭게 논의할 수 있어야 합니다. 서로 존중하고 의견을 경청한다면 기능 고착을 알아차리고 빠져나올 수 있습니다.

나만 고생하고 있다는
생각이 드나요

대니얼 카너먼(Daniel Kahneman)의 저서 〈생각에 관한 생각(Thinking, Fast and Slow)〉에는 인간의 사고체계와 편향에 대한 원인과 다양한 사례가 설명되어 있습니다. 그중에서 회상 용이성(Availability Bias)[3]은 건강한 팀을 만들기 위해 이해해야 하는 편향입니다. 회상 편의성은 '어떤 사례가 머릿속에 쉽게 떠오르는 정도'에 따라 발생하는 편향입니다.

유명인의 이혼과 정치인의 성 추문은 주의를 많이 끄는 사건이라, 머릿속에 쉽게 떠오르다 보니 사건의 빈도를 과장하기 쉽습니다. 언론이 앞다투어 보도하는 사건이나 사고는 우리의 생각을 일시적으로 바꿔 놓을 수 있으며 내게 직접 영향을 미친 재판 오류는 신문에서 읽은 비슷한 사건보다 사법제도에 관한 자신의 믿음을

---

3 쉽게 떠올릴 수 있는 정보에 더 큰 비중을 두어 사물을 판단하는 것입니다.

더 크게 훼손시킵니다.

회상 용이성 연구의 한 사례를 보면 자신의 편향을 의식하고 있으면 결혼생활이 순탄할 뿐만 아니라 다른 사람과의 공동 작업도 수월해질 수 있습니다. 배우자 양쪽에게 "집안 정돈에 본인이 기여하는 정도가 몇 퍼센트인가?"에 대한 답변의 기여도를 합산해 보면 100%가 넘습니다. 자신의 노력과 기여도를 상대의 노력과 기여도보다 떠올리기 쉽기 때문에 편향이 발생합니다. 팀으로 공동 작업을 할 때도 많은 사람이 흔히 자신의 공을 크게 느낄 뿐 아니라 다른 팀원이 자기 공을 몰라 준다고 생각하는 편향이 발생하게 됩니다. 여러 사람이 동시에 자기 노력이 제대로 인정받지 못한다고 느끼면 긴장이 고조되고 효과적인 협업이 불가능해집니다. 이를 예방하기 위해서는 "내가 그렇게 느낄 때 주변의 다른 사람도 다들 똑같이 생각한다"라는 이해가 필요합니다.

소프트웨어 개발은 첨단 산업이라는 이미지가 투영되어 있어 무엇이든 계량하고 인간의 감정이 개입할 여지가 없는 것으로 오해하고 있습니다. 하지만 소프트웨어 개발은 다양한 관점을 가진 인간들의 긴밀한 협업이 가장 중요합니다. 그리고 이를 달성하려면 인간에 대한 이해가 필수입니다. 인간의 편향성을 이해하는 것, 나아가 자신도 동일한 편향에 빠질 수 있음을 이해하는 일이 효과적인 협업을 위해 필요함을 알아야겠습니다.

내향적인가요
아니면 외향적인가요

저는 내향적인 성격입니다. 사회생활하며 필요한 경우 의견을 내고 발표도 할 수 있게 되었지만 필요에 의한 경우를 제외하면 대부분의 시간 동안 홀로 지내기를 좋아하고 이런저런 상상을 하며 해결 방법을 탐색합니다. 인간의 타고난 본성을 바꿀 수는 없어 외향적이 되라는 사회의 압력 속에 나름의 생존 전략을 만든 것이죠.

관심받는 것을 부담스럽게 느끼지만 역설적이게도 여러 사람과 대화를 나눌 때는 주도적으로 대화를 이끕니다. 대화의 주제가 길을 잃고 저에게로 향하는 걸 막기 위해서입니다. 집에 돌아오면 대화를 주도하느라 소진했던 에너지를 채우기 위해 멍하니 혼자 앉아 있습니다. 보통 회복하는 데 두 배 정도의 시간이 필요합니다.

하지만 내향적이라고 해도 주목받거나 인정받고 싶은 욕구가 있습니다. 외향적인 관점에서 적극성이 떨어지고 개인의 이득보다는 조직의 이익을 위해 기꺼이 희생하는 편을 선택하기도 해서 욕망이 없고 주목받기도 싫어한다고 오해하겠지만 잘하고 싶고, 인정받고 싶은 욕망은 동일합니다.

초등학교 1학년 때 부모님이 수업 참관에 오셨을 때의 일입니다. 선생님이 숙제 검사를 하며 별을 그려 주었습니다. 저는 별 두 개를 받았고 짝꿍은 다섯 개를 받았습니다. 선생님이 다른 학생의 숙제 검사를 이어 가는데, 제가 눈물을 그렁그렁 달고 아무 말없이 선생님의 옷깃을 잡아끌었다고 하더군요. 그리고는 또 아무 말 없이 별 두 개인 제 연습장과 별 다섯 개가 그려진 짝꿍의 연습장을 번갈아 가리키더랍니다. 내향적인 제가 발휘할 수 있던 인생 최대의 용기였으리라 생각합니다.

현대 사회가 빠른 목표 달성을 위해 협업의 중요성을 이해하고 실천하기 시작한 이래로 적극적인 참여가 미덕이 되었습니다. 그러면서 카리스마, 적극적인 의사 표현 등 외향적인 능력을 추구해야 할 가치로, 내향성은 극복해야 할 문제로 취급하는 실수를 합니다. 외향적인 척 연기를 하며 내향성이 가진 장점을 발휘할 수 없게 만드는 일은 큰 손실을 유발합니다.

다양성을 존중하고 포용하는 조직이 더 높은 결과를 만들고 성장하며 개인이 가진 역량을 충분히 발휘할 수 있게 효과적으로 지원합니다. 개인의 성향을 이해하며 존중하고 함께 일할 줄 아는 조직이 성장을 위한 기반입니다.

모든 조직이 단일 목표를
추구하고 있나요

예전 직장에서 개발자로 근무할 때 성과측정 지표로 '버그 밀도'가 사용되었습니다. 1000줄당 발견된 버그의 수를 측정했고 잔존 버그 밀도(해결되지 않은 버그의 총수/전체 코드 라인 수)가 특정 수치 이상이면 제품 출시를 할 수 없었습니다. QA는 같은 지표를 사용했지만 달성해야 하는 목표가 달랐습니다. 가능한 많은 버그를 발견해서 버그 밀도가 높아야 좋은 평가를 받을 수 있었으며 하루에 몇 개 이상의 버그를 발견해야만 퇴근할 수 있는, 지금에서는 상상도 할 수 없는 목표가 주어졌습니다. 그 결과 QA는 버그를 많이 찾아야 하고 개발자는 버그를 줄여야 하는 얼핏 보면 이상적이지만 결국은 모순되는 목표를 추구했습니다.

그 결과 QA는 버그의 수를 늘리기 위해 "텍스트 박스에 특정 값을 넣으면 오류가 발생한다"는 버그를 "0을 입력했을 때 오류 발생" "1을 입력해도 오류 발생"과 같이 여러 개로 나누어 등록했고 개발자는 버그를 줄이기 위해 그런 종류는 하나의 버그라고 QA를 설득해야 했습니다. 이런 방식으로 버그를 늘리기 어려울 때에는 개선사항을 버그로 등록하는 일도 발생했습니다. 그러다 보니 말이 좋아 설득이지 서로 치열하게 욕하고 싸우기 일쑤였습니다. 가치 없는 버그를 등록하느라 회사의 자원이 사용되고, 또 이를 처리하느라 자원이 낭비되고, 실제 고객 가치를 높이는 데는 도움이 되지 않았습니다.

잔존 버그 밀도가 특정 수준 이하로 유지되어야 출시가 가능하지만 중요도가 낮은 1픽셀 벗어난 UI 정렬 버그와 시스템 다운을 일으키는 버그가 모두 동일하게 취급되어 '치명적 버그(Fatal Bug)'가 없음에도 출시를 할 수 없는 상황이 되면 개발자는 사용하지도 않는 외부 라이브러리를 가져다 붙여 소스코드의 양을 늘리기도 합니다.

이 사례처럼 조직 간에 잘못된 목표를 추구하면 협업을 통한 고객 가치의 창출은 불가능합니다.

이런 문제를 해결하려면 협업이 필요한 조직과 개인 간에 일의 본질에 대한 이해가 필요합니다. 본질은 회사의 미션과 비전에 잘 정렬되어야만 가치가 있습니다. 그리고 상대의 상황을 이해하는 일도 기본입니다. 협업 상대의 의견을 단순히 "잘 몰라서"라거나 "다른 의도가 있다"라고 폄훼하면 협업은 불가능합니다. 직관적으로 '상대 의견의 가치'를 판단해버리면 안 됩니다. "왜? 그 일이 중요한지" "고객 가치와 어떻게 연결되는지"를 서로 묻고 답하며 함께 공동의 이해를 만들어야 합니다.

공동의 이해를 구축하고 업무의 목표를 명확히 정의하기 위해서는 업무를 공유하고 수시로 점검하며 서로 의견을 나누어야 합니다. 최초 요구사항을 공유하는 자리에서 맥락을 설명하고 또 이해하기 위해 토론해야 하며 이후 업무를 진행하면서 원했던 목표를 달성하고 있는지 지속적으로 함께 검토하고 개선점을 찾아야합니다. 일정 주기 기반의 개발 방법을 사용한다면 계획, 일 단위정보 교류, 회고를 활용하면 됩니다.

'고객 가치'를 기반으로 목표와 일하는 방법을 조율하고, 의도와다르게 동작하면 누구든 이를 공유하고 조율할 수 있도록 적극 권장해 주기 바랍니다.

사촌이 땅을 사면
배가 아픈가요

독일어 '샤덴프로이데(Schadenfreude)'는 타인의 불행이나 고통을 보며 느끼는 만족감을 의미하며 영어 문화권에서 자주 사용됩니다. 같은 맥락으로 누군가 이득을 얻는다면 상대적인 박탈감에 고통받게 됩니다. 사촌이 실패하면 기쁘고 땅을 사면 배가 아픈 것은 전 세계 공통이란 의미입니다.

타인의 불행을 보며 얻는 행복감을 겉으로 드러내기는 어렵습니다. 또한 타인의 성공을 보며 상대적 박탈감을 느낀다고 털어놓기도 어렵습니다. 사회적 비판에 직면하거나 자신의 나약함을 드러내어 수치심을 느끼게 될 가능성이 높기 때문이죠. 하지만 내밀하게 번지는 웃음을 막기란 여간 힘든 일이 아니고 상대적으로 억울하고 세상이 나만 따돌리는 느낌을 지우기 또한 어렵습니다.

인간이 사악하거나 이기적이라서가 아닌 복잡한 사회적 이유와 진화에 기인한 심리 현상입니다. 진화론으로 설명해 보자면 사냥터에서 누군가 사냥감을 놓친다면 내가 사냥에 성공할 확률이 높아지므로 이득이 발생합니다. 반대로 누군가 사냥에 성공했다면 내가 사냥할 수 있을 가능성이 줄어들므로 실질적인 손해가 발생할 수 있습니다.

근대사회에 진입하며 교통의 발달로 사람의 왕래가 많아지고, 인구 밀집이 발생하여 이런 감정을 느낄 상황이 급격하게 늘어납니다. 과거에는 기껏해야 사촌 정도의 범위였다면 현대사회에서는 학교 동기, 직장 동료, 미디어에 노출되는 유명인, SNS를 통해 접하게 되는 거의 무한대의 관련 없는 사람들까지 배를 아프게 하고 때론 '쌤통'의 감정을 느끼게도 만듭니다.

사회 환경 요인으로는 '경쟁' '공정성' '공격성'이 원인입니다.

경쟁이 심화되면 다른 이보다 더 뛰어난 성과를 올리고 싶어집니다. 내가 좋은 성과를 올리기 어려운 상황이라면 상대의 실패는 내 성과를 돋보이게 해주므로 기뻐하는 마음이 생깁니다. 나아가 돋보이고 싶은 마음에 상대의 실패를 적극적으로 획책하기도 합니다.

공정성은 부도덕하거나 나쁜 사람이 처벌받는 것을 보며 느끼는 기쁨으로 긍정적으로 보일 수 있으나 "저 사람은 그럴 자격이 없다"는 차별의 감정이 공정성으로 오인되는 경우도 많아 주의가 필요합니다. 최근 커뮤니티에서 학원에 다니지 않는 아이가 수학 점수를 높게 받는 것이 이상하다는 글이 올라와 화제가 되었습니다. 아이가 학원을 다니지도 않는데 어머니의 지도하에 그렇게 공부를 잘하게 될 수 없다며 비싼 과외를 하거나 몰래 다른 학원을 보내는 것으로 의심하며 불공정하다고 주장합니다. 자신의 잘못된 기준으로 불공정하다 여기며 공정을 요구하고 사회적 문제로 인식하는 안타까운 상황이 자주 발생합니다.

공격성은 소속감과 관련되어 있습니다. 자신이 소속된 곳이 잘되길 바라는 마음입니다. 대표적인 경우가 운동 경기입니다. 상대 팀 선수가 실수를 하거나 다치면 기쁨을 느끼고 적극적으로 다치기를 원하기까지 합니다. 경쟁사에 문제가 생겼다는 소식을 들을 때 어떤 기분이었는지 기억해 보기 바랍니다.

'쌤통'이라 느끼는 감정과 상대적 박탈감이 좋다고 말할 수는 없겠지만 자연스러운 감정입니다. 쌤통이란 생각이 들 때마다 자신을 천박하다 여기고 수치심을 느끼거나 상대적 박탈감을 나약함으로 여기며 자신을 질책하는 일은 도움이 되지 않습니다. 자연스러운 감정이라 인정하고 그 감정에 집착하지 않도록 상황을 직시하는 편이 좋습니다. 그리고 부정적인 감정에 영향을 덜 받을 수 있도록 환경을 조절하는 일도 필요합니다. SNS에서 다른 이의 소식에 일희일비하고 있다면 불필요한 자극에 자신을 노출하고 있음을 인지하고 줄여 나가는 편이 좋습니다. 1:n의 관계에서 n보다늘 행복하고 뛰어나길 바라거나 타인의 성공에 자신이 무능력하다고 느끼는 일은 자아존중감을 갉아먹을 뿐입니다.

리더는 조직 내에 이런 감정이 자랄 수 없는 환경을 만들어야 합니다. 조직에 맹목적인 소속감을 심어 주고 다른 조직을 경쟁의 대상으로 인식하게 만들면 서로의 불행을 적극적으로 바라게 되어 회사 공동의 목표를 추구하는 협업이 불가능해집니다. 내부 경쟁을 부추기는 행위도 더 좋은 성과를 만들어 내기보다는 서로의 실패를 기뻐하는 쌤통의 심리가 조직을 지배하게 만듭니다. 상호 신뢰하고 든든한 지원군이라 여기는 심리적인 안정감이 있어야 목표 달성을 위해 함께 기뻐하고 슬퍼하고 응원하며 이겨낼 수 있습니다.

협업의 가치를 추구하여 배가 아프거나 아프게 만들 일 없는 상호 신뢰하는 조직을 만들어 가길 응원합니다.

상호 신뢰는
어떻게 쌓나요

협업을 잘하려면 상호 신뢰가 필요합니다. 상대를 존중하고 또 존중받아야 이견이 있더라도 설명하고 경청하며 대안을 탐구할 수 있습니다. 상대를 믿지 못한다면 아무리 좋은 목적을 설명하더라도 의심하게 되고 숨겨진 의도가 있을 거라 생각하게 됩니다.

그렇다면 상호 신뢰는 어떻게 쌓아야 할까요? "기본적으로 서로를 신뢰하라(Default Trust)"라고 하지만 인간인 이상 쉽게 되지 않습니다. 입으로야 신뢰한다고 말하기는 쉽지만 오늘 처음 만난 사람을 신뢰하기보다는 의심하는 게 인간의 본능이고 서로 다른 주장을 하고 있는 상황이라면 상대의 저의를 의심하는 게 정상적인 반응입니다.

높은 신뢰는 장시간에 걸쳐 다양한 경험을 함께 한 후에야 가능합니다. 문제를 함께 해결하고 좌절해 보고 또 이를 극복하며 쌓게 되는 거죠. 하지만 이런 장기간의 상호 신뢰도 그 시작은 가벼운 대화나 차 한 잔 마시기, 식사를 함께 하는 일에서 시작됩니다.

글로벌 조직에서 일할 때 타 지역에 있는 구성원에게 업무 요청을 하면 답변이 늦거나 제대로 처리되지 않는 경우가 잦았습니다. 논리적으로는 지연될 이유가 없는 데도 말이죠. 그때부터 자주 찾아가기 시작했습니다. 가서 인사하고 함께 식사하고 팀원을 소개하고 나면 업무 속도가 빨라졌는데, 단순히 신뢰가 쌓였다고 말하긴 어렵지만 적어도 두 가지의 처리할 업무가 있을 때, 아는 사람이 부탁한 일과 모르는 사람이 부탁한 일 사이에서 우선순위를 높여줄 동기는 만들 수 있었습니다. 그리고 지연 없이 좋은 결과를 만드는 경험이 반복되고 나면 멀리서 지나치는 저를 보고 일부러 달려와 안아 주는 친밀감까지 만들어지더군요.

치열하게 반론을 주고받은 사이라면 업무 이야기가 아닌 일상을 사는 이야기 등의 가벼운 이야기를 나누는 시간을 따로 만들기 바랍니다. 업무를 떼어낸 그 사람 자체를 이해할 수 있어야 업무 이야기도 할 수 있습니다. 사람을 알기 위해 노력해야 합니다. 서로를 알고 이해할 수 있는 기회를 만들어 나가기 바랍니다.

소문 때문에 어려움을
겪어 봤나요

2005년 허리케인 카트리나로 인해 뉴올리언스는 제방이 붕괴
되며 지역의 80%가 물에 잠기는 끔찍한 피해를 입습니다. 메모리
얼 병원이 홍수로 고립되어 발생한 사건을 다룬 영화 〈재난 그 이
후(Five Days at Memorial)〉에서 소문의 발생과 왜곡, 신뢰의 붕괴
를 유발하는 불안감의 전파 과정이 생생하게 묘사됩니다.

홍수로 고립된 첫날, 병원 주변을 둘러보던 직원이 "주변에서 성
희롱을 당한 간호사가 있다는 이야기를 들었다"라고 말합니다. 직
원들의 안전을 걱정하며 한 이야기인데 고립되어 어려움을 겪고
있던 터라 소문이 빠르게 전파됩니다. 이야기는 옮겨지는 과정에
서 점차 살이 붙어 종국에는 "아주 끔찍한 사건이 발생했다"가 됩
니다. 병원에 피신해 있던 지역 주민 사이에도 "병원 관계자와 환
자를 제외한 사람들은 물품 부족으로 병원을 떠나야 한다"라는 소
문이 만들어지는데, 피신할 곳이 없던 상황이라 심각하게 받아들

여집니다. 불안감을 느낀 몇몇 지역 주민은 병원 주변의 가게를 약탈하여 피난에 필요한 물품을 확보하려는 시도를 하게 됩니다. 그 결과 병원 관계자와 지역 주민은 서로를 의심하며 급속도로 관계가 나빠집니다.

소문이 전파되는 과정에서 왜곡, 과장되고 살이 덧붙여지는 이유는 인간의 기억 메커니즘의 영향입니다. 인간은 상황을 있는 그대로 기억하지 않고 중요한 사건을 추상화해서 저장하고 기억을 재생할 때 중요 사건을 기준으로 새로 이야기를 만들어 냅니다. 효과적인 기억 방법이지만 이 과정에서 왜곡이 발생하죠. 친구들과 함께한 여행 경험을 이야기하다 서로의 기억이 달라, 내기를 해본 경험이 있다면 이런 이유 때문입니다.

제가 겪었던 대표적인 기억 왜곡은 서태지와 아이들의 데뷔 무대입니다. 서태지와 아이들의 공연 후 하광훈, 양희자, 이상벽, 전영록 씨가 심사평을 합니다. 전영록 씨가 악평을 남겼다고 기억을 했고 사석에서 "전영록이 옛날 가수라 서태지의 역량을 과소평가했다"라고 자주 이야기했습니다. 그러다 몇 년 뒤에 심사평을 다시 보게 되었는데, 전영록 씨는 악평을 하지 않았더군요. 꽤나 충격적인 경험이었습니다. 다른 심사위원들은 익숙하지 않아 관심이 없었고 전영록은 유명인이지만 좋아하는 가수가 아니었기에 악평이란 이미지를 전영록에 연결하여 왜곡된 내용을 기억한 것입니다. 직접 경험하고 기억하는 일의 신뢰성을 의심해야 함을 알게 된 순간이었습니다.

"A라는 직원이 이번 주에 지각을 두 번 했어"라는 이야기를 듣는다면 "지각을 자주 하니 게으른 사람이겠구나"라는 판단을 하고 "A는 게으르다"로 기억합니다. 이후 이야기를 옮길 때 "A는 게으르다"에 살을 붙여 "A는 게으른데, 요즘에는 일을 성실하게 하지 않는대"와 같은 식으로 표현합니다. 그 이야기를 들은 사람도 추상화, 기억, 재생 과정을 거치며 "A가 이직을 알아보느라 일을 대충한대"로 왜곡할 수 있습니다. 이처럼 악의가 없어도 왜곡되어 복구하기 힘든 피해를 입힐 수 있습니다.

소문은 사적인 관계의 친밀감을 표현하는 수단으로 자주 활용되기에 은밀하고 빠르게 전파되고, 한번 퍼지면 없애기란 불가능합니다. 소문이 신뢰할 수단으로 인식되면 공식적인 의사소통 수단은 무용지물이 되어 공식적인 해명도 효과가 없고 해명조차 다른 추측과 소문의 재료가 되어 버리고 맙니다. 이런 상황에서 협업은 불가능합니다.

이런 문제를 예방하려면 이야기를 전달하지 않는 것이 최선입니다. 공식적인 이야기가 아니라면 나를 거쳐 전달하는 순간 심각한 왜곡이 발생할 수 있음을 알고 예방해야 합니다. 특히 개인과 조직에 대한 개인 의견이라면 이야기를 나눈 당사자들 선에서 멈추어야 합니다. 사실 관계를 확인해도 문제가 없는 내용이라면 즉시 확인을 해야 하고 그렇지 않은 경우라면 재미를 핑계로 이야기를 옮기지 말아야 하며 "당사자에게 직접 하지 못할 이야기는 다른 사람에게 하지 않는다"라는 원칙을 지켜야 합니다. 조직은 서로에게 솔직한 피드백을 주고받는 문화를 만들어야 하며 그 기반은 상호 신뢰입니다.

상호 신뢰 하에 솔직한 피드백을 주고받으며 소문의 걱정 없이 안전하게 일하는 조직문화를 만들어 가길 응원합니다.

어떤 MBTI
유형인가요

최근 MBTI에 대한 관심이 높습니다. 서로를 이해하면 효과적으로 협업할 수 있으니 참 다행스러운 일이지만 '인간을 몇 가지 유형으로 정의할 수 있을까?' 하는 우려도 있습니다.

I와 E로 대표되는 내향형과 외향형의 경우 I 점수가 낮은 경우와 E 점수가 낮은 경우를 보면 성향을 명확히 구분하기 어렵습니다. 100점 I와 1점 I가 동일하다고 말하기 어렵죠. 하지만 1점 차이라도 I와 E로 구분됩니다. 그리고 이를 외부에 공표하는 순간 하나의 정형으로 굳어집니다.

저의 경우 15년 전 처음 한 MBTI 검사에서는 대부분 중앙에 몰린 점수를 받았습니다. 분석하는 분의 이야기로는 사회가 원하는 모습에 맞추려는 성향이 강하면 그렇다고 하더군요. 이후 잊고 지내다 회사에서 심리 상담을 받으며 검사한 결과에서는 극단적인 형태로 나타났습니다. 15년 전과 유형은 동일하지만 성향은 매우 강해진 거죠. 나이를 먹으며 뻔뻔해진 탓이라고 생각합니다. 눈치 안 보고 답변하게 된 거겠죠. 그리고 검사 때마다 유형이 변하는 분도 많습니다.

15년이란 시간은 꽤나 길 수도 있기에 제가 점차 성향이 완성되는 것을 인지하지 못했을 수도 있고 눈치를 안 보게 된 덕일 수도 있습니다. 그런데 스스로를 판단하는 지표로 보자면 저는 변한 게 없습니다. 회식을 하거나 강연을 하게 되면 집에 돌아와 비슷한 시간 정도를 멍하게 지내며 〈록키 호러 픽쳐 쇼〉를 보며 술을 마십니다. 술로 인해 전두엽이 약화되어 술을 줄여야겠다는 결심을 매번 잊는 정도가 된 것이 아닐까를 의심할 지경이지만 지난 15년간 변한 것은 없습니다. 외부와 교류하며 소비한 에너지를 채울 방법이 있어야 하는 거죠. 외부에 대응하는 방식은 다양하게 변했지만 이를 수행하는 주체는 늘 같았습니다. 놀랍게도 I가 강한 성향임에도 대중 앞에서 강연을 합니다. 그리고 이를 소수의 사람과 이야기할 때 보다 편하게 느낍니다.

지난한 이야기를 한 이유는 두 가지 위험에 대해 이야기하고 싶어서입니다.

첫 번째는 자신을 하나의 형태로 정의하는 위험입니다. 이러한 방법은 삶을 살아가는 데 매우 편리한 지름길입니다. "나는 원래 그래, 뭐 내가 그렇지"로 모든 일을 합리화할 수 있습니다. 하지만 이는 우리가 관성에 적응하여 나아가고 개선하려는 노력을 수포로 돌립니다. 원래 그렇고 앞으로도 그럴 것이라면 노력할 이유는 없겠죠.

두 번째는 타인에 대한 규정입니다. 상대에 대한 기대치를 설정하고 벗어나지 말라고 경고하는 행위입니다. I이면 I답게 행동하라고 상대에게 요구하는 것이죠. 이런 사회적 압박은 어느 한순간 개인의 상태를 평생 고수하라고 강요하는 일이 됩니다.

소프트웨어 개발은 인간을 이해하여 무엇을 원하는지 발견하고 구현하는 일입니다. 목적을 달성하려면 굉장히 많은 사람과의 협업이 필요합니다. 인간이 언제나 한 상태에 머물지 않음을 이해해야만 효과적인 협업이 가능합니다. 하지만 늘 동일한 한 가지 상태를 가정한다면 어려움에 직면하게 됩니다. "너는 E인데 왜 그래?" "너는 T인데 F처럼 하네?"는 모두 낙인입니다.

그러므로 "MBTI가 뭐예요?"라고 물은 후 "그런데 왜 그래요?" 또는 "그럼 이렇게 하겠네요?"라는 대화는 멈추어야 합니다. 정형화와 범주화의 오류에 빠지지 않도록 사람에 대한 관심과 이해를 높여 가길 바랍니다.

업무와 함께 해야 할 이유도
공유 받나요

효과적으로 협업하려면 정보 공유가 중요합니다. 모든 구성원이 같은 내용을 알고 목적에 공감해야 오해가 발생하지 않으며 조직의 힘을 한 방향으로 모을 수 있습니다. 누군가는 아이디어의 빠른 검증을 목표로 하고, 다른 누군가는 출시 이후 안정적인 운영을 목표로 한다면 프로젝트를 성공적으로 수행하기란 애초에 불가능합니다. 하지만 인간은 자신이 알고 있는 내용은 다른 사람도 알고 있을 거라 착각하고 당연히 공감해 주리라 기대하며 일만 전달하는 실수를 합니다. 중복을 피하기 위해 정제된 정보를 전달하려는 노력이 정보 누락의 원인이 됩니다.

'목적(Why)'에 대한 설명은 아무리 반복해도 지나치지 않습니다. 지시받은 업무를 단순히 수행만 한다면 이는 수동적입니다. 동기부여 요소라 해봐야 지시하는 사람의 의도를 파악하여 맞추는 정도입니다. 지시한 사람이 결과에 만족하며 칭찬해 주길 바라는 상황에서 일의 가치를 찾기란 불가능하며 협업을 통해 더 높은 가치를 추구할 욕구도 생기지 않습니다.

반면 같은 일이라도 일을 해야 하는 이유를 알고 나아가 목적에 공감한 상태라면 목적 달성은 더 이상 지시받은 일이 아니라 하고 싶은 일이자 동료와 함께 달성하기 위해 노력해야 할 대상이 됩니다. 그리고 자신뿐만 아니라 조직원 모두가 해당 목적을 이해하고 공감한 상태라면 협업은 자연스러운 일이 됩니다.

리더는 업무와 함께 맥락을 전달해야 합니다. 소수에게 전달하고 잘 전파되길 기대해서는 안 되며 위신을 세워주기 위해 정보를 소수에게만 전달해서도 안 됩니다. 업무가 가치 있으려면 조직원이 목적을 이해하고 몰입할 수 있도록 지원해야 합니다.

리더로부터 단순히 업무만 지시받은 경우라면 목적에 대한 설명을 요구하길 바랍니다. 다만 "이거 왜 해야 하는데요?"와 같이 오해되는 방법은 역효과가 발생하니 주의해야 합니다. "제가 이해하기에는 이런 목적으로 이 업무를 해야 하는 거 같은데 제가 이해한 게 맞나요?" 수준으로 해당 업무에 몰입하고 싶다는 표현을 사용하면 더 효과적입니다.

자신이 하는 일의 가치를 모르는 것만큼 무의미한 일이 없습니다. 모든 조직원이 공동의 목표 하에 적극적으로 협업하길 원한다면 언제나 '목적'을 전달해 주기 바랍니다.

오피러스 차량을
타봤나요

저는 예전 회사에서 대표이사님의 통역을 하느라 조수석에 타본 적이 있습니다. 상석을 편하게 하기 위해 의자를 최대한 앞으로 당기고 등받이도 앞쪽으로 기울인 상태여서 "탔다"보다는 "구겨져 실려 봤다"가 더 적합한 표현입니다. 자동차 앞 유리에 머리가 닿은 채로 술 취한 분들의 농담을 부족한 영어 실력으로 통역하느라 진땀을 뺐던 기억이 오피러스를 볼 때마다 납니다.

그런 경험을 한 이유는 신제품 홍보를 위해 미국 지사장이 한국에서 발표를 해야 하는데, 동시통역사 비용이 너무 비싸니 한 시간 동안 순차 통역을 해달라는 요청을 받아서였습니다. 통역을 할 수 있을 정도의 영어 실력은 아니었지만 담당자의 간곡한 부탁과 별도의 비용을 주겠다는 제안에 어렵사리 수락했습니다.

발표 때 통역만 하면 될 줄 알았는데 미국 지사장의 한국 일정 전체를 따라다니며 수행 비서 역할도 맡게 되었습니다. 법인 카드를 제공받지 못해서 식사비, 교통비, 술값 등을 개인 돈으로 지불하였는데, 대충 계산해 보니 지급받기로 한 통역비와 비슷해서 그냥 좋은 경험이라 생각하기로 마음먹었습니다. 그러다 행사가 끝나고 밤늦게까지 이어진 술자리의 통역을 마치고 호텔까지 배웅하러 오피러스 차량의 조수석에 구겨져 타게 된 것이죠.

며칠 후 통역을 부탁했던 담당자가 곤란한 표정으로 찾아와서 비용 지급을 할 수 없다는 이야기를 하더군요. 상장사였지만 적자가 나고 있던 터라 그럴 수 있다고 생각했지만 "근무시간에 일한 것인데, 별도 비용을 지불할 수 없고 무리한 요구다"라는 설명을 듣고는 모욕감을 느꼈습니다. 회사에서 먼저 제안을 해놓고는 느닷없이 무리한 요구를 한 사람으로 취급하기에 존중받지 못함을 알게 된 것이죠. "예산이 초과되어 지급할 수 없다"라고 설명해 주었다면 "회사가 어려운 데 도움이 되면 좋지" 하며 기쁘게 끝날 일이었습니다.

이후 전무님이 고생했다며 통역비를 받았는지 물으셔서 받지 못한 이유를 설명했더니 "아~ 비용을 줄여보라 했더니 그 비용을 줄였구만" 하시며 호탕하게 웃고 지나가셨습니다. 통역하느라 참석했던 회의에서 큰 규모의 투자와 손실 이야기를 들었던 터라 직원에게 지급할 몇십 만 원을 부당하다 여기는 모습에서 더 이상 애착을 가지고 근무할 이유가 없어 이직을 결심하게 됩니다.

이직하겠다고 회사에 알린 직후 큰 금액의 연봉 인상을 제안받았지만 '그동안 얼마나 우습게 봤으면 줄 수 있었는데도 주지 않았구나'라는 생각만 들더군요.

다소 극단적인 경험이지만 상호 존중이 얼마나 소중한 것인지를 배운 덕에 상황을 모면하기 위해 남 탓을 하거나 거짓말로 둘러대는 실수는 하지 않습니다. 상호 존중의 필요성을 설명하는 것은 시간 아까운 일입니다. 언제나 존중받고 존중하길 바랍니다.

좋은 소프트웨어를 만들려면
고객과의 긴밀한 협업이 핵심이지만
그게 쉬울까요

인간관계는 언제나 어렵습니다. 특히나 요구사항을 제공하고 이를 받아서 구현하는 경우라면 운동장의 기울기를 잘못 설정하는 사회적 통념 때문에 어려움이 생기고 이를 극복하지 못하면 결국 양쪽 모두 원하는 결과를 얻지 못합니다. 잔뜩 힘과 자원을 들여 노력했지만 좋은 결과라고는 다시 만들어야 하니 새로운 사업 기회를 창조했다는 자조 섞인 농담뿐입니다.

외부 고객과 관련된 흥미로운 경험을 하나 소개하겠습니다. 작은 업체에서 근무할 당시 영업팀에서 외주 개발 프로젝트를 수주했습니다. 계약에 대해 개발팀은 모르고 있던 상태로 개발 일정이 매우 짧은 프로젝트를 급하게 수행해야 했습니다. 짧은 기간도 문제였지만 프로그램 소스코드 권리를 양도한다는 독소조항이 있었습니다. 낮은 금액의 프로젝트에 회사의 핵심 소스코드를 통째로 넘겨야 하는 상황이 되어 버린 것이죠. 개발팀과 머리를 맞댄 끝에 해당 기업이 사용해야 하는 소스코드만 제공하는 해결책을 찾았습니다. 저는 본사에서 라이브러리 작업을 하고 과장님 한 분이 개발 기간 단축을 목적으로 고객과의 긴밀한 협업을 위해 발주처에서 근무를 하게 됩니다.

약 2주 정도 지난 시점에 발주처에서 급한 연락을 받아 불려 가게 되었습니다. 발주처 관리자와 우리 쪽 개발자가 멱살잡이를 한 상황이라 수습이 필요했습니다. 삼궤구고두례(三跪九叩頭禮)[4] 예를 다한 이후 제가 발주처에 상주하며 커뮤니케이션을 담당하게 되었고 최대한 빨리 프로젝트를 마무리하기 위해 노력했습니다.

그런데 또 하나의 걸림돌이 나옵니다. 바로 멱살잡이 대상이었던 관리자의 승인이 있어야만 프로젝트가 완료되는데, 관리자가 모든 소스코드를 자신이 다 이해하고 수정할 수 있어야만 승인을 해주겠다는 조건을 내세웁니다. 개발을 해본 적이 있는지 물으니 C 언어 관련 책을 두 번 정도 본 적이 있다고 하더군요. 뭐, 어쩌겠습니까? 다음 날부터 오전 9시~12시까지 프로그래밍 교육을 제공하기로 하고 오후에는 실습을 하도록 했습니다. 당연히 진도는 나가지 않았고 "별거 아닌데 이상하게 어렵게 이야기한다"고 불평하는 분에게 "아이고, 너무 잘하고 계셔서 개발자로 전직해도 되겠어요"라고 응원하는 인고의 시간이 지나갔습니다. 결국, 일주일 정

---

4 중국 청나라 시대에 황제나 대신을 만났을 때 머리를 조아려 절하는 예법입니다.

도 교육을 받은 후에 더이상 수업이 듣기 싫은 학생의 심정이 되었는지 프로젝트를 승인해 주더군요.

극단적 사례지만 이보다 더한 고객 협업 경험이 있는 분도 많을 것입니다. 심심한 위로와 응원의 말씀을 전합니다.

사용자 가치가 높은 기능을 개발하기 위해서는 요구사항의 정의 단계에서부터 모든 관련 부서가 긴밀하게 협업해야 하며 고객의 적극적인 참여를 끌어내야 합니다. 단순히 요구사항을 전달받는 것으로는 부족합니다. 요구사항 정의는 미래를 상상하는 것이기에 실제 원하는 것과 다를 개연성이 높습니다. 한 번에 모두 계획하는 대신 우선순위가 높은 기능부터 단계적으로 만들어 실제 사용해 보고, 다시 우선순위를 정하여 점진적으로 구현해 나가는 방법이 최선입니다. 그리고 실 사용자인 고객과 모든 과정에서 긴밀하게 협업할 수 있어야 합니다.

고객과의 협업이 원활하지 않다면 스스로를 책망하지 말아야 합니다. 세상에는 어쩔 수 없는 일이 있으며 그럴 때는 겪어 내며 견디는 방법이 최선입니다. 그런 상황에 처해 있다면 자아존중감이 낮아지지 않도록 스스로를 응원해 주길 바랍니다. 저도 항상 응원하겠습니다.

타 부서와 협업하기
쉬운 가요

협업은 좀 더 나은 결과를 만들고 상호 만족감을 높일 수 있는 좋은 방법이지만 어렵습니다. 협업하며 서로를 지지하고 응원하는 이야기만 할 수 있다면 좋겠지만 반대 의견을 이야기하고, 서로를 설득하고, 설득당하기를 거부하는 일은 자주 발생합니다. 실천 가능한 현실적 해법을 찾으려면 서로 다른 의견을 듣고 조율할 수 있도록 반대되는 의견을 이야기하기에 용이한 환경을 조성해야 합니다.

개발 업무의 경우 개발자, 기획자, QA 간의 긴밀한 협업이 필수인데, 열심히 할수록 자주 부딪히고 상처를 남기는 일이 빈번합니다. 개발자와 QA는 기획 내용을 검토하고 대안을 제시하고 기술적으로 구현이 가능한지를 논의해야 합니다. 기획자는 개발자와 QA가 기획 내용을 이해하고 사용자 관점에서 이해할 수 있도록 설명하고 설득해야 합니다. QA는 기획 단계에서 논리적 모순과 사용성에 대한 의견을 내야 하고 구현 단계에서는 기획과 실제 구현된 내용의 차이를 발견해야 하며 비기능 요소에 대해서도 기획자와 개발자가 고려하도록 의견을 제시해야 합니다. 이런 이유로 모두가 열심히 일할수록 상대 입장에서는 부정적인 의견을 내는 것으로 오해될 가능성이 높습니다.

서로 다른 의견을 이야기하고 토론을 해야 더 좋은 현실적 대안을 찾을 수 있으며 이것이 협업의 핵심 가치입니다. 하지만 협업을 추구할수록 지치고 힘이 드는 것 또한 사실입니다. 협업이 좋은 일이기에 쉬울 것이라고 기대하는 일은 근거 없는 낙관주의입니다.

자존감에 대해 과도하다 싶을 정도로 자주 언급하는 이유가 바로 여기에 있습니다. 효과적으로 협업하기 위해서는 서로 다른 의견을 듣고 토론하고 자신이 원하는 결과가 아니더라도 승복하고 지지하여 결과를 만들어 낼 수 있어야 합니다. 이성적으로는 쉬운 일이지만 감정의 인간이 이를 오래 지속할 수는 없습니다. 그렇기에 자존감이 높은 개인이 필요합니다. 자존감이 높아 회복탄력성이 좋다면 타인의 부정적인 의견에 크게 영향받지 않고 온전한 자신을 지키고 성장시켜 갈 수 있습니다. 타인의 부정적인 의견이 개인에 대한 공격이 아닌 현상에 대한 것임을 알기에 일희일비하지 않을 수 있습니다.

자존감을 회복하는 방법에 대해 온전히 주도권을 행사할 수 있는 일을 하는 방법으로 청소 이야기를 했었는데(151쪽 참고), 이 밖에도 개인별로 잘 맞는 방법을 찾아야 합니다 종교, 운동, 취미, 가족, 친구 등 다양한 선택지 중에서 언제나 자신이 존중받을 가치가 있고 완벽하지 않음을 온전히 받아들이는 데 도움이 되는 일을 지속적으로 실천해야 합니다. 인간의 자존감은 유한한 자원입니다. 사용하다 보면 낮아지고 채워주지 않으면 비어 버립니다. 자신을 위해 그리고 함께 협업하는 동료를 위해 스스로의 자존감을 높이는 일을 중요하게 여겨야 합니다.

개인적인 실천 노력 외에도 조직 차원에서 구성원의 자존감을 높이고 유지할 수 있도록 함께 노력해 주어야 효과가 있습니다. 가혹한 환경에 방치해두고 모든 것을 개인이 스스로 해결하라고 요구하는 일은 가혹행위에 지나지 않으며 조직원들은 그 상황을 탈출하거나 만성 무기력증에 빠져 저항하지 못하고 단지 남아 있기만 한 상태가 됩니다. 이러한 문제를 피하려면 구성원의 자존감을 높이는 다양한 지원 활동이 필요합니다.

교육을 통하여 자존감의 정의를 이해하고 스스로 자존감을 지키고 높여 가도록 지원하고, 상호지지와 즐거움을 위해 동일 관심사를 가진 분들끼리 스스로 목적을 정해 모임을 개최할 수 있게 해주는 방법도 효과적입니다. 내향적인 분을 위해 독서비를 지원하는 등 구성원의 다양성을 고려하여 적합한 방법을 선택하여 자존감을 높일 수 있도록 지원해주기 바랍니다.

특이한 고객을
만나 봤나요

윈도우즈 애플리케이션 개발 업무를 할 때인데 제품 설치 후 컴퓨터가 먹통이 되었다는 연락을 받았습니다. 놀란 마음에 춘천까지 한달음에 달려가 보니 모든 컴퓨터 화면에 도스 프롬프트만 깜박이고 있더군요.

자초지종을 들어 보니 불법 소프트웨어 단속을 피하려 포맷을 했던 것이었습니다. 이야기를 듣고 돌아서려니 컴퓨터를 사용할 수 있게 해주고 가야 하는 거 아니냐고 항의를 합니다. 어쩔 수 없이 자리에 앉아 윈도우즈부터 회사 제품까지 수십 대의 컴퓨터에 설치했습니다. 그리고 일어나려니 아래아 한글이 없으면 일을 못한다며 그걸 설치 안 하면 어쩌냐고 타박입니다. 프로그램 CD를 달라고 했더니 없답니다. 그럼 설치를 할 수 없다고 설명하니 "개발자란 사람이 그것 하나 못해주냐"라고 하더군요. 우여곡절 끝에 겨우 사무실에 복귀했습니다.

다음날 한 통의 전화를 더 받았는데 잘 되던 엑셀이 없어졌다며 당신 오기 전까지는 분명히 잘 썼는데 왜 없앴냐며 항의를 하더군요. 그리곤 자신이 협회 고위직인데 이따위로 하면 프로그램 못 팔게 하겠다며 소리를 쳤습니다.

아무리 뛰어난 커뮤니케이션 능력을 갖추었다고 해도 이런 경우에는 무용지물입니다. 이런 경우를 마주하지 않는 것이 최선이죠.

합리성을 기반으로 효과적인 협업이 가능한 환경에서 근무 중이길 바랍니다. 상호 신뢰를 바탕으로 경청하는 일이 그 시작입니다.

편하게 질문할 수 있나요

　참석자가 많은 강연에서 질문을 하려면 큰 용기가 필요합니다. 질문하는 순간 발표자에게 쏠려 있던 시선이 모두 자신을 향하고 심판의 눈초리로 어떤 멍청한 소리를 할지 지켜보는 느낌을 받게 됩니다. '모두가 아는 걸 물어봐서 바보 같다고 생각하지 않을까?' 하는 공포감이 밀려오기에 궁금증 해결을 포기하고 아는 척 침묵하는 선택을 합니다. 사람 수가 적다고 공포감이 사라지는 것도 아닙니다. 소수가 참가한 회의라면 '나만 모르고 있어 무능하다고 생각하면 어쩌지?'라는 공포가 더 커질 수도 있습니다. 청중이야 다시 마주칠 확률도 낮고 나에 대해 아는 것도 없을 테니 차라리 마음 편할 수 있지만 매일 얼굴 보며 함께 일해야 하는 동료가 자신을 멍청하다 생각하는 상황을 상상하면 견디기 어렵습니다.

　새로운 회사에 출근하고 회의에 참석하면 알아듣지 못하는 용어가 많습니다. 공동체 내에서 통용되는 언어라 모르는 사람이 있을 거라 생각하지 못하고 약어와 맥락이 담긴 언어를 사용합니다. 회의하는 중간 말을 끊고 하나씩 물어보기도 애매하고 가만히 듣고 있으면 이해하지 못한 상태로 회의가 끝나버리죠. 빠른 적응을 위해서는 질문을 하고 배워야 하는데 질문하기 어렵다면 회사와 개인 모두에게 불이익이 발생합니다.

질문을 하는 데 어려움을 겪는 분을 보면 질문을 했다가 책망 또는 망신을 당한 경험이 있는 경우가 많습니다. 선생님이 무작위로 부른 번호에 일어서서 친구들이 지켜보는 가운데 모른다고 망신을 당한 경험, 질문에 대한 답은 듣지 못하고 "그런 것도 모르냐"라는 핀잔을 들은 경우, "스스로 좀 찾아보고 해결해야지. 그런 것까지 질문하냐"라는 비난 등 다양합니다. 이런 경험은 내면에 수치심을 만들고 배움에 꼭 필요한 질문하는 능력을 빼앗아 버립니다.

질문은 배움을 위해 꼭 필요합니다. 그러므로 질문을 할 수 있는 용기와 질문을 편하게 할 수 있는 환경이 모두 필요합니다.

개인 차원에서 질문하기가 어렵다면 두려움의 원인을 이해하고 진정한 용기를 내야 합니다. 타인이 자신을 비웃을 것이라는 공포감이 원인이라 오해하지만 실체는 자신이 그럴 것이라고 생각하며 스스로를 옭아맬 뿐입니다. 질문을 비난하는 사람이 있다면 그 사람이 잘못된 행동을 하는 것이므로 의미를 둘 필요가 없습니다. 운이 나쁘게도 질문할 대상을 잘못 고른 것뿐입니다.

컴퓨터 서적 시리즈로 유명한 〈헤드 퍼스트(Head First)〉에는

"세상에 멍청한 질문은 없다(There are no dumb questions)"라는 코너가 있습니다. 제가 이 시리즈를 좋아하게 만든 부분입니다. 세상에 멍청한 질문은 없기에 배우고 성장하기 위해 질문하기를 두려워할 필요가 없습니다. 반대로 "뭐 이런 걸 다 물어봐?" 싶은 질문을 받더라도 상대에게는 중요한 배움의 기회이기에 성심껏 답변하여 배울 수 있는 기회를 제공해야 합니다. 배움을 통해 성장한 동료가 여러분의 든든한 지원군이 되어줄 기회를 놓치지 말기를 바랍니다.

리더는 조직 내에 질문하기 편안한 환경을 조성해야 합니다. 질문을 비난하는 행위가 있다면, 그러한 행위가 상대에게 상처를 주고 협업을 저해함을 인지하고 개선할 수 있게 만들어야 하며, 상처를 받은 사람에게는 본인의 잘못이 아님을 설명하고 질문하는 행위가 얼마나 큰 용기를 낸 것인지를 공감하고 감사를 표해야 합니다. 혹시라도 질문을 하기에 적절하지 않은 시점이었다면 편하게 질문하기 좋은 상황에 대해 설명하고 실천할 수 있도록 도움을 주어야 합니다.

편안하게 질문하고 답변 받으며 지속적으로 성장하는 조직을 만들어 가길 응원합니다.

프로세스로 불편을
겪어 본 적이 있나요

조직이 성장하고 업무가 복잡해지면 효율성을 높이기 위해 프로세스가 도입됩니다. 합리적이고 빠른 의사결정을 위해 "특정 회의에서 논의하고 합의안을 도출하지 못하면 상위 의사결정체의 결정을 따른다"라는 절차를 만드는 식이죠. 하지만 프로세스가 항상 효율적으로 동작하지는 않습니다. 절차 수행에 과도한 시간이 걸리거나 프로세스 단계별 대기가 발생하는 경우가 대표적이죠. 그리고 긴급한 사안임에도 책임을 피하고자 현업에서 처리하지 않고 절차에 따라 상위 의사결정체로 넘기는 일도 일어납니다. 바로 '프로세스의 함정'입니다.

배리 슈워츠(Barry Schwartz)와 케니스 샤프(Kenneth Sharpe)의 공저 〈어떻게 일에서 만족을 얻는가(Practical Wisdom)〉에 소개된 프로세스 함정의 사례는 다음과 같습니다.

아들과 야구 경기를 관람한 아버지는 매점에서 아들에게 줄 레모네이드를 구입합니다. 아버지는 구입한 레모네이드에 알코올 성분이 포함되어 있는지를 몰랐습니다. 아이가 레모네이드를 마시는 모습을 보안요원이 목격하고 구급차를 불러 아이를 병원으로 이송하고 아버지는 경찰에 인계합니다. 아이를 진찰한 의사는 알코올의 흔적을 발견하지 못했고 아이를 귀가시키고 싶었지만 절차에 따라 아동보호소의 위탁 가정에 사흘간 맡깁니다. 이후 재판에서 판사는 아이가 집에 돌아가도 좋다고 판결했으나 아버지는 집을 떠나 호텔에 머물러야 한다는 조건을 달았습니다. 판사도 그런 판결을 원하지 않았지만 절차상 달리 방법이 없었습니다. 결국 2주가 지나고서야 모든 가족이 모일 수 있었는데 아동 학대를 방지하기 위한 법과 절차가 되려 가족의 행복을 해친 결과를 초래하고 말았습니다. 이처럼 프로세스가 문제 해결의 유일한 정답이 아닌데도 생각하기 제일 쉬운 해결책이고 책임 회피에도 유용하기에 자주 선택됩니다.

소프트웨어 개발 프로세스 전담 조직을 운영하는 회사에서 근무할 때의 경험입니다. 프로세스 조직은 회사에서 개발하는 서비스별로 적합한 프로세스를 정립하고 이의 준수를 감시하는 역할을 담당했습니다. 두 개의 프로세스만 존재할 때는 적용과 준수가 비교적 용이했지만 시급성, 안정성, 신규 서비스 추가, 협업 방식의 변경 등 상황에 따라 지속적으로 새로운 프로세스가 추가되었습니다. 결국, 프로세스의 준수가 불가능한 상황이 속출하여 전담 조직은 프로세스 준수의 감독이 아닌 프로세스가 무시될 수밖에 없는 상황임을 승인하는 역할로 변질되었습니다. 프로세스가 도움이 되는 경우는 "(지키지는 않았지만) 프로세스가 시키는 대로 했기에 저는 무죄입니다"와 같은 방어 논리가 필요할 때뿐이었습니다.

전문가들이 선한 목적으로 많은 노력을 기울여 만든 프로세스라도 본래의 목적을 달성할 수 있도록 가꾸고 관리하는 노력이 없으면 걸림돌이 되어 버립니다. 모든 예외 상황을 다룰 수 있는 완벽한 프로세스는 없기에 올바른 판단을 할 수 있는 담당자의 경험적 지혜와 예외 상황에 대응할 수 있는 권한이 필요합니다. 권한을 가진 담당자가 문제를 발견하면 적극적으로 해결하고 프로세스 본래의 목적을 달성하도록 기여할 수 있어야 합니다. 조직은 구성원을 프로세스를 어기고 문제를 만들어 낼 잠재적 위험으로 인식해서는 안 되며 문제를 해결하고 개선해야 할 적임자로 신뢰해야 합니다. 그래야만 실천적 지혜를 가진 전문가들이 책임감을 가지고 지속적으로 개선해 나갈 수 있습니다.

프로세스의 형식이 아닌 목적을 이해하고 실무자가 권한을 가지고 개선해 나가는 조직을 만들어 가기 바랍니다.

프로젝트에 관심을 갖는 사람이
많으면 좋을까요

과도한 관심이 문제가 되는 경우가 있는데, 특히 사용자가 아닌 조직의 이익을 우선할 경우에 그렇습니다.

예전 회사에서 모바일 프로젝트가 전사의 주목을 받았습니다. 이에 모든 서비스를 신규 모바일 앱에 연동하려는 시도가 이어졌고 결국 출시된 앱은 초기 화면에서 모든 서비스 데이터를 끌어오느라 로딩 속도가 매우 느려 사용자의 외면을 받았습니다. 담당하는 서비스의 이익을 위해 신규 앱에 연동하는 목표 대신 앱에 넣으면 좋을 서비스의 기능이 무엇일지 고민하고 제공해 주었다면 결과가 달랐을지 궁금합니다.

사용자의 가치를 최우선에 두고 조직 역량을 모으는 일은 이처럼 어렵습니다. 자신의 주장이 개인의 이익을 위한 것인지, 조직 이기주의인지, 진정 고객을 위한 것인지를 판단하려면 객관화와 협업이 필요합니다. 인간은 자기합리화에 매우 뛰어나기에 "이건 고객과 서비스 성공을 위한 일이고 그래서 꼭 우리 기능을 넣어야 해"라며 합리화하여 믿기 때문입니다.

특정 기능을 염두에 두고 논의를 시작하는 대신 사용자에게 무엇이 필요할지 때론 무엇을 없애 주어야 할지를 함께 고민하는 일이 '사용자 중심'의 실천입니다.

〔쏘카〕의 일하는 방식에는 "차가 아닌 고객의 가치를 우선하라"가 있습니다. 우리 스스로 자기 합리화에 빠지는 우를 막기 위한 방법이죠.

피곤함을
느끼나요

의지를 발휘하거나 자기를 통제하는 것은 피곤한 일이며 무엇인가 억지로 해야 하면 자기통제력을 발휘하기 어렵습니다. 이런 현상을 '자아 고갈(Ego Depletion)'이라고 합니다. 만일, 다음과 같은 증상이 있다면 자아 고갈 상태이니 완벽하게 일을 차단하고 충분한 수면과 개인적인 행복을 위한 투자를 통해 회복해야 합니다.

- 평소와 다른 식습관(불규칙한 식사, 폭식, 자극적인 음식 선호 등)
- 충동적인 구매
- 심기를 건드리는 행위에 과도하게 민감하게 반응
- 운동하는 시간이 짧아짐(힘든 육체 활동을 빨리 포기하는 상황)
- 업무의 결과물이 만족스럽지 않음

조직에서 자아 고갈이 발생하지 않도록 관리하고 회복의 중요성을 이해하여 효과적인 협업이 가능하도록 지원하길 바랍니다.

협상에 대한
교육을 받아 봤나요

어느 조직이나 협업과 효과적인 커뮤니케이션은 중요합니다. 조직이 급격하게 성장하는 경우에 특히 신구 인력의 조화를 위해 교육이 필요하죠.

이전 회사에서 전 직원을 대상으로 하는 본 교육 전에 시범교육을 받게 되었습니다. 강사님은 대기업 총수들에게 강연할 정도로 유명한 분이었는데, 총수들을 대상으로 하는 교육에서 촬영했던 영상을 자료로 활용하며 친분관계를 자랑스럽게 소개했습니다.

그런데 협상의 기법이 같은 회사에 재직 중인 동료들에게 사용하기에는 불가능한 내용으로 보였습니다. 예를 들자면 "상대에게 장기적인 이익을 제공하는 것처럼 착각하게 하고 단기적인 이익을 얻는 협상을 이겨라"와 같은 방식으로 수단과 방법을 가리지 않고 양보를 얻어내는 기법이었습니다.

'저걸 매일 얼굴 보고 살아야 하는 같은 회사 사람에게 사용하라는 건가?' 이렇게 생각하던 중 이번에는 수용하기 어려운 내용을 이야기하더군요. "자리가 불편하면 빨리 끝내고 떠나고 싶어 하니 상대를 불편하게 하라. 중공이 미국과 협상할 때 재떨이에 침을 계속 뱉어 역겹게 만들어 성공한 사례가 있다."

이걸 전 직원이 교육받은 후 회의실마다 바닥에 침을 뱉으며 서로를 불편하게 하기 위해 노력하는 장면을 상상하니 강사님에게 확인이 필요했습니다.

"죄송한데, 오늘 배운 내용 중에 장기간 신뢰관계를 구축해야 할 같은 회사 직원끼리 사용할 수 있는 게 있나요? 지금까지는 다시는 얼굴 안 볼 사이에 적용할 방법을 소개해 주셨는데 이후에는 다른 내용을 알려주나요?"

오후 교육에는 다른 내용을 소개하겠다고 답변을 주었지만 불행히도 그런 일은 없었습니다. 약육강식의 비즈니스 상황에 최적화된 교육이라 목적이 달랐던 것이죠. 다행히 전사 교육은 진행되지 않았습니다.

가끔 '침 좀 뱉어 볼까' 하는 유혹에 빠지게 되는 부작용이 생겼는데, 용케 참아내며 살고 있습니다. 협상 대신 두터운 상호 신뢰와 솔직한 의사소통을 기반으로 협업을 추구할 수 있기를 바랍니다.

협업을 잘하려면
무엇이 필요할까요

협업은 (작은 단위에서는) 개인들의 상호작용부터 팀, 부서 나아가 회사까지 규모가 다양합니다. 모든 규모에서 효과가 있는 요소는 개인의 자존감(자아존중감)입니다. 자존감이 높다면 환경적인 어려움이 있어도 자신과 동료를 성장시키고 함께 만들어 내는 가치를 추구합니다. 하지만 아무리 자존감이 높아도 잘못된 문화에 상시 노출되면 자존감은 낮아지고 결국 조직을 이탈합니다. 모든 구성원이 효과적으로 협업하는 조직문화 없이 개인의 역량에만 의존하는 협업은 파도 앞에 써 놓은 맹세의 글귀에 지나지 않습니다. 상징적 선언이 아닌 협업을 권장하는 조직문화와 제도를 만들고 키워 나갈 때 생산성과 구성원의 만족도를 높여 함께하고 싶은 조직을 만들 수 있습니다.

팀원 간 협업이 활발해지려면 구성원이 안전함을 느낄 수 있는 조직문화가 필수입니다. 구성원이 조직 내에서 안전하다고 느끼려면 조직이 추구하는 가치와 이를 달성하는 태도에 대한 명확한 선언과 실천이 필요합니다. 협업을 강조하지만 상대평가를 하고, 최고의 실적을 올리는 사람만 우대하고, 다른 사람을 차별한다면 협업은 성공을 방해하는 요소로 인식됩니다. 자신의 성공을 위해서라면 정보를 독점하는 편이 유리합니다. 나아가 타인이 실패해야만 상대적으로 우월한 위치를 차지할 수 있습니다. 이런 조직문화에서 성공이란 자원을 독점하고 타인의 실패를 적극적으로 유도해야 달성할 수 있습니다. 드라마 〈미생〉의 악랄한 부장이 성공하는 회사를 만들고 싶지 않다면 개인의 역량을 최대한 끌어올리려는 시도가 상호 견제와 경쟁으로 귀결되지 않도록 주의해야 합니다. 조직은 협업을 통해 이루어 내는 성과가 가치 있다고 선언하고 모든 제도가 이를 뒷받침해야 합니다.

조직이 협업을 어떤 관점으로 보는지는 성과평가 방법에서 명확하게 드러납니다. 협업을 권장하고 싶다면 성과평가는 개인의 역량, 개인의 성과, 조직의 성과를 모두 고려해야 합니다. 조직의 상황에 따라 평가 요소의 가중치는 조정할 수 있지만 조직 성과 또는 협업에 대한 가중치가 0이 되어서는 안 됩니다.

성과평가를 통한 협업의 도모는 매우 효과적이지만 성과평가 방법을 변경할 권한이 있는 분은 많지 않습니다. 성과평가 방법을 변경할 권한이 없다면 통제할 수 없는 일 대신 할 수 있는 일에 집중하길 권장하지만 이번에는 다릅니다. 평가 방법을 바꾸지 않더라도 제한적이지만 목적을 달성할 방법이 있습니다.

상대평가를 하는 조직이라도 평가 권한은 1차적으로 팀 리더에게 있습니다. 팀 리더가 팀원에게 명확한 평가 기준을 제시하며 '협업'을 핵심가치에 놓고 평가하면 상대평가라도 협업을 잘한 사람이 좋은 평가를 받게 되어 구성원의 동기부여 요소를 조정할 수 있습니다. 누군가와 비교하여 우열을 가리는 방법이 마음에 들지 않더라도 상호 비교의 기준은 리더가 결정할 수 있으니 틀 안에서 협업의 가치를 강조할 수 있습니다. 구성원들은 조직 내에서 어떠한 행동을 하는 사람이 높은 평가를 받는지 이해하고 자신의 행동 양식을 맞추게 됩니다.

평가 권한이 없는 경우에도 실천할 수 있는 영역이 있습니다. 협업을 잘 하는 인력은 좋은 평판을 얻습니다. 이러한 평판은 비공식적이지만 조직에서 영향력이 확대되고 높은 성과와 구성원의 지지를 이끌어 낼 수 있습니다. 이렇게 노력해도 조직에서 인정하지 않는다면 높아진 지지와 함께 새로운 기회를 탐험할 수 있습니다. 탐험에는 자발적으로 참여하고자 하는 동료가 함께 할 것입니다.

협업하기
쉬운가요

효과적인 소프트웨어 개발을 위해 협업을 강조하는 이유는 역설적이게도 그만큼 어렵기 때문입니다. 협업의 장점을 누구나 알고 있고 효과적인 협업을 위한 여러 방법이 소개되어 있는데도 소프트웨어 개발 프로젝트에서 효과적인 협업이 이루어졌다는 이야기를 듣기는 매우 힘듭니다. 왜 이런 일이 벌어지는 것일까요? 여러 복잡한 이유가 있겠지만 최종적이고 직접적인 저해 요소는 바로 '화(火)'입니다. 상호 협조적이지 않은 상태가 지속되면 서로에게 '화'를 내게 되고 결국 협업이 아닌 서로를 파괴하는 일이 벌어지고 맙니다.

화가 나면 완전히 이성을 잃고 상대방을 해칠 수만 있다면 어떠한 희생도 감내하겠다는 생각에 사로잡히고 논리와 합리성은 아무런 효과도 발휘하지 못합니다. "인간은 합리적인 존재가 아니라

합리화하는 존재일 뿐이다"[5]라는 레온 페스팅거(Leon Festinger)
의 표현이 이를 잘 설명합니다.

사회심리학자인 레온 페스팅거의 '인지부조화 이론'에 따르면
인간은 양립 불가능한 생각으로 심리적 대립이 발생한 경우 자신
의 믿음에 근거해 행동을 바꾸기보다 행동에 따라 믿음을 변경합
니다.

페스팅거는 거짓말하는 대가로 어떤 사람에게는 20달러를, 다
른 사람에게는 1달러를 지불하는 심리학 실험을 진행했습니다.
1950년대의 20달러는 현재 가치로 약 160달러에 해당하므로 거
짓말 한 번의 대가로는 상당히 높은 보상입니다. 그러나 놀랍게
도 이 실험에서는 작은 보상을 받은 사람이 오히려 자신의 거짓말
을 고수하는 경우가 많았습니다. 이는 일반적인 상식을 완전히 뒤
엎는 결과입니다. 20달러를 제공받은 사람은 자신이 거짓말을 하
는 이유가 그에 합당하는 충분한 비용을 받았기 때문이라고 쉽게
인지할 수 있어 거짓말을 고수하지 않았지만 1달러를 받은 사람은
자신이 그렇게 작은 돈에 신념을 팔아먹었음을 부정하기 위해 차
라리 자신의 신념을 행동에 맞추어 버리는 결정을 한 것입니다. 이
것이 바로 '인지부조화의 결과'입니다.

인지부조화를 이해하면 소프트웨어 개발 프로젝트에서 작은 이

---

5 출처: https://lnkd.in/gb4DBpax

견의 조정이 더 어려운 이유를 알 수 있습니다. 큰 차이도 아니고 충분한 근거를 제공해도 상대가 사소한 부분에 집착하는 이유는 사소한 일에 신경 쓰는 치졸한 사람이 되고 싶지 않아 사소한 것을 중요한 것으로 인지해 버리는 인지부조화가 발생하기 때문입니다. 그러므로 간단한 이견의 조정이 쉬울 것이라는 편견은 버려야 합니다.

소프트웨어 개발에서 화가 자주 발생하는 원인은 무엇일까요? 이를 이해하려면 먼저 소프트웨어 개발에 참여하는 참여자의 역학관계를 살펴봐야 합니다. 각 역할별 담당자는 자신이 담당하는 산출물을 생산하는 것이 1차적인 업무입니다. 하지만 산출물 생산을 완료했다고 업무가 끝나지 않습니다. 자신의 산출물을 타인에게 인도하고 이해시키거나 설득하는 작업이 필요합니다. 예를 들어, 기획자의 경우 기획서를 작성하고 해당 기획서를 개발자, QA 등 관련자에게 전달하고 설명해야 합니다. 또한 기획서대로 개발이 진행되는지 확인이 필요합니다. 기획서를 개발자와 QA에게 처음 공개하고 설명하는 상황을 생각해 보죠. 기획자는 기획 내용이 매우 효과적으로 전달되고 환영받을 것이라고 기대하겠지만 실상은 그 반대인 경우가 더 많습니다. 개발자로부터 구현이 불가능하다는 반대 의견을 듣기 쉽고 여러모로 기획서의 문제점을 지적받는 경우가 발생합니다. 당연히 기획 내용을 오랜 시간 고민해 온 기획자에게 반대 의견이 달가울 리 없습니다. 개발자의 경우도 코딩을 완료하고 기획자와 QA에게 데모를 할 때 완성된 기능에 대한 칭찬보다는 오류나 기획서와 다르게 구현된 사항을 지적받는 경우가 일반적입니다. 이런 상황에서 개발자도 기분이 좋을 리 없습니다. QA의 경우 소프트웨어의 오류를 찾아내면 개발자에게 "그럴 리가 없는데? 제 자리에서는 잘 돼요"라는 말을 흔히 듣습니다. 힘들게 오류를 찾아내고 재현 과정을 기록한 노력이 그 한마디의 말로 부정되니 기분이 좋을 리 없습니다.

하지만 위에서 언급한 과정은 자신이 보지 못하는 부분에 대해 타인의 피드백을 받아 보완하는 과정입니다.

소프트웨어를 효과적으로 개발하려면 다른 역할을 수행하는 담당자의 관점을 공유 받아야 하므로 여러 의견이 나왔다는 것은 역할별 업무가 잘 수행되고 있다는 증거입니다. 문제는 그로 인해 잉여가치가 생산되지 못하고 서로 화만 돋우는 것입니다. 열심히 일한 결과를 누군가는 열심히 비판해 주어야 소프트웨어를 제대로 개발할 수 있습니다. 하지만 이러한 작업을 서로에 대한 비난으로 받아들여 화가 나게 되면 협업은 요원한 일이 되어 버립니다.

소프트웨어 개발에 있어 협업은 이와 같은 근본적인 어려움이 있어 열심히 일할수록 서로에게 상처를 남깁니다. 먼저 칭찬하고 부드럽게 문제를 지적하라는 충고는 임시방편일 뿐입니다. 제대로 해결하고 싶다면 문제의 근원을 인식하고 인정해야 합니다. 결국 화가 날 수밖에 없다는 것을 인지하지 못하고 화를 다룰 수 있는 방법을 알지 못한다면 소프트웨어 개발에서 협업은 불가능합니다.

화를 효과적으로 다루려면 '자아존중감'이 필요합니다. 자아존중감이 높으면 외부의 부정적 견해에 크게 영향받지 않으며 상처를 입더라도 높은 회복탄력성으로 인해 빠르게 안정된 상태로 복귀할 수 있어 화의 유해함을 피할 수 있습니다. 이와 함께 자아존중감이 유한자원임을 이해하는 일도 중요합니다. 자신을 돌보지 않으며 무한한 자아존중감을 기대하는 일은 몸에 해로운 일만 하며 영원히 건강할 수 있다고 과신하는 행위와 동일합니다. 언젠가 비싼 대가를 일시불로 치러야 하는데, 대개 돌이킬 수 없는 관계의 파멸이나 번아웃입니다. 동료에게 자아존중감을 잘 챙기라고 말하는 만큼 스스로의 자아존중감을 돌보기 바랍니다. '종교' '내면의 성숙' '취미' 등 개인에 따라 차이가 있겠지만 자신에게 잘 맞는 방법을 꾸준히 실천해야 합니다. 자아존중감이 고갈되지 않도록 항상 관심을 가지고 지켜주기 바랍니다.

화나는 일이
많죠

지하철 출입문이 열리기도 전에 내리겠다고 뒤에서 미는 사람, 내리기도 전에 먼저 타겠다고 밀고 들어오는 사람, 출입문을 막고 비켜 주지 않는 사람 등 지하철 탑승이란 간단한 과정에서조차 화나는 일이 자주 생깁니다.

이런 상황에서 화를 참지 못하고 사회면 뉴스 기사에 날 법한 끔찍한 복수를 하고 싶은 욕망에 사로잡히고 심지어 실천을 하는 분도 있습니다. 화에 취하면 논리와 합리성이 동작하지 않기 때문입니다.

화가 유용하며, 잘 활용하면 득이 되고, 부당함에 대해 화를 내야 한다는 반론도 있습니다. 화를 내면에 쌓아 두면 해소되지 못한 분노가 일순간 폭발하여 더 위험하다고 주장합니다. 일견 설득력이 있어 보이지만 사실이 아닙니다. 강조하건대 화를 통해 얻을 수 있는 긍정적인 요소는 없습니다. 화를 내는 행위는 상대방을 자극하여 같이 화를 내게 만들어 어떤 형태로든 자신에게 되돌아옵니다. 그러므로 자신에게 해를 입히지 않고 해소할 방법을 찾아야합니다. 혹자는 화가 난 상태에서도 이성의 통제 하에 화를 전략적도구로 사용할 수 있다고 주장하지만 이성이 통제하는 상태라면화가 난 것이 아니므로 이 또한 틀린 말입니다.

세네카는 화를 퇴각 신호를 무시하는 병사에 비유하며 효과가없음을 설명합니다.

"미덕은 악덕의 도움을 필요로 해서는 안 되며, 그 자체로 충분하다. 공격적인 행동을 할 필요가 있을 때면 미덕은 화를 내듯 폭발하지 않고 자연스레 솟아 나와 꼭 필요하다고 생각되는 만큼만 흥분하고는 이내 원래의 평정심을 되찾는다. … 만일, 화가 이성의말에 귀를 기울이고 이성이 이끄는 대로 따른다면, 그것은 더 이상 화가 아니다. 만일, 화가 이성에게 반항하고 이성이 명령을 해도 수그러들지 않고 사나운 욕망에 이끌려 간다면, 화는 마치 퇴각 신호를 무시하는 병사처럼 마음에게 아무런 도움도 되지 않는부하일 것이다."

– 〈화에 대하여〉, 세네카 저, 김경숙 역, 2013, 사이 –

화를 이용해 당장의 긍정적인 효과(상대방의 굴복, 자신의 의견 관철 등)를 얻었다고 할지라도 이는 착시효과일 뿐입니다. 특히, 긴밀한 협업이 수시로 필요한 상황이라면 더욱 그렇습니다. 상대방의 화에 패퇴한 경우라면 복수의 기회를 잡기 위해 노력하게 되어 종래에는 긍정적인 효과가 없습니다. 화는 앙갚음을 목표로 하기에 언제든 복수를 하기 때문이죠. 화는 협업과 상호 신뢰를 파괴할 뿐입니다.

잘못됨을 바로잡는 행위(질책, 質責)를 화로 오인하고 화가 필요 악이라고 주장하는 경우도 있습니다. 하지만 질책은 상대방에 대한 앙갚음이 목표가 아니며 상대에게 해를 끼치지 않고 잘못을 고치는 활동입니다. 세네카는 가급적 부드러운 말로 사람의 행동을 올바르게 이끌어 질책을 받는 사람으로 하여금 잘못을 버리고 올바른 것을 추구하게 해야 하며, 이것이 통하지 않을 경우 좀 더 강경한 어법을 사용할 수는 있지만 이는 어디까지나 훈계의 수준에서 멈추어야 한다고 합니다. 그리고 이러한 모든 방법이 효과가 없을 때 마지막으로 사용할 수 있는 방법이 형벌이지만 그 경우라도 돌이킬 수 없는 형벌을 가해서는 안 된다고 설명합니다. 이해를 돕기 위해 질책과 화를 구분하지 못해 발생한 비극을 공유하겠습니다.

높은 기술력과 경험이 많은 관리자가 있었습니다. 관리자는 조직원의 발전을 위해 강한 질책을 이용해야 한다고 믿어 수시로 조직원을 질책했습니다. 관리자는 질책을 통해 조직원이 발전한다고 믿었으므로 그런 자신을 모든 조직원이 존경하리라 기대했습니다. 하지만 질책이라고 표현한 행동의 실체는 이성을 잃고 화를 내는 일이었습니다. 많은 사람이 지켜보는 가운데 인신공격을 했고 사무실이 떠나가라 소리를 지르며 물건을 집어 던지기도 했습니다. 정상적인 질책이 아닌 자신의 분노를 이기지 못한 행동입니다. 이런 일이 반복되자 관리자와 조직원의 관계는 회복이 불가능해졌습니다. 그 결과 관리자의 화에 지친 능력 있는 조직원들이 팀을 이탈하기 시작했습니다. 이런 상황임에도 관리자는 자신의 문제라 생각하지 않았고 진심을 몰라준다며 강한 불만을 표출한 끝에 다른 사람에게 책임을 전가하고 해고하려 시도했습니다. 결국 분노한 조직원들은 여러 방법을 동원하여 관리자의 문제를 제기했고 결국, 관리자는 회사를 떠나야했습니다.

관리자의 만행이 널리 알려진 터라 옹호하는 이는 없었습니다. 하지만 비극은 관리자에게만 국한되지 않았습니다. 조직원은 잘못한 관리자에 대한 문제 제기 방법으로 관리자의 화내는 방법을 답습했습니다. 정당한 항의를 하면서 화를 내고 조직을 비난하는 방법을 사용하는 실수를 한 거죠. 그 결과 해당 조직원들에게는 '관리자가 그런 행동을 하도록 유도한 사람들'이라는 오해가 낙인 찍히고 결국 조직은 해체되었습니다.

이 사례에서 관리자는 자신의 권한을 강화하고 조직원을 지도하기 위해 질책(質責)을 이용한다고 생각했지만 실제로는 질책이 아닌 화를 냈을 뿐입니다. 화를 통해 관리자가 얻은 것이라고는 화(禍)를 입은 일뿐입니다. 조직원의 경우도 화를 항의와 혼동했습니다. 일견 문제 있는 관리자를 몰아내는 성과를 올린 듯이 보였지만 '나쁜 평판' '조직 해체'라는 심각한 손해를 입고 말았습니다. 위 사례를 통해 강조하고 싶은 것은 화는 올바른 도구가 아니며 화를 통해 얻을 수 있는 이익은 없다는 것입니다. '질책'과 '항의'가 '화'와 '다름'을 이해해야 합니다.

고용노동부는 '직장 내 괴롭힘'을 방지하고 노동자의 인권과 노동권을 보장하기 위해 법률을 만들었으며 회사는 적합한 절차를 갖추고 있어야 합니다. 화를 이용하는 대신 조직을 신뢰하고 시스템을 활용하길 추천합니다.

효과적으로
대화할 수 있나요

사람은 주변 사건에 대해 매우 빠르게 의사결정할 수 있도록 진화해 왔습니다. 그 덕에 매우 많은 일을 높은 효율로 처리할 수 있습니다. 무엇을 할지, 무엇을 먹을지, 사람의 첫인상 등에 대해 인지 못할 정도로 빠르게 의사결정을 합니다. 이런 놀라운 효율 덕에 인간이 지구의 지배 종이 될 수 있었겠죠.

하지만 이런 빠른 의사결정에는 부작용이 있습니다. 인간의 기억도 마찬가지인데 바로 '추상화'와 '일반화'입니다. 기억을 예로 들어 보면 인간은 모든 사건을 그대로 기록하는 방식이 아니라 중요한 맥락만 기억합니다. 그리고 회상할 때에는 주요 맥락을 기준으로 비어 있는 영역을 최근 경험을 바탕으로 채워 넣습니다. 즉, 회상할 때마다 매번 다른 버전의 영화를 상영하는 것과 같습니다. 심지어 자신이 경험하지 않은 일도 기억으로 남길 수 있습니다. 어린 시절 이야기를 자주 듣다 보면 해당 사건을 자신이 기억하고 있다는 착각을 하게 됩니다. 이런 만들어진 기억에서는 자신의 모습을 제3자가 관찰하듯 생생하게 볼 수 있습니다. 심지어 그 상황에 어떤 얼굴 표정이었는지도 기억하죠. 이는 당연히 말이 안 됩니다. 외부에서 제공한 정보를 기반으로 만들어진 기억일 뿐이죠. 그래서 동일한 여행을 다녀온 친구와 이야기하더라도 서로의 기억이 달라 "네가 맞네, 내가 맞네"를 하게 됩니다.

판단도 그렇습니다. 우리는 정확한 사실을 판단한다고 생각하지만 사실은 관찰을 빠르게 추상화하고 일반화할 뿐입니다. 그리고 이것을 진실한 판단이라고 믿습니다. 예를 들어 보죠 "비가 와서 미끄러운 거리를 누군가 빠르게 걷다 넘어집니다." 이런 상황이라면 "누군가 넘어졌구나"가 전부입니다. 하지만 우리의 뇌는 이를 판단으로 바꿉니다. 맥락에 따라 '비가 오는데 급하게 가다니 칠칠맞은 사람' '성격 급한 사람' '운동 신경이 없는 사람'과 같은 식으로 일반화합니다. 그 사람을 다시 마주칠 일이 없다면 이런 판단이 크게 해를 끼치지 않겠지만 자주 만나는 사이라면 그 순간의 짧은 판단은 앞으로 관계에 중요한 준거로 작용합니다. "밥알을 흘리다니 그럴 줄 알았어. 칠칠맞은 녀석"이 되어 버리는 거죠.

하지만 인간의 지각은 워낙 순식간에 판단을 해버리기에 이를 막기란 불가능합니다. 차라리 이런 속성을 인지하고 타인에게 언어로 표현하는 과정에서 신중하고 논리적인 자아가 개입할 수 있게 해주는 편이 실천 가능합니다. 이는 훈련이 필요하며 매우 어렵습니다.

회사에서 상처받은 사람이 넘쳐 나고 오해를 풀자고 이야기할수록 자기방어적인 논리와 이를 공격하는 논리가 지배하게 되는 이유가 바로 인간 진화의 슬픈 결과물입니다. 예를 들어, 평가 면담에서 A에게 "당신은 업무를 열심히 하지 않고 늘 게으름을 피웠습니다"라는 피드백을 주었다고 가정해 보죠. 리더는 자신이 관찰한 사실을 바탕으로 피드백을 주는 것이라 진실되다고 생각할 것입니다. 하지만 피드백을 받는 A의 입장에서는 억울합니다. "게으름을 피운 적이 있지만 늘 그런 건 아니고 또 이런저런 사정이 있었고 잠시라도 열심히 했던 때도 있는데 그건 고려하지 않고 이런 피드백을 주다니 리더가 나를 싫어하는 게 분명해"라고 A도 판단을 해버릴 것입니다. 이후의 면담이 서로를 성장시키는 용도로 잘 활용되지 못할 것이 불 보듯 뻔합니다. 하지만 우리가 겪는 대부분의 면담은 이런 식입니다.

이를 예방하고 효과적으로 대화를 나눌 수 있다면 우리는 더 안전하고, 행복하고, 협업하며 어울려 살 수 있습니다. 비단 회사뿐 아니라 모든 교류의 영역에서 말이죠.

이런 종류의 문제를 단기간에 해결하기는 어렵습니다. 그리고 누구 한 명 바뀐다고 해결되는 문제도 아니죠. 경쟁을 부추기는 사회에 살며 더 빠르게 판단하고 논리로 상대를 몰아붙이는 것만이 능사라 훈련받아 왔는데 이것이 나쁘다고 하니 인정하기조차 쉽지 않습니다. 하지만 함께 지속적으로 성장하려면 상대에게 상처 주지 않고 대화하는 법을 꼭 배우고 실천해야 합니다.

상처를 주지 않는 대화[6]는 마셜 로젠버그(Marshall B. Rosenburg) 박사가 1960년부터 시작한 대화 방법으로 첨예한 이해관계의 국제분쟁 지역에서 효과적인 협상을 위한 기초로 활용되었습니다. 2015년에 타계하셨는데 그간의 노력에도 인간 사회가 아직도 전쟁과 갈등으로 시름하고 있어 마음이 편치 않으리라 짐작합니다. 하지만 자신부터 시작하는 변화는 언제나 옳습니다. 두 권의 책(〈비폭력대화〉 〈상처 주지 않는 대화〉)과 로젠버그 박사의 〔상처주지 않는 대화〕 입문 과정을 추천합니다. 개인의 관계 개선에 도움이 되길 기대합니다.

---

6 국내에는 비폭력대화로 번역되었지만 폭력이 주는 강한 어감에 거부감을 느끼는 분이 많아 이 표현을 대신 사용했습니다.

[자료 14] 도서: 비폭력대화(https://lnkd.in/g3tcdmvA)

[자료 15] 도서: 상처 주지 않는 대화(https://lnkd.in/gCSynVkF)

[자료 16] 로젠버그 박사의 비폭력대화 입문과정(https://lnkd.in/gY64wQwB)

리더의 생각

4부

소프트웨어 개발

TDD를
사용하나요

2000년대 중반 TDD(Test Driven Development)를 소개하러 다닐 때만 해도 5년 내에 모든 개발자가 TDD를 활용할 것이라고 호언장담했습니다. 나아가 TDD를 하지 않는 개발자는 취업도 어려울 거라고 이야기했죠. 하지만 2022년인 지금도 TDD에 대한 논쟁과 거부가 존재합니다.

TDD의 가장 큰 실수라면 '테스트'를 이름에 붙인 거라 생각합니다. '테스트'라는 단어가 강한 선입견을 만들어 버린 거죠. 테스트는 개발을 끝나고 QA가 해주는 일이라는 잘못된 오해가 만연한 현실에서 존귀한 개발자에게 테스트나 만들라고 하니 심사가 뒤틀린 분이 있는 모양입니다. 나아가 "유지 보수 비용이 더 든다." "개발 비용도 더 든다"라는 그럴 법한 핑계도 있죠. 게다가 실천하는 과정에서는 자신의 관성에 저항해야 하는 어려움도 있습니다. 사람의 사고방식은 직관에 따라 자유롭게 여기저기를 헤매고 다니는데 TDD는 한 번에, 단 한 가지에만 집중하게 만듭니다. 머릿속에 팝콘처럼 터져 나오는 아이디어가 창의력이고 자신의 능력이라 믿는 마당에 한 번에 한 가지에 집중하라니! 자신의 창의력을 죽이고 억압하는 행위라고 오해합니다.

예를 들어 보겠습니다. '사람'이라는 클래스가 있고 '쉬다'라는 메서드가 필요합니다. 개발자의 뛰어난 뇌는 '쉬다'를 코딩하는 중에 '먹다' '놀다' 등 다양한 기능이 곧 필요해질 것이라고 끝없이 속삭이고 개발자는 아직 필요하지도 않은 기능을 만든 후에 만족합니다. 하지만 '먹다' '놀다'가 사용될 가능성은 낮습니다. 필요해서 만든 게 아니라 필요할 거라고 예상해서 만들었기 때문이죠(인간은 미래를 추정하는 일에 매우 취약합니다). 안 쓰이는 기능을 만들었으니 개발자의 리소스는 낭비되었습니다. 하지만 더 큰 문제는 이제부터입니다. 사용하지 않는 데드코드(Dead Code)는 삭제해야 합니다. 아니면 불필요하게 읽느라 다른 개발자의 시간을 낭비시킵니다. 하지만 개발자는 코드 지우기를 싫어하죠. 아깝고 언젠가는 쓰일 거라는 기대에 그대로 둡니다. 결국 별거 아닐 것 같은 데드코드는 영원히 살아남아 회사의 자원을 갉아먹어 버립니다.

이런 관점에서 TDD는 개발자가 꼭 필요한 일에 집중할 수 있게 해줍니다. 그리고 코드의 동작을 설명해 주는 '동작하는 스펙'이 개발과정에 만들어집니다. 어떤 레벨이라도 자동화된 테스트가 있다면 코드를 이해하는 데 큰 도움을 주고 시간을 절약해 줍니다.

오래된(Outdated) 문서를 읽거나, 쓸데없이 느린 디버거를 켜고 한 단계씩 따라가며 이해하느라 시간을 낭비할 필요가 없죠. 게다가 디버거를 이용하는 일은 반복성도 없으니 시지프스의 형벌처럼 디버거를 켜야 합니다. 즉, 귀중한 개발자의 시간을 매번 비슷한 일에 낭비하게 된다는 거죠. 하지만 자동화 테스트는 입력값만 바꿔도 코드 동작에 대해 쉽게 이해할 수 있고, 자동화 테스트를 예제 삼아 필요한 기능을 빠르게 구현할 수 있습니다. 회귀 오류를 잡아 주니 리팩토링을 맘 놓고 할 수 있는 것은 덤입니다.

TDD를 하면 버그가 적게 발생한다는 설명은 선후 관계가 잘못된 설명입니다. TDD는 개발자가 필요한 만큼만 만들고 집중하게 도와줍니다. 이게 가장 중요한 핵심입니다. 부수적으로 자동화 테스트가 만들어져서 이걸 이용해 리팩토링을 할 수 있어 언제나 깔끔한 코드를 커밋할 수 있습니다. 코드가 깔끔하고 동작하는 스펙도 있으니 다른 개발자가 코드를 수정할 때 쉽게 수정할 수 있고 실수도 줄일 수 있습니다. 그래서 버그가 적게 발생할 수도 있고 더 빨리 버그가 발견될 수도 있습니다.

TDD를 단지 오류를 줄이기 위한 수단이라고 설명하고 이를 반대하는 일이 더 이상은 없기를 기대하며 글을 마무리하겠습니다.

개발자 면접을
해본 적이 있나요

〔네이버〕에서 경력자 채용을 진행하던 시절에는 이력서를 인사팀에서 먼저 검토한 후 기술면접을 진행했습니다. 그래서인지 이력서가 정말 화려한 분이 많았고 매번 "배울 수 있는 기회라 너무 기대된다"라는 생각에 면접시간이 기다려졌습니다.

기술면접은 가볍게 인사를 나누고 긴장을 완화할 목적으로 "스택(Stack)에 대해 설명하고 선호하는 프로그래밍 언어로 Stack이라는 이름의 클래스를 화이트보드에 써주세요"라는 요청으로 시작합니다. 클래스를 선언하면 그 뒤에 push 메서드를 추가로 요청하고, 컨테이너를 선택하면 이유를 설명해 달라고 요청하며 점진적으로 진행합니다. 이렇게 요청하는 목적은 다음과 같습니다.

- 간단한 문제로 긴장감을 해소시킨다.
- 선호하는 언어가 무엇인지 파악한다.

- 지원자와 상호교류가 용이할지 판단하여 최대한 편안하게 지원자가 느낄 수 있도록 의사소통 방식을 조정한다.

하지만 매우 쉽게 진행되어야 할 이 과정에서 지원자의 상당수가 탈락하는 일이 반복되었습니다. 클래스를 아예 선언하지 못하는 분, 어제까지 몇 년을 사용해온 언어의 기본 문법이 갑자기 생각이 안 나는 분, 생각할 시간이 필요하다며 10분 넘게 고민하는 분 등이 있었습니다. 긴장해서 그럴 수도 있으므로 의사코드(Pseudo Code)로 로직을 만들어 보는 것으로 바꾸어 제안하지만 더 이상 진행이 안되곤 했습니다.

이상한 일이죠. 현업에서 일하고 있는 실무자이고, 이력서 내용으로는 매우 어려운 프로젝트를 수도 없이 완성해 온 분들인데 말이죠. 이런 일을 반복적으로 겪으며 제 고민도 깊어졌습니다.

"면접 방식의 문제인가?"

"내가 생긴 게 험악해서 입사 의욕을 꺾어버리나?"

"개발자가 성장하지 못하도록 막는 강력한 사회적 합의가 존재하는 건가?"

이런 고민의 연장으로 결국 개발자들이 성장하기 어려운 이유와 그런데도 성장하기 위해 필요한 요소가 무엇인지 정리해서 2013년 DEVIEW 행사에서 발표했습니다. 10년 가까이 되어가는 옛날 자료인데 슬프게도 비극은 아직도 반복되고 있습니다.

개발자의 성장에 관심 있는 분들은 아래 소개한 발표 동영상과 자료를 살펴보면 좋겠습니다. 자료와 영상은 자유롭게 변형해서 사용해도 됩니다.

마법의 짱돌찌개(Stone Soup)[1]가 끓여지길 기대해 봅니다.

[자료 17] 프로그래머로 산다는 것 1 (https://lnkd.in/gW4awXmk)

[자료 18] 프로그래머로 산다는 것 2 (https://lnkd.in/gan6VsnG)

---

1 유럽에서 전해지는 이야기로 흉년이 들어 민심이 흉흉한 마을에 낯선 사람이 나타나 먹을 것을 요청하지만 모든 마을 사람이 거절합니다. 이때 외부인이 큰 솥에 돌을 집어넣고 물과 함께 끓이며 마법의 돌이라 맛있는 찌개가 만들어진다고 이야기합니다. 이에 호기심이 생긴 마을 사람들이 모여드는데, 한참을 끓인 후에 간을 본 외부인이 "너무 맛있는데 채소만 들어가면 더 맛있어질 거예요"라고 말합니다. 이에 마을 사람 중 한 명이 채소를 가져다 넣습니다. 다시 간을 보고는 고기가 있다면 더 맛있어진다는 식으로 이야기를 하고 마을 사람들이 자신이 가진 것을 조금씩 보태어 내놓기 시작했고 결국은 서로의 도움으로 정말 맛있는 찌개를 끓여서 온 마을 사람들이 나누어 먹게 됩니다. 서로 협업하면 혼자서는 할 수 없던 일을 해낼 수 있다는 교훈을 담은 동화입니다.

개발자의 역할은
무엇일까요

개발자의 업무는 '고객 가치(Customer Value)'의 생산입니다. 새로운 기능을 만들고, 불편한 기능을 더 편하게 만들고, 오류를 제거하여 사용자 불편이 없도록 하고, 성능을 개선하여 고객이 더 짧은 시간 안에 업무를 완료할 수 있도록 하며, 빌드 배포를 효과적으로 하여 더 좋은 기능을 더 빨리 고객이 사용할 수 있게 하는 등 모든 작업이 고객 가치를 창출합니다.

당연히 리팩토링(Refactoring)도 고객 가치 창출을 위한 활동이지만 오해되고, 잘못 사용되어 결국에는 누구도 입에 담지 않는 기피 활동이 되는 경우가 많습니다. 리팩토링은 '외부에 드러나는 기능은 동일하게 유지하면서 코드 내부를 개선하여 유지 보수가 용이하게 만드는 활동'입니다. 외부에 드러나는 기능에 변화가 없으니 당장 고객 관점에서의 가치가 추가되지 않는다고 오해하는 경우가 있는데 리팩토링의 가치는 개발자의 시간을 절약해 주고, 업무 만족도를 높이며, 유지 보수 비용이 절감되고 새로운 기능을 더 빨리 고객에게 인도할 수 있게 해주므로 장기적으로 고객 가치를 증대시키는 매우 이득이 큰 활동입니다.

하지만 귀한 인적/물적 자원을 투입했는데도 당장 얻어지는 이득이 없으니 손실로 생각하는 경우가 있고, 개발자와 리더 간 신뢰가 없고 리팩토링을 통한 코드 품질의 향상을 정량적으로 증명하지 못하는 조직 성숙도라면 리더는 리팩토링을 개발자가 일을 안하려고 가져다 대는 핑계로 오해합니다. 오해가 발생하는 원인은 리팩토링을 상시적인 활동이 아닌 몰아서 대규모로 처리하기 때문입니다. 신규 기능 추가에만 관심이 있고 유지 보수성을 높이는 일에 무관심한 상태로 코드 베이스가 장기간 유지되면 점점 새로운 기능 추가가 어렵게 되고, 회귀 오류 발생이 잦아지게 됩니다. 더 이상 이러고는 못 살겠으니 기능 개발을 멈추고 일정 기간 코드 품질을 높여야 한다는 요구가 개발자 측에서 나옵니다. 이러한 요구가 받아들여지는 경우가 많지 않다 보니 개발자는 기회가 왔을 때 가능한 많은 작업을 하고 싶어 합니다. 여기에서 비극이 시작됩니다.

리팩토링의 목적을 달성하려면 우선 외부에 드러나는 기능이 리팩토링 과정에서 변하지 않음을 빠르게 확인할 수 있어야 합니다. 어떤 레벨이던 자동화 테스트가 있어야 회귀 오류 발생을 확인할 수 있습니다. 코드 변경에 대한 테스트 결과를 빠르게 확인할 수 있어야만 안전하게 작업할 수 있습니다. 만일 회귀 오류 확인을 수동 테스트에 의존한다면 결과가 나오기까지 오래 기다려야 하므로 자주 실행하지 않게 되어 오류 수정에 많은 시간과 비용이 낭비됩니다. 또한 테스트가 진행되는 동안 기다리지 못하고 코드를 지속적으로 변경하여 테스트가 무의미해지기도 합니다. 그러므로 리팩토링을 하려면 회귀 오류를 빠르게 식별할 수 있는 방법이 필수입니다. 자동화 테스트가 아예 없는 상황이라면 먼저 리팩토링할 범위를 확정하고 해당 부분에 자동화 테스트를 확보한 뒤에 진행(Cover & Modify)해야 합니다.

효과적인 리팩토링을 하려면 집중할 수 있도록 목적과 범위를 명확히 해야 합니다. 특히 코드 베이스의 규모가 클 경우 한 번에 모든 것을 해결하겠다는 것은 무모한 욕심입니다. 중요도에 따라 우선순위를 정한 뒤에 코드 품질에 대해 명확하게 정의하고 이를 측정할 수 있는 방법을 확보해야 합니다. 지속적 통합(CI)과 코드 품질 지표, 다단계 테스트 구성이 필요합니다. 계획한 리팩토링의 목적을 달성했다면 과감히 작업을 멈추어야 합니다. 시간과 환경이 주어졌으니 새로운 기능 추가나 지금 당장 필요하지 않은 대규모 설계 변경을 하고 싶은 욕망을 경계해야 합니다.

궁극적으로는 위와 같은 사례가 발생하지 않도록 리팩토링은 코드 커밋 전에 상시 수행하는 활동이 되도록 조직 내에 정착시켜야 합니다. 가장 효과적인 리팩토링 전략은 보이스카우트 룰 "캠

평장은 사용 전보다 항상 더 깨끗하게 만들어라(Always leave the campground cleaner than you found it.)"입니다. 〈클린 코드(Clean Code)〉의 저자인 로버트 마틴(Robert C. Martin)이 이를 소프트웨어 개발에 적용하여 "코드를 보면 항상 더 좋게 만들어라(Always leave the code better than you found it.)"라고 정의했습니다. 이러한 꾸준한 활동이 대규모 코드 리팩토링을 예방해 줍니다.

하지만 세상사 늘 뜻대로 돌아가지 않습니다. 엄청난 레거시 코드 더미에 새로 구현해야 할 기능이 넘쳐나는데, 시간은 없는 상황에 처한 개발자가 많습니다. 이들에게 좋은 코드를 만들어내지 못하고 개선도 못한다며 비난할 수는 없습니다. 그렇다고 모든 것을 포기하고 쓰레기 더미에 쓰레기를 더하는 삶을 받아들일 이유도 없습니다. 미래의 나를 위해 오늘 커밋하기 전에 변수명을 하나라도 더 깔끔하게 바꾸어야 합니다. 그러면 내일의 나는 오늘의 나보다 조금 덜 힘들어질 것입니다. 아무리 느리더라도 조금씩이라도 개선하며 누적의 힘을 믿길 바랍니다. 그 과정에서 적어도 스스로는 성장할 수 있습니다.

교과혁신위에 대해
들어 봤나요

　교과과정을 지속적으로 개선하고 발전시키기 위해 각 대학은 매년 교과혁신위를 개최하고 기업 실무자의 의견을 듣기 위해 노력합니다. 기업 실무자 입장에서는 대학 졸업생이 즉시 업무에서 성과를 낼 수 있으면 회사에 유리하므로 여러 의견을 제시합니다. 하지만 워낙 분야가 많다 보니 교과과정에 반영하기는 현실적으로 어려움이 따릅니다. 그럼에도 회사가 제시하는 프로젝트를 학생이 수행하고 멘토링을 받는 방법과 회사와 학교가 협업하여 전문과정을 개설하는 등 다양한 노력이 이루어지고 있습니다.

　〔쏘카〕에서 CTO 역할을 수행하게 된 직후 신입 개발자 채용 과정의 서류전형을 폐지하고 지원자 전원을 대상으로 코딩 테스트를 실시하고 있습니다. 학력과 전공에 대해서 묻지 않으며 온라인 코딩 테스트 두 문제를 제한 시간 안에 풀고 200점 만점에 100점을 넘으면 코드 리뷰를 통해 1차 합격자를 선발합니다. 코드 리뷰

단계에서는 코드의 가독성을 확인합니다. 1년 통계치를 살펴보면 응시자의 20%가 100점 넘는 점수를 획득하여 코드 리뷰 단계로 진출합니다. 1차 코딩 테스트의 합격률이 낮은 이유에 대해 정확한 원인 분석은 어렵지만 주요 원인으로 교과과정 이후 코드 작성을 하지 않아 감을 잃어버린 것이 아닐까 추정하고 있습니다.

배워서 알고 있고 꽤나 능숙하게 했던 일이라도 한동안 하지 않으면 실력이 녹습니다. 몸짱이었던 사람도 운동을 하지 않아 군살이 붙었다면 다시 몸짱이 되기까지는 많은 노력이 필요합니다. 코딩도 동일하여 꾸준히 지속하지 않으면 예전에 해결해 봤던 문제조차 어렵게 느껴지고 제한 시간 안에 테스트를 수행해야 하는 경우 실력 발휘를 하지 못합니다. 회사 입장에서는 지원자가 몰라서 못 푼 건지, 코딩을 한지가 오래되어 못 푼 것인지를 식별할 수가 없습니다. 이러한 한계로 인해 신입사원 채용 과정은 꾸준히 코드를 작성해 왔는지가 당락에 큰 영향을 줍니다. 2022년〔쏘카〕의 채용 결과를 보면 합격자의 40%가 비전공자입니다. 비전공자의 경우 개발자 양성과정에 참여하여 6개월에서 1년 정도 꾸준히 코드를 작성한 후에 지원했다는 특징이 있습니다.

심권호 선수는 올림픽 3연패를 달성한 레슬링의 전설입니다. 천부적인 재능과 함께 엄청난 노력으로 놀라운 성과를 올렸고 은퇴 후에는 코치로 활동 중입니다. 2022년〈국대는 국대다〉라는 예능 프로그램에서 절친한 후배인 정지현 선수와 20년 만에 경기를 하게 되어 혹독한 훈련과 식이요법을 병행하며 준비합니다. 과거에 뛰어난 성적을 올린 선수였지만 지식을 실천적 지혜로 활용하기 위해서는 훈련이 필요한 것이죠.

개발자는 꾸준히 개발을 해야 합니다. 일주일만 코드를 작성하지 않아도 다시 코드를 작성할 때 시간이 걸립니다. "손가락이 풀린다"라고 표현하는데, 몇 개월을 작성하지 않았다면 훨씬 많은 시간이 필요하게 되어 익숙한 코딩 문제라도 실력 발휘를 하지 못하게 되는 것이죠. 개발자로 입사시험을 앞두고 있다면 여러 온라인 코딩 테스트 문제를 시험 삼아 풀어 보면서 미리 손을 풀어 두기 바랍니다. 그보다 더 확실한 방법은 개발자는 코드를 작성하는 사람이니 가능한 자주 꾸준히 코드를 작성하는 습관을 들이는 편이 좋습니다.

더 효과적으로
개발하고 싶나요

효과적인 소프트웨어 개발은 자기 동기부여(Self-Motivation) 된 구성원들과 그들 간의 긴밀한 협업이라 저는 굳게 믿고 실천 중입니다. 이를 명확하게 설명한 〈애자일 컨버세이션(Agile Conversations: Transform Your Conversations, Transform Your Culture)〉를 소개합니다.

[자료 19] 도서: 애자일 컨버세이션(https://lnkd.in/gQi2JKmk)

테일러리즘[2]의 문서 중심 개발의 문제점을 개선하기 위해 도입

---

2   경영학자인 테일러가 창시한 과학적 관리 기법입니다. 자세한 내용은 이 책의 419쪽을 확인하기 바랍니다.

되었던 애자일, 린, 데브옵스 활동이 비판의 대상이었던 프로세스와 방법론에 매몰되어 실패한 원인을 설명하고 이를 극복할 수 있는 대안을 제시합니다. 실무 개발자부터 리더까지 모든 분이 읽어 보고 실천하길 강력히 추천합니다.

변경 관리란 용어를
들어봤나요

소프트웨어 개발 과정에서 기획 내용을 변경하기 위해 만들어진 프로세스입니다. 이름에 '변경'이 들어가 있어 변경을 효과적으로 관리하기 위한 방법이라는 어감이지만 실제 사용 예는 다릅니다. 모든 업무가 그렇듯 계획이 변경되면 리스크가 발생합니다. 1층 건물을 짓다가 2층으로 변경하겠다고 결정하면 얼마나 많은 문제가 생길지 상상할 수 있을 겁니다. 예를 들어 1층 지붕까지 다 만들어 둔 상태에서 2층을 올리자고 하면 복잡도와 어려움은 커집니다.

건물을 짓는 일은 물리적인 실체가 눈에 보이기에 건축 전문가가 아니더라도 급격한 구조변경의 어려움을 인지하기가 비교적 용이합니다(비교적 용이하다고 표현하는 이유는 그런데도 구조변경을 하여 사고가 발생하기 때문입니다). 사용자가 인지하는 물리적인 실체라고는 UI가 전부인 소프트웨어 개발은 변경이 매우 쉬운 일로 오해받는 경우가 많습니다. 그러다 보니 출시가 임박한 가운데 도저히 받아들이기 어려운 변경사항을 요구하기도 해서 일정이 지연되거나 문제가 발생할 경우 '무리한 변경'이 원인이었음을 기록해두고 책임 회피용으로 이용하게 됩니다. 아니면 복잡한 협의 절차를 통해 변경 의지를 꺾는 데 이용합니다.

이렇듯 의도를 담아 사용하는 용어를 '자기 기만'이라고 합니다. 고문을 했다면 도덕적/법적 책임이 따르기에 '강도 높은 심문'이라고 표현하여 인과관계에서 자신의 책임을 회피합니다. 제품의 문제를 '제품을 선택한 것은 고객'이라고 설명하는 경우도 있습니다. 이러한 회피성 수사는 폭넓게 사용되며 개인과 조직이 책임으로부터 자유롭게 해줍니다.

소프트웨어 개발에서 변경은 필수입니다. 기획 단계에서 상상에 의존했다면 실체를 확인한 후에는 실제 사용성을 이해하고 구체적이고 상세한 요구사항을 정의할 수 있습니다. 이러한 구체적인 변경 요구가 잘 반영될 수 있도록 기능 구현 후 사용자가 바로 사용해 볼 수 있게 하고 피드백을 받아 다음에 구현할 기능에 반영하거나 기존 개발 내용을 폐기하고 새로 만들 수 있어야 합니다. 그러려면 짧은 주기로 개발과 실제 사용이 연결되어야 합니다.

〔블리자드〕의 인기 게임 〈오버워치 2〉가 2022년 10월에 릴리스되었습니다. 기존에는 유료 패키지로 판매하고 몇 번의 대규모 패치 후에는 새로운 유료 패키지를 개발해왔는데, 주기적으로 업데

이트를 하는 방식으로 변경한 것이죠. 사용자들이 플레이를 하면서 겪게 되는 어려움과 개선 요구를 꾸준히 반영해 나갈 수 있는 방법으로 진정한 의미에서 변경 관리를 할 수 있게 되었습니다.

〔라이엇 게임즈〕의 경우 2주 단위로 배포를 하며 사용자의 피드백을 받아 지속적인 개선을 해왔습니다. 이러한 방식을 〔블리자드〕도 도입한 것인데 패키지 판매 방식을 오랜 기간 사용해 왔던 터라 반복 주기를 도입하는 데 제법 큰 어려움이 있었으리라 짐작이 됩니다. 하지만 옳은 방식을 이용하는 데 늦은 법이란 없죠. 앞으로 지속적으로 성장하고 게이머(Gamer)들에게 최고의 경험을 제공하는 회사가 되길 기원합니다.

변경 관리를 책임 회피를 위한 자기기만 용어로 정의하는 일은 누구에게도 도움이 되지 않습니다. 고객에게 가치 있는 기능을 지속적으로 개발하여 전달하는 일이 소프트웨어 개발의 본질이므로 이를 추구할 수 있는 방법을 강구하고 활용할 수 있기를 응원합니다.

본인의 의견을 이야기하기에
안전한 환경에서 근무 중인가요

예전 데드라인이 임박한 가운데 심각한 문제에 직면한 프로젝트에 투입되었을 때입니다. 심각한 버그가 계속 나오고 해결은 늦어지니 개발 리더가 특단의 조치로 모든 개발자를 큰 회의실에 모아 놓고 며칠간 코드 리뷰를 수행한 직후였습니다. 당연히 심각한 문제들은 해결되지 않았고 밤샘에 시달린 개발자들의 사기만 심각하게 낮아졌습니다.

현황 파악을 위해 개발 리더와 팀원이 모여 있던 회의실에서 현재까지 파악된 문제점에 대해 이야기를 들었습니다. 개발 리더 분이 작은 아령을 하나 들고서는 회의 시간 내내 운동을 병행했고 구체적인 사안에 대해 언급하는 팀원은 없었습니다. 이에 제가 리더를 맡게 되었으니 아령을 들고 있는 분은 지금 퇴장해서 다른 업무를 하라고 안내했습니다. 그리고 팀원 분에게는 즉시 퇴근하고 다음 날부터 다시 업무를 시작하자고 마무리했습니다.

여러 문제가 얽힌 상황이지만 코드 리뷰에 한정해서 살펴보자면 다음과 같은 문제점이 있었습니다.

① 코드 리뷰로 복잡한 실행 상태의 버그를 발견하기는 어려운데, 이를 목표로 삼았다.

② 팀원들의 친밀도가 낮은 상태에서 오프라인으로 모든 개발자 앞에서 자신의 코드를 설명하고 질문받는 방식의 리뷰는 감정 싸움만 유발한다.

③ 팀원이 문제를 언급하기에 안전한 환경이 아니어서 누구도 실제 문제를 이야기하지 않았다.

코드 리뷰는 유지 보수가 용이한 깔끔한 코드를 작성하도록 서로 조언하고 팀원들이 코드에 어떤 일이 벌어지고 있는지 정보를 공유하는 목적입니다. 이 과정에서 버그를 찾아낼 수는 있지만 사람이 정적 분석기[3]처럼 동작하며 모든 버그를 찾아낼 수 있으리라 기대해서는 안 됩니다. 만일 심각한 버그가 코드 리뷰에서 많이 발견되고 있다면 이는 개발자가 도움이 필요하다는 의미이지, 코드 리뷰가 잘 동작한다는 뜻이 아닙니다.

그리고 본인의 의견을 말하는 것이 안전하다고 느껴져야 합니

---

3 문서의 오탈자를 찾아 주는 맞춤법 검사기처럼 소프트웨어의 소스코드에서 문제점을 찾아 주는 도구입니다.

다. 그러려면 상호 신뢰하고 협업하는 문화가 조직에 정착되어 있어야 합니다. 이런 전제 없이 수행하는 코드 리뷰는 상호 불신과 불만을 키울 뿐 효과가 없습니다.

새로운 아이디어라고 생각했는데
이미 널리 쓰이고 있는 경우를 봤나요

예전 [네이버]에서 대학생 대상의 소프트웨어 경진대회를 개최했습니다. 마지막 프레젠테이션 심사를 하다 보니 '버전 관리 시스템'으로 참여한 팀이 있었습니다. 팀 단위 프로젝트를 하다 바탕화면에 저장한 코드를 하드디스크 문제로 날려 먹은 경험을 바탕으로 웹에서 코드 공동작업도 가능한 버전 관리 시스템을 고안해낸 천재들이 있었는데 문제는 2013년이라는 시기입니다.

다른 버전 관리 시스템과의 차별점을 질문했는데, 버전 관리 시스템이란 것이 있는 줄 몰랐다고 하더군요. 참 복잡한 마음이 되어버렸습니다. 여러 버전 관리 시스템이 오랜 시간 사용되어 왔음을 알려줄 때 참가자들의 당황해하는 모습이 아직도 기억납니다. 행사 후 따로 찾아가 웹에서 협업 가능하게 만든 것만으로도 정말 대단한 일이고 그 장점을 살려서 프로젝트를 완료해 보면 좋겠다고 이야기했습니다.

교과목까지 이야기하자면 너무 넓어지게 되니 개인의 영역으로 문제를 좁혀 보겠습니다. 소프트웨어 개발 분야와 같이 변화의 속도가 빠른 곳에서는 최신 기술 트렌드를 파악하고 벤치마킹하는 일이 일상적으로 필요합니다. 지금 최적의 기술이라도 더 나은 대안이 나오면 이를 적절한 시점에 이용할 수 있어야 합니다.

예를 들어, PHP는 소규모 웹서비스 개발에 적합하지만 서비스 규모가 커지면 다른 대안을 이용하는 편이 좋습니다. 이때를 놓치면 비즈니스 성장 속도를 개발이 따라잡지 못하는 현상이 발생합니다. 그렇다고 새로운 기술이 성숙해지기 전에 무조건 가져다 쓰는 신기술 집착도 경계해야 합니다. 참 어려운 중용의 문제를 상시 풀어야 하는 게 개발자의 숙명이죠.

개발자가 시대에 뒤처지지 않으려면 새로운 기술을 배우고 시도해 보는 문화가 회사에 있어야 합니다. 당장 비즈니스에 사용되지 않으니 이를 낭비로 여기는 일이 없기를 바랍니다.

생산성을 무엇으로
정의하고 있나요

'생산성'은 산업 분야의 핵심 요소입니다. 기업이 생존하고 발전하려면 수익이 필요하고, 동일한 환경이라면 생산성이 높은 기업이 더 많은 수익을 올릴 수 있습니다. 소프트웨어 산업 분야는 서비스 제공에 시공간 제약이 없어 글로벌 경쟁이 매우 치열하기 때문에 살아남고 성장하려면 생산성을 높여야 합니다.

그럼 소프트웨어 산업 분야에서 생산성을 어떻게 측정하고 관리할까요? 시간당 코드 생산량을 측정하는 SLOC(Source Lines Of Code)는 효과성이 낮아 이제는 거의 사용되지 않습니다. 대신 팀 단위로 생산성을 측정하거나 기능점수(Function Point)를 이용하는 방법이 활용됩니다. 이중 생산성을 투입한 비용 대비 얻은 수익으로 계산하는 방법은 조직 내의 부분 최적화가 필요하거나, 조직 간 경쟁이 심한 경우, 수익이 장기간에 거쳐 발생하는 경우 생산성 측정이 어렵습니다. 이를 보완하고자 오류의 수, 복잡도, 테스트 커버리지(Test Coverage)[4], 예상대비 실제 투입 시간 등의 지표를 추가로 사용하지만 생산성을 정의하기란 쉽지 않습니다.

소프트웨어 개발의 생산성을 정의하고 낮은 생산성을 해결하고 자 2000년대 초반 개발자 중심의 애자일(Agile) 활동이 소개되었 습니다. 애자일은 소프트웨어를 사용할 '고객'이 원하는 기능을 얼 마나 빠르고 효과적으로 개발해 고객에게 인도하는지를 생산성의 핵심으로 봅니다. 아무리 많은 기능을 개발하더라도 고객이 원하 는 기능이 아니면 생산성은 0입니다. 고객이 원하지 않는 기능을 만들 바에는 차라리 아무것도 만들지 않는 편이 생산성이 높습니 다. 적어도 자원을 낭비하지는 않았기 때문이죠.

고객이 원하는 기능을 빠르게 개발하려면 '짧은 사이클 타임 (Cycle Time)'과 '높은 품질(Quality)'이 중요합니다. 사이클 타임은 고객이 원하는 기능이 고객에게 인도될 때까지 걸리는 시간을 말 하며 짧을수록 생산성이 높습니다. 품질은 기능이 고객의 기대대 로 동작하며, 수정하거나 새로운 기능을 추가하기가 용이할수록 생산성이 높습니다.

사이클 타임을 짧게 하기 위해서는 효과적인 의사소통이 필요 하며 고객이 원하는 것이 무엇인지를 파악하고 고객이 원하는 대 로 구현하려면 고객/실무 부서 간의 의사소통이 잘 이루어져야 합

---

4 시스템 또는 소프트웨어의 테스트를 논할 때 얼마나 테스트가 충분한가를 나타낸 것입니 다. 즉, 수행한 테스트가 테스트의 대상을 얼마나 커버했는지를 나타냅니다.

니다. 또한 고객이 원하는 기능을 우선순위에 맞추어 나누고 정의하는 작업이 필요합니다. 12개의 기능을 1년 동안 개발하여 한 번에 전달하는 것보다는 고객이 가장 원하는 기능부터 하나씩 순차적으로 개발하여 자주 인도하는 편이 낭비도 줄이고 생산성을 높이는 데 유리합니다. 고객은 짧은 주기로 가장 필요한 기능부터 사용할 수 있고, 개발자는 고객의 피드백을 자주 받을 수 있어 고객이 원하는 기능을 개발할 확률이 높아집니다.

소프트웨어 생산성의 또 다른 요소인 품질을 높이기 위해서는 오류 예방이 필수적입니다. 오류란 고객이 의도한 대로 동작하지 않게 만드는 모든 것을 의미합니다. 오류가 발생하면 생산적인 작업에 사용할 자원을 오류 수정에 사용하게 되어 생산성이 낮아지고 고객의 만족도가 떨어집니다. 오류의 발생 원인은 다양하지만 주요 비중을 차지하는 것은 잘못된 의사소통입니다. 여름에 신을 등산용 신발이란 요구사항을 오해하여 여름철에 시원하게 신을 샌들을 만들어 준 경우를 상상해 보면 됩니다. 이런 오류를 줄이고 생산성을 높이려면 고객과 효과적으로 의사소통할 수 있어야 합니다. 만드는 목적이 무엇인지, 지금 개발 중인 기능이 고객의 의도에 부합하는지 짧은 주기로 피드백을 받아야 하며 이러한 내용을 개발에 참여하는 모든 참가자가 정확히 이해하고 있어야 합니다.

오류가 발생하는 다른 유형은 개인의 실수입니다. 모든 사람은 실수를 하고 이런 유형의 오류를 완벽히 방지할 수는 없기에 가능한 한 빨리 오류를 발견하고 수정하는 것이 현실적이고 효과적인 해결책입니다. 제조업의 경우 품질관리(QC)가 생산공정의 마지막에 위치하고 전담인력이 담당하는 경우가 많습니다. 이 방식을 소프트웨어 개발에 그대로 적용할 경우 오류의 발견이 늦어지고 담당자 외에는 누구도 품질에 관심을 갖지 않는 문제가 생깁니다. 최근 소프트웨어 개발 분야에서는 품질보증을 생산 과정의 앞 단계부터 전체 공정에 걸쳐 고루 배분하고, 품질 보증을 참여자 모두의 공동 책임으로 지정하는 추세입니다. 이렇게 하면 가능한 한 빨리 오류를 찾아 수정하여 전체 생산성을 높이는 목적을 달성할 수 있습니다.

소프트웨어 개발에서 생산성이란 단순히 더 많은 기능을 만들어 내는 것이 아닙니다. 높은 생산성의 의미는 고객이 최대의 만족을 느끼도록 고객 중심의 개발을 진행하는 것이며, 이 과정에서 낭비 요소를 제거해 보다 빠르게 고객에게 원하는 기능을 인도하는 일입니다. 이러한 목표를 달성하기 위해서는 좋은 인력이 필수입니다.

좋은 인력이란 자신의 담당 업무를 수행할 수 있고, 지속적으로 개선하여 발전시키며, 주변과 효과적으로 협업할 수 있는 사람으로 오랜 시간에 걸쳐 지식과 경험을 쌓는 과정이 필요합니다. 소프트웨어 산업은 최첨단 분야이지만 인력에 대한 의존도가 가장 높은 산업이기도 합니다. 아무리 좋은 컴퓨터와 솔루션을 갖춘 경우라도 결국 개발과 운영은 사람의 몫이기 때문이죠.

　요즈음 주변에서 생산성이 낮아 걱정이라는 이야기와 함께 좋은 인력을 찾지 못한다는 푸념을 자주 듣습니다. 생산성을 높일 수 있는 좋은 인력이 없는 것이 문제라면 해당 조직이 좋은 인력을 키워내기 위한 투자에 나서야 합니다. 인력에 대한 교육과 투자 없이는 좋은 인력이 성장할 수 없으며 아무리 좋은 인력을 채용하더라도 순식간에 평범한 인력이 되어 버립니다.

　결국 소프트웨어 산업 분야 생산성은 '사람'입니다.

선물로 받은 책 중에서 기억에 남는 책이 있나요

대학시절 〈성공하는 사람들의 7가지 습관〉이 큰 인기를 끌었습니다. 여러 번 선물로 받아 안 읽을 방법이 없을 정도였죠. 이 책에서 소개한 7가지 습관[5]은 아래와 같습니다.

습관 1. 자신의 삶을 주도하라

인생의 경로를 스스로 선택하라. 성공하는 사람들은 자신이 할 수 없는 일에 집착하거나 외부의 힘에 반응하는 대신, 할 수 있는 일에 집중하며 자신의 선택과 결과에 책임을 진다.

습관 2. 끝을 생각하며 시작하라

자신이 어디로 향하고 있는지 알기 위해서는 전반적인 인생 목

---

5 출처: 위키백과(https://lnkd.in/dx2FpQqa)

표를 포함해 최종 목표를 정해야 한다.

습관 3. 소중한 것을 먼저 하라

긴급함이 아니라 중요성을 기반으로 업무 우선순위를 정하고 '습관 2'에서 정한 목표 성취를 돕는 계획을 세워라. 우선순위에 따라 업무를 수행하라.

습관 4. 윈-윈을 생각하라

쌍방에 도움이 되는 해결책을 추구하라.

습관 5. 먼저 이해하고 다음에 이해시켜라

상호 존중하는 환경을 조성하고 문제를 효과적으로 해결하기 위해서는 타인의 말을 경청하고 열린 자세를 가져야 한다. 이로써 상대도 같은 태도를 보이도록 유도할 수 있다.

습관 6. 시너지를 내라

혼자서 달성할 수 없는 목표를 이루기 위해 팀을 활용하라. 팀원들의 최대 성과를 이끌어내기 위해 유의미한 공헌과 최종 목표를 장려하라.

습관 7. 끊임없이 쇄신하라

장기적으로 성공하기 위해서는 기도나 명상, 운동과 봉사활동, 고무적인 독서를 통해 몸과 마음, 영혼을 건강하게 유지하고 쇄신해야 한다.

저자인 스티븐 코비(Stephen Richards Covey)는 도서 출판과 교육으로 큰 명성과 부를 얻습니다.

이전 회사에서 전사 직원을 대상으로 하는 일주일 기간의 교육을 듣게 되었고 프랭클린 다이어리 사용법과 이야기를 하고 싶을 때 사용하는 인디언 토템을 선물로 받았습니다. 한동안 사회적인 열풍이어서 전사 교육을 실시한 회사가 많았지만 대부분의 유행이 그러하듯 점차 관심이 줄며 잊혔습니다. 그러다 다시 거론된 계기는 스티븐 코비 재단의 파산이었는데 "자신이 주장했던 7가지 습관을 지키지 못해서였다"라는 해명이 화제가 되었습니다.

최근 이 책의 25년 기념판이 출간되었습니다. 영어 원제는 〈The 7 Habits of Highly Effective People〉인데 성공을 중요하게 생각하는 한국답게 번역이 되었죠.

개발자 분야에서 비슷한 열풍을 느낀 적이 있는데 바로 애자일(Agile)입니다. 저도 초기 신봉자 중 한 명이고 아직도 여러 프랙티스(Practice)를 이용하고 있습니다. 하지만 애자일도 여러 방면에서 오용/악용되었는데 "애자일을 하면 더 빨리 더 적은 자원으로 개발할 수 있다." "개발자가 마음대로 결정하고 관리자는 지원만 해주는 것이다." "개발 프랙티스보다 팀워크 활동과 개인 코칭이 중요하다." 등이 대표적입니다.

초기 애자일 콘퍼런스에서 코드의 품질을 높이기 위해 함께 고민하던 개발자는 점차 사라지고 자격증 홍보와 컨설팅을 받으라는 광고만 난무하게 되면서 더 이상 애자일이란 단어를 입에 올리지 않고 있습니다. 상업성이 본래의 취지를 퇴색시키는 것인지 본질은 그대로인데 상업적으로 이용하려는 과정에서의 문제인지는 확실치 않습니다.

실천할 때는 본질이 중요합니다. 형식은 더 잘하기 위한 보조 수단입니다. 하지만 본말이 전도되는 경우가 많죠. 조던 농구화를 신는다고 조던처럼 농구를 하게 될 리 없는데 일단 농구화부터 사라고, 그러면 된다고 이야기하는 사람을 조심해야 합니다.

애자일의 본질은 '높은 품질의 코드 생산' '협업' '고객 가치' '변화에 대한 능동적 대응'을 실천하고 지속적으로 개선해 나가는 것입니다. 형식이 아닌 본질에 집중할 수 있기를 응원합니다.

소프트웨어 개발은
첨단산업일까요

4차 산업혁명의 핵심인 소프트웨어 개발은 최첨단이라는 이미지가 있습니다. 하지만 현실을 들여다보면 가장 노동 집약적인 산업이며 추정을 기반으로 합니다.

예를 들어 보죠. 기획자가 멋진 아이디어를 생각해냈습니다. 이것만 만들면 사용자들이 행복해하고 기업은 돈방석에 앉을 것이라고 이야기합니다. 하지만 이는 사실이 아닙니다. 사용자가 좋아할 것이라는 추정일 뿐이죠. 소프트웨어 개발은 이처럼 시작부터 점을 치는 것과 같습니다. 좋아할 것이 확실하니 만든다기보다는 좋아할 가능성이 높아 보이니 만들어 보자는 겁니다. 뭐 좋습니다. 이제 만들 생각을 해봐야죠.

기획자는 개발자를 찾아가 기획안을 설명하며 언제까지 개발 가능할지를 묻습니다. "모르겠습니다"가 가장 현실적인 답변이겠지만 그렇게 한다면 무능하단 소리를 들을 가능성이 높으니 뭐라도 숫자를 하나 불러 주긴 해야 합니다. 뭐 대충 한 달 정도라고 이야기했다고 하죠. 이 또한 추정인데 여기엔 숨겨진 내용이 많습니다. "아무런 일이 일어나지 않는 상태에서 현재 개발팀이 전부 달려들어 최선을 다하면 가능할 수도 있다"가 비교적 정확한 해석일 것입니다. 하지만 인생 좀 살아본 분이면 알겠지만 세상에 아무 일도 일어나지 않는 경우는 없습니다. 멀쩡하던 서비스가 높아진 기온에 뻗어 나가기도 하고 상관없을 것 같던 네트워크 작업이 서비스 전체를 죽이기도 합니다. 사실 이런 부분은 그나마 이해 가능한 과학적인 범주에 속합니다.

그보다 어려운 것은 사람입니다. 개발팀은 사람으로 구성되어 있습니다. 모두 의욕 넘치고 건강한 상태라고 하더라도 갑자기 코로나19가 심해질 수도 있고, 가족 문제가 생길 수도 있고, 팀워크가 너무 잘 맞아 기쁜 나머지 과음하여 컨디션이 엉망일 수도 있습니다. 정말 중요한 프로젝트를 진행하는 중이니 절대 아프지 말아야겠다고 결심해 봐야 소용없습니다.

이외에도 무수히 많은 변수가 있지만 대부분 예측 불가능합니다. 하지만 한 달이란 기간은 의욕 넘치고, 모두가 건강하고, 애인과 헤어지지도 않은 사람을 기반으로 예측된 숫자일 것입니다. 사용자가 좋아할지도 모르는 것을 만들어야 하는데, 만든다는 주체도 불확실성이 매우 높은 사람들입니다. 결국 무엇인가 제때 나오길 기대하는 건 우연히 눌린 키보드가 장편의 감동적인 소설을 써

내길 기대하는 바와 같습니다. 뭔 소리냐고요? 안 된다는 이야기입니다.

최첨단 같지만 가장 가내수공업에 가까운 형태의 산업이 소프트웨어 개발입니다. 온갖 비난과 반론의 목소리가 들려오지만 뭐 어쩌겠습니까? 저는 그렇다고 생각하는데요.

이런 변동성이 높은 상황에서 효과가 있는 유일한 방법은 조금씩 만들고 반응을 보고 다시 만드는 것입니다. 1년짜리 대규모 프로젝트는 태생적으로 망하기 좋습니다. 위에서 언급한 모든 우연과 불행과 변동성이 1년이란 기간을 기다려 줄리가 없기 때문이죠. 결국 소프트웨어 개발에 과학이 붙으려면 변동성을 최소화하고 관리할 수 있는 영역으로 들이는 길뿐입니다. 조금씩 하는 거 말이죠. 조직이 반복적으로 수행하기에 적당한 주기를 찾아, 가장 기본이 되고 중요하다고 생각하는 것부터 차근차근 만들어 봐야 합니다. 만들다 적당한 수준이 되면 실사용자가 경험하게 해주어야 합니다. 그래야 기획이 망상이 아닌 사용자 피드백 기반의 현실이 됩니다. 그리고 반복적인 주기에서 개발자에게 발생하는 건강, 이직, 그 외 여러 문제도 통계적으로 다룰 수 있게 됩니다. 반복 주기에 개발팀의 속도가 나오는 거죠. 이러한 조직적인 활동이 자리를 잡으면 테세우스의 배(Ship of Theseus)[6]가 됩니다. 좋은 의미

---

6 테세우스와 아테네의 젊은이들이 탄 배는 서른 개의 노가 달려 있었고, 아테네인들에 의해 데메트리오스 팔레레우스의 시대까지 유지 보수되었습니다. 부식된 헌 널빤지를 뜯어

에서 누가 들어오거나 나가거나 항등성이 유지되는 조직이 됩니다. 그리고 점차 나아지는 기적도 일어납니다.

물론, 이러한 점진적 접근이 어려운 상황도 있습니다. 계약 기간이 있고 돈 받고 그 안에 끝내지 못하면 지체금을 물어야 하는 종류의 소프트웨어 개발도 흔합니다. 이 또한 조금씩 만들어 가며 방향을 잡아가는 것이 유일한 해결책이지만 예산은 년 단위로 계획되기에 이를 실천하기란 매우 어렵습니다. 신뢰를 기반으로 이런 문제가 해결될 수 있다며 합리성을 바탕으로 한 인간을 상정하면 좋겠지만 당장은 이루지 못할 꿈이라고 생각합니다. 돈을 주는 사람뿐만 아니라 받는 사람도 개발 과정의 불확실성이 주는 두려움보다 확정된 자금 계획이 더 달콤하기 때문이죠.

리더는 점진적 접근이 가능하고 실천하도록 조직을 만들어야 합니다. 그래야만 소프트웨어 개발이 미신이나 점치는 행위가 아닌 데이터 기반의 과학과 협업이 됩니다. 과학이라 우기며 유사과학을 강요하는 소프트웨어 개발이 되지 않도록 리더와 구성원 모두가 함께 협업해 나가길 바랍니다.

내고 튼튼한 새 목재를 덧대어 붙이기를 거듭하니, 이 배는 철학자들 사이에서 일어나는 '자라는 것들에 대한 논리학적 질문'의 살아있는 예가 되었는데, 어떤 이들은 배가 그대로 남았다고 여기고, 어떤 이들은 배가 다른 것이 되었다고 주장하였습니다.

어떤 IDE를
사용하나요

IDE(Integrated Development Environment, 통합개발환경)는 개발자의 생산성을 높여주고 실수를 줄여주는 좋은 도구입니다.

그런데 이상하게 잘 활용하지 못하는 기능이 있습니다. 바로 '리팩토링(Refactoring)'입니다. IDE의 리팩토링을 활용하면 매우 효과적으로 '자동화 리팩토링(Automated Refactoring)'을 수행할 수 있으며 개발자의 실수도 줄일 수 있습니다.

예를 들어, '이름 변경(Rename)'은 변수, 패키지, 클래스, 메서드 이름 등을 재정의할 수 있도록 해줍니다. 참조까지 알아서 찾아가 바꾸어 주므로 소스코드를 검색해서 하나씩 바꾸어 줄 필요가 없습니다. 코딩할 때 좋은 변수 이름이 떠오르지 않아 막힐 때 우선 임시로 이름을 지어주고 커밋 전에 '이름변경'을 이용해서 좋은 이름으로 변경할 수 있습니다.

'메서드 추출(Extract Method)'도 자주 활용하는데, 코드 복잡도를 낮추고, 중복 코드를 없애는 데 매우 효과적입니다. 실수로 '복사 & 붙여넣기'하여 만들어낸 중복 코드도 알아서 찾아줍니다. 이 외에 상위 클래스로 메서드를 옮기거나 하위 클래스로 옮기는 것도 자동으로 처리할 수 있습니다.

개발자의 시간을 획기적으로 아껴주는 자동화 리팩토링을 잘 활용하면 좋겠습니다.

IntelliJ를 사용한다면 아래 링크를 확인해 주기 바랍니다.

[자료 20] IntelliJ (https://lnkd.in/gXcD6s7e)

이클립스 사용자라면 아래 링크가 도움이 될 것입니다.

[자료 21] 이클립스 (https://lnkd.in/gQWwHCt5)

비주얼 스튜디오를 사용한다면 자동화 리팩토링 기능이 매우 한정적이라 아쉽습니다. 그래도 '이름 변경'은 있습니다.

이 외에도 구글에서 검색하면 동영상으로 자동화 리팩토링을 설명하는 좋은 자료를 많이 찾을 수 있습니다. 엉클밥의 〈볼링게임(Bowling Game)〉 예제를 보면 TDD와 자동화 리팩토링 활용법을 이해할 수 있습니다. 아래 링크에 관련 자료가 있는데, 찾아보면 더 좋은 설명도 있을 것입니다. 엉클밥이 직접 강연한 것도 있을 텐데 제가 못 찾았네요.

[자료 22] 볼링게임(https://lnkd.in/gg7RrfFK)

조슈아의 〈Refactoring to patterns(패턴을 활용한 리팩토링)〉를 읽어 보고 자동화 리팩토링과 함께 연습하면 리팩토링을 좀 더 효과적으로 할 수 있습니다.

[자료 23] 도서: Refactoring to patterns(https://lnkd.in/gVm4U2Xu)

어떤 방법으로
배우나요

배우는 방법에는 여러 가지가 있습니다. 교육을 받는 것이 제일 쉬운 일이고 다른 하나는 스스로 겪어 보는 것이죠.

대학 시절, 교수님을 도와 고체물리학 시뮬레이션 프로그램을 작성할 때였습니다. 프로그래밍 교육을 받은 적이 없어 실수가 많았고 수많은 입자를 대상으로 했기에 연산량도 많아, 한번 실행하면 2~3일을 기다려야 결과가 나왔습니다. 하지만 교수님에게 보여드리면 이론과 부합하지 않았죠. 여름방학이라 시간이 충분할 것이라고 생각했는데 코드를 한 줄 고치고 조마조마하게 며칠을 기다리는 일이 반복되다 보니 방학이 끝나갈 무렵까지 결과를 얻지 못했습니다. 아무리 코드를 뒤져 보고 이론과 비교해 봐도 결과가 안 나올 이유가 없는 상황이 되었고 교수님에게 제 실력이 부족해서 못하겠다고 GG[7]를 치려는 시점에 형변환(Type Casting)[8]이 보였습니다.

데이터 특성에 대한 고려 없이 마음대로 타입을 정해 놓고는 연산할 때마다 캐스팅을 하면서 형식을 맞추었고 이 과정에서 데이터가 조금씩 누락되고 결국에는 아주 다른 결과를 만들어 낸 것이죠. 데이터 규모가 커서 32비트로 사용하던 시절의 데이터 타입으로는 다룰 수 없다는 것도 그때 처음 알았습니다. 알아서 컴퓨터가 무한대의 숫자를 다루어 줄 거라고 생각했습니다. 결국 하나의 데이터를 여러 개의 변수에 나누어 저장하여 데이터 손실을 막았고 형변환이 발생하지 않도록 코드를 수정하고 나서야 원하던 결과를 얻을 수 있었습니다. 못 배운 사람의 비극이라 생각하며 여름방학을 몽땅 허비하고 말았죠.

대학원에 진학한 후 운 좋게 MRI의 아버지인 조장휘 박사님의 강의를 들을 기회가 생겼습니다. 그 당시 캘리포니아 어바인에 재직 중이셨는데 2주에 한 번씩 강의를 하러 한국에 오시는 특별한 기회라 놓칠 수가 없었죠. 수업 중간 MRI 시뮬레이션 이미지를 만드는 과제가 나왔는데 주요 라이브러리는 코드 형태로 제공했고

---

7   Good Game의 머리글자로 게임에서 항복 의사 표현으로 사용합니다.

8   컴퓨터에서는 정수, 실수 등 데이터를 다루는 방법이 정해져 있습니다. 정수를 저장할 수 있는 데이터에 실수를 저장하면 소수점 이하 자리가 누락되어 저장되며 데이터 손실이 발생합니다. 예를 들어, 1.5라는 실수를 정수로 저장하면 1이 됩니다.

시뮬레이션의 끝 단계만 처리하면 되는 비교적 쉬운 과제였습니다. 막상 과제를 해보니 이상하게 노이즈 같은 점들이 결과에 많이 남았는데 아무리 봐도 제 코드에서는 문제를 찾을 수 없더군요. 결국 제공받은 라이브러리 코드를 보니 묵시적 형변환(Implicit Type Casting)이 사용되고 있었습니다. 라이브러리 전체를 뒤져 형변환을 제거하고 큰 숫자를 이용할 곳은 대학 때 만들어 두었던 큰 숫자를 다룰 수 있는 라이브러리로 대체했습니다. 그리고 다시 돌려 보니 노이즈가 보이지 않더군요.

과제를 제출한 뒤 조장휘 박사님 연구실의 한 교수님으로부터 호출을 받았습니다. 노이즈가 없어진 이유를 묻더군요. 형변환을 바꾸었다고 설명하니 변경된 코드를 연구에 사용해도 되는지 물어봤습니다. 기분 좋게 코드를 넘겼는데 학점은 잘 못 받았던 기억이 납니다.

이야기가 길었는데, 이야기의 핵심은 기본에 대한 내용입니다. 언제나 각광받는 기술과 분야가 있고 이것을 당장 하지 않으면 큰일 날 것처럼 느끼게 만드는데, 결국 기초가 없으면 성장할 수 없습니다. 급한 마음에 결과부터 보려는 조급함을 버리고 기본부터 차근차근 쌓아 나가는 일이 중요합니다.

지속적인 성장을 원한다면 기초를 튼튼하게 하고 실천을 통해 경험을 꾸준히 쌓아가는 방법이 가장 효과적이고 빠른 지름길임을 이해하고 조급해하지 않기를 바랍니다.

어떤 방법으로
추정을 하나요

소프트웨어 개발은 추정을 기반으로 움직입니다. 이에 모든 조직이 추정의 정확도를 높이기 위해 노력하지만 프로젝트가 지연되었다는 소식은 매우 흔합니다. 그만큼 추정이 어렵습니다. 이에 대표적으로 추정의 정확도를 낮추는 요소를 살펴보고 이를 개선할 방법이 있을지 알아보겠습니다.

추정 오류는 추정하는 사람과 실제 구현하는 사람이 다른 경우에 발생합니다. 추정을 하는 사람이 경험이 많고, 문제 해결을 위한 충분한 지식을 갖추고 있다고 해도 추정치는 구현 과정에서 달라집니다. 구현하는 사람의 숙련도가 추정한 사람과 같을 수 없으며, 구현할 사람의 능력을 고려하여 추정을 하더라도 구현할 사람이 처한 상황까지 정확하게 이해하고 있을 확률은 낮습니다.

위와 같은 문제를 해결하기 위해 구현할 사람이 추정을 하는 활동(Practice)이 보편화되었습니다. 하지만 이 경우에도 아주 간단한 언급 하나가 추정치를 산으로 보내 버립니다. "이거 구현하는 데 얼마나 걸릴 것 같아요? 내가 보기엔 1주일이면 될 것 같은데." 바로 '닻 내리기 효과(Anchoring effect)'입니다. 1주일이 말이 되든 안 되든 그 이야기를 듣는 순간 이를 준거 삼아 추정하게 됩니다. 실무자가 아무리 발악을 해도 준거점을 크게 벗어나지 못합니다. 선한 의도를 가지고 자신의 의견을 밝힌 경우라도 추정하는 사람보다 직위가 높은 사람이 하는 이야기는 강력한 닻 내리기 효과를 발휘합니다. 그리고 결국 추정은 무의미해집니다.

이를 극복하기 위해 '플래닝 포커(Planning Poker)'가 활용되기 시작했습니다. 닻 내리기 효과를 극복하기 위해 모두가 동시에 추정치를 공개하고 추정치의 차이에 대한 이유를 토론하며 공동으로 추정하는 방식입니다. 팀 분위기가 좋다면 재미도 있고 또 개인별 숙련도, 도메인에 대한 이해도 차이를 함께 논의할 수 있는 장점이 있습니다. 쉽고 좋아 보이지만 아주 오묘한 단서가 붙어 있습니다. "팀 분위기가 좋다면"이죠. 자신의 의견을 이야기하는 일이 위험하지 않게 느껴지는 환경이란 달성하기 어려운 목표입니다. 경직된 분위기 속에 권위를 가진 사람이 무슨 카드를 낼지 맞추기 위해 식은땀을 흘리는 상황이라면 플래닝 포커를 하기보단 "차라리 그냥 일정 찍어 주세요. 그게 편합니다"라는 소리가 절로 나옵니다.

이 외에도 추정에 영향을 주는 요소는 무척이나 많습니다. 똑같은 내용의 스펙을 글자 크기만 키워 분량이 많아 보이게만 해도 추정치는 증가합니다. 기능 수가 증가하면 복잡도가 높다고 뇌가 반사적으로 반응합니다. 개별 기능을 추정해서 합산하는 것보다 모든 기능을 한 번에 모아 놓고 추정하는 경우 더 오래 걸릴 거라고 나옵니다. 물론, 이 경우에는 개별 추정이 낙관적인 상황을 가정하여 과소평가되었을 가능성도 높습니다. 이러니저러니 해도 추정이 정확할 가능성은 낮습니다. 더 재미있는 것은 10개의 기능 중 5개는 지금 구현하지 않을 것이니 무시하라는 지시를 받은 사람과 지금 구현할 5개의 기능만 제공받은 경우를 비교하면 추정치가 몇 배의 차이가 나기도 합니다. 인간의 뇌는 무시하는 일을 못합니다. 그런데 무시하라니 은연중에 위험이 있다고 감지하여 반사적으로 추정치를 높이고 맙니다.

살짝 훑어본 정도지만 추정의 정확도를 높이려면 심리학, 조직 이론, 뇌과학을 총동원해도 부족합니다. 자포자기 심정으로 "추정은 원래 틀리는 거예요" 하고 싶을 텐데 바로 거기에 답이 있습니다. 추정은 큰 얼개를 잡는 데 사용해야 합니다. 추정이 나오면 이에 맞추어 QA, 마케팅, 고객지원 등 많은 부서가 계획을 세웁니다. 그러니 지킬 수밖에 없는 약속이 됩니다. '도르마무와 거래[9]가 불

---

9   도르마무는 마블 코믹스에 등장하는 우주적 존재로서 여기서는 <닥터 스트레인지>의 명대사인 "도르마무, 거래를 하러 왔다(Dormammu! I've come to bargain)"를 패러디했습니다.

가능한 우리는 시간을 마음대로 늘리거나 줄일 수 없으니 해당 추정을 준거로 기능의 우선순위를 정하고 가장 높은 우선순위부터 완결성 있게 개발해야 합니다. 그러면 10개의 기능 중 5개 밖에 완성하지 못하더라도 우선순위가 높고 사용할 수 있는 기능을 고객에게 제공할 수 있습니다. 추정 시간 내에 10개를 모두 개발하려고 시도하다 아무것도 완결하지 못하는 비극을 막을 수 있습니다.

우리가 사는 세상은 불행히도 추정치를 말하는 순간 '약속'이 되어 버립니다. 부당하다고 외쳐봐야 목만 아플 뿐입니다. 그리고 추정치 안에서 개발한 기능보다는 개발하지 못한 기능을 이야기하며 비난을 받는 경우가 많습니다. 억울하죠? 맞습니다. 억울한데 인간이 그리 진화해 온 것을 어쩌겠습니까? 그리고 우리가 피해자가 아닌 상황이라면 우리도 그렇게 행동합니다.

추정의 어려움과 이를 극복할 수 있는 방법을 살펴보았습니다. 결론이 찜찜한데 이를 다른 관점에서 보면 행복한 결론에 도달할 수 있습니다. '추정이 추정일 뿐임을 인정하고, 우선순위 기반으로 고객에게 기능을 제공하는 일이 당연하고 칭찬받을 일이며, 지속적으로 피드백을 받으며 개선해 나가는 조직'에서 근무하면 됩니다. 그러면 비난받을 두려움을 느낄 이유가 없습니다. 주변에 온통 목적을 달성할 수 있게 지원하는 사람들뿐이라면 얼마나 행복할까요?

오래된 자료로 강의를
받은 적이 있나요

　대학시절 10년도 넘은 강의자료를 이용하는 수업을 듣게 되면 흥을 봤습니다. 과학적 사실인 진리를 다루는 경우는 시간 변동성이 없기에 오래된 자료라도 문제없지만 옛날 글꼴에 자료의 레이아웃이 낡아 보이면 아무래도 맥이 빠졌습니다.

　'나는 그러지 말아야지'라고 했지만 세상사 그리 만만치 않죠. 2009년에 JUnit 4를 기반으로 TDD, 자동화 리팩토링(Automated Refactoring) 자료를 만들어 개발자 교육에 활용했습니다. 3년 정도 교육을 담당했고, 이후에는 다른 업무를 하게 되어 사용할 일이 없었는데 직장 상사 분이 대학교수로 임용되면서 1년에 한번 특강을 하게 되었습니다. 2017년 JUnit 5가 릴리스될 때만 해도 대부분의 레거시는 JUnit 4라는 핑계로 기존 자료를 사용했습니다. 그렇게 시간이 흘러 2020년에도 동일 자료를 이용하고 있자니 수강생에게 미안해져 다음 강연에는 자료를 업데이트해야겠다고 결심합니다. 바로 수정을 하자니 100페이지 넘는 자료의 소스코드, 이미지 캡처를 바꾸는 일이 귀찮았습니다.

그런데 교수님이 담당하는 과목이 바뀌어 특강을 하지 않게 되며 자료 업데이트도 잊었습니다. 그러다 1년이 지나고 교수님이 다시 강의를 맡게 되었고 저도 특강을 해야 하는 상황이 되어 10년을 미루어둔 자료 업데이트를 드디어 완료했습니다. 자료를 다시 만들며 과거에 겪어 보지 않고 섣불리 흉봤던 일을 반성했습니다.

저처럼 핑계를 만들고 합리화하며 오래된 자료로 버티는 불상사를 막으려면 책임감 있는 담당자와 자료의 최신성을 보장할 수 있는 시스템이 필요합니다. 특히 시간 변동성이 큰 소프트웨어 개발 분야에서는 필수입니다. 개발자 교육을 진행한 후 회고를 통해 지속적 개선을 해 나가야 자료가 디지털 풍화[10]를 겪지 않습니다. 이 외에도 스터디, 소모임, 월별 공유 시간 등 최신의 정보를 공유하는 시스템이 자발성을 기반으로 활성화되면 효과적입니다.

'디지털 풍화'로부터 자유롭고 언제나 최신의 기술로 성장할 수 있는 조직문화를 만들어 가길 응원합니다.

---

10 보통 이미지 파일이 웹을 돌아다니는 과정에서 업로드, 저장, 캡처 등을 겪으며 여러 번 변조되어서 열화되는 것 등을 뜻합니다.

"적당히 하라"를
어떤 의미로 해석하나요

어감에 따라 다르겠지만 "대충 하라"로 받아들여질 가능성이 높습니다. 또 다른 의미는 '모자라지도 넘치지도 않는 상태나 정도'입니다. 아리스토텔레스의 '중용(中庸)'이 이에 해당하며 다음과 같이 설명합니다.

"우리 자신과 관련해서 중간이란 지나치지도 모자라지도 않은 것을 말하는데, 이것은 하나만 있는 것도 아니고 모두에게 동일한 것도 아니다. 예컨대 10은 많고 2는 적다고 할 경우, 사물 자체와 관련해서는 6이 중간이다. 왜냐하면 6이 2를 초과하는 양은 6이 10에서 모자라는 양과 같기 때문이다. 이것이 산술적 비례에 따른 중간이다. 그러나 우리 자신과 관련된 중간은 그런 방법으로는 구하지 못한다. 어떤 사람에게 10므나(1므나는 약 430g)의 음식은 많고 2므나는 적다고 할 경우, 트레이너는 반드시 6므나를 처방하지 않을 것이다. 6므나도 사람에 따라서는 너무 많거나 너무 적을 수 있으니까."

- 〈니코마코스 윤리학〉, 아리스토텔레스 저, 천병희 역, 2013, 숲 -

아리스토텔레스는 상대성을 인정한 중용을 추구할 때 인간이 행복을 얻는다고 설명합니다. 이는 소프트웨어 개발에도 적용되는데, 기능이 부족한 서비스를 만드는 일뿐만 아니라 기능이 너무 많거나 불필요한 기능을 만들어 내는 일도 문제입니다. 자원을 낭비하고 가치 높은 일에 사용하지 못하게 하므로 불필요한 기능을 만드는 일이 오히려 더 해롭습니다. 예를 들어, 10명이 사용할 서비스를 100만 명이 사용할 수 있도록 만들었다면 이는 놀라운 기술력이라 칭찬할 수 없습니다. 빠른 시장 변화에 대응하여 다양한 아이디어를 검증하고 점진적으로 개발해 나가야 하는 상황에서 회사의 자원을 낭비하고 경쟁력을 약화시킨 행동일 뿐입니다. 오버 엔지니어링(Over Engineering)[11]을 예방하려면 중용이 필요합니다.

아리스토텔레스는 중용을 이용하여 매사의 목적에 적절한 해법을 찾고 이를 생활에서 실천하고 발전시켜 나가면 '실천적인 지혜'를 얻을 수 있다고 설명합니다.

---

[11] 현재 필요한 것 이상으로 과도한 기능을 만들거나 복잡하게 만드는 행위입니다.

"실천적인 지혜가 무엇인지는 우리가 어떤 사람들을 실천적인 지혜가 있는 사람들이라고 부르는지 생각해 보면 알 수 있을 것이다. 이를테면 건강이나 체력에 도움이 되는 것처럼 특정 관점에서 자기에게 좋고 유익한 것이 아니라, 훌륭한 삶 일반에 도움이 되는 것에 대해 올바르게 숙고할 수 있는 것이 실천적인 지혜가 있는 사람의 특징인 것 같다.

...

따라서 일반적인 의미에서도 숙고할 수 있는 사람이 실천적인 지혜가 있는 사람이다. 그러나 달라질 수 없거나 또는 자신이 행할 수 없는 것들에 대해 숙고하는 사람은 아무도 없다. 따라서 학문적인 인식은 증명을 내포하는 데 제1원리가 가변적인 것은 증명할 수 없다면(그런 것은 무엇이든 달라질 수 있으니까), 그리고 필연적인 것들에 대해서는 숙고할 수 없다면, 실천적인 지혜가 학문적인 인식일 수 없고 기술일 수도 없다. 실천적인 지혜가 학문적인 인식이 아닌 까닭은 행위의 대상이 가변적이기 때문이며, 실천적인 지혜가 기술이 아닌 까닭은 행위와 제작은 종류가 다르기 때문이다."

– 〈**니코마코스 윤리학**〉, 아리스토텔레스 저, 천병희 역, 2013, 숲 –

아리스토텔레스가 설명한 실천적 지혜는 지식을 올바르게 실천하는 경험을 통해 얻게 되는 통찰력입니다. 소크라테스는 덕을 실천하지 못하는 이유가 덕을 모르기 때문이라고 생각하여 무지를 깨우치면 덕을 실천할 수 있다고 믿었습니다. 반면 아리스토텔레스는 알고 있는 것과 실천하는 것은 다르다고 주장했는데 불의에 맞서는 것이 용기임을 알고 있는 사람이라도 실제 불의를 보았을 때 이를 피한다면 단지 알고 있는 것만으로는 가치가 없기 때문입니다.

소프트웨어 개발은 지식만으로 수행할 수 없습니다. 기술 외에도 일정, 기능, 비기능, 사용자, 경쟁사, 운영의 편의성, 개발의 용이성, 검증의 편리성 등 여러 변수를 고려하여 적절한 해법을 찾아야 합니다. 이때 필요한 덕목이 바로 아리스토텔레스가 강조한 '중용'과 '실천적인 지혜'입니다. 중용을 이용하여 적절함이 무엇인지 숙고해야 하며 직접 경험하고 지속적으로 개선해나가며 실천적인 지혜를 얻어야만 변동성이 높은 소프트웨어 개발 분야에서 지속적인 발전을 이룰 수 있습니다. 지식은 있는 체할 수 있지만 실천적 지혜는 있는 체할 수 없습니다.

리더는 조직이 함께 지혜를 모아 고민하며 중용을 실천할 수 있도록 지원해야 합니다. 상호 신뢰 하에 지원하여 만들고, 개선하며 실천적 지혜를 쌓아 가는 문화를 만들어가기 바랍니다.

코드 리뷰를
하고 있나요

몇 년 전 국내 대기업의 코드 리뷰 도입 행사에 강연 요청을 받았습니다. 일종의 경진대회처럼 진행된 행사였는데 '이게 이럴 일인가?' 싶어 놀랐던 기억이 납니다. '소스코드 저장소를 공동으로 사용하고, 다수의 개발자가 협업하는 상황이라면 숨 쉬듯 당연한 일 아니었던가?' 싶었는데 규모가 워낙 크다 보면 당연한 일이 어려운 일이 되기도 하는 모양입니다. 발표된 여러 코드 리뷰 사례를 보니 코드 리뷰를 통해 오류(Defect)를 검출하기 위해 엄청난 노력을 한 경우가 다수였습니다. 코드 리뷰가 코드 품질을 높이려고 하는 일이니 도입 초기라면 타당해 보이는 목표지만 조직의 성숙도가 올라가면 개발자를 정적 분석기로 이용하는 것보다 더 가치 있는 일에 활용하는 것이 좋습니다. 바로 코드의 가독성을 높이고 코드를 읽는 누구나 쉽게 이해할 수 있게 작성되었는지를 확인하는 것이죠.

한번 작성되어 커밋된 코드는 코드 메인에 남아 다른 코드의 기준이 되고, 여러 사람이 읽고 이해해서 변경하고 확장하는 대상이 됩니다. 시간에 쫓기어 "나중에 고치고 일단 동작하니 적용하자"라고 해버리면 그 '나중'은 영원히 오지 않습니다. "시간 나면 밥 한번 먹자"와 같이 애초에 지킬 의지가 없는 약속이죠. 결국 소소하게 조금씩 쌓여 가다 어느 날, 갑자기 "더 이상은 코드 품질이 나빠 개발이 불가능하니 3개월 동안 리팩토링을 해야 합니다"와 같은 폭탄선언이 나오게 만들어 버립니다.[12]

단순화해보자면 문서를 작성하고 난 후 주변에 글이 잘 읽히는지 오탈자는 없는지 살펴 달라고 하는 일과 코드 리뷰는 본질적으로 동일합니다. 그 과정에서 더 좋은 표현법(코드라면 다른 해결책)을 제안받을 수도 있는 것이죠. 그리고 이 과정을 통해 코드에 무슨 일이 일어나고 있는지 조직 구성원이 함께 알게 되고, 지식을 공유하는 중요한 수단이 됩니다. 이래야만 담당자가 휴가도 갈 수 있고, 몸이 아프면 쉴 수도 있으며, 장애 발생 시 연락이 안 된다고 대응을 못하는 불상사도 일어나지 않습니다.

만일 코드 리뷰 과정에서 오류가 많이 발견되고 있다면 코드 리뷰가 잘 동작하고 있다고 판단하기보다는 코드 작성자가 문제를 겪고 있다고 보아야 합니다. 개발자가 문제를 해결하는 데 충분한

---

12 여기에서 사용되는 리팩토링은 정말 잘못 사용되고, 악용된 표현인데 나중에 한번 자세히 설명하겠습니다. 물론, 그 나중이 온다면요.

직무역량(Hard Skill)을 갖추지 못했거나, 도메인에 대한 이해가 부족해서일 수도 있고, 또는 과도한 시간 압박에 쫓겨 실수를 연발하는 상황일 수도 있습니다. 원인을 분석하여 원인에 맞는 해결책을 이용해야 합니다. 단순히 코드 리뷰에서 오류가 잘 식별되고 있으니 코드 리뷰가 잘 동작하고 있다고 생각하면 큰 오산입니다.

코드 리뷰가 정보와 지식을 공유하는 데 활용되고, 더 읽기 쉽고 이해하기 쉬운 코드를 작성하는 목적으로 활용되고, 더 나은 대안을 제시하는 데 이용되고 있는지, 아니면 단순히 오류를 식별하는 용도로 활용되고 있는지 살펴보기 바랍니다.

화장실 청소를
좋아하나요

꼭 필요한 일이지만 사실 매우 귀찮습니다. 저는 2주일에 한번 세제를 이용해서 닦는데, 겉보기에는 훌륭합니다. 문제는 화장실 변좌와 변기의 연결 부분인데 제대로 청소하려면 나사를 풀어야 하죠. 하지만 나사는 손이 잘 닿지 않는 부분에 있고 특히 벽면 쪽을 풀려면 요상한 자세로 씨름을 해야 합니다. 그런 이유로 결합 부분에 오염이 있음을 알고 있지만 보통은 겉만 청소하는 선에서 타협을 합니다. 그러다 결국 일시불로 비용을 지불해야 하는 때가 오는 데 오늘이 그날이었습니다.

틈 사이로 선명하게 보이는 곰팡이 자국을 더는 두고 볼 수 없어 그동안 밀린 과제를 수행했는데, 엄청난 시간과 노력을 들였지만 결국 모든 흔적을 지우는 데는 실패했습니다. 기술 부채(Tech debt)는 쌓지 말고 적당한 시점에 처리해야 한다고 늘 이야기하면서도 제 화장실에는 이를 지키지 못했네요.

회사일은 언제나 바쁩니다. 비즈니스 요구를 잘 수행해야 성장할 수 있지만 시간이 지나면 여러 이유로 기술 부채가 쌓입니다. 그리고 방치하면 어느 순간 한 발자국도 나갈 수 없는 족쇄가 되어버리고 말죠.

빅뱅 이벤트가 되지 않도록 조직이 감당할 수 있는 규모로 유지하고 개선하기 위해 관심을 갖고 실천해주기 바랍니다.

"Have fun!"

2014년 〈프로그래머 철학을 만나다〉를 출판하던 때 이직을 했습니다. 〈프로그래머 철학을 만나다〉를 준비하면서 다시는 책을 쓴다는, 분에 맞지 않는 허황된 꿈은 꾸지 않겠다고 다짐했는데 인간은 어리석고 언제나 같은 실수를 반복하므로 8년이 지나 다시 이직을 하고 〈리더의 생각〉을 출판하게 되었습니다.

이 책에 실린 글들의 초기 목적은 채용입니다. 2019년 ~ 2022년 중반까지 개발자에 대한 수요가 매우 높아 채용을 위해 회사의 이름, 미션과 비전이 무엇인지, 어떤 리더가 근무 중인지, 일하는 방식 등을 알려야 했습니다. 〔링크드인〕에 짤막한 형태의 글을 공유하며 쏘카에 관심을 가질 수 있도록 노력하던 중 여러 고민을 하고 계신 분들의 이야기를 듣게 됩니다. 많은 분이 고민을 안고 답을 찾기 위해 노력하고 있는 중에 저의 이야기에 공감하고 제 생각을 궁금해한다는 말씀을 듣고 글의 목적을 채용과 더불어 '경험을 나누고 공감하기'로 변경하였습니다. 1년 동안 매일 1편 이상의 글을 쓰기로 결심을 하게 되었고 6개월간 실천한 내용을 묶어 이 책에 담았습니다.

글을 적다 보니 제 삶이 얼마나 많은 실수와 어리석음으로 가득했는지 새삼 깨닫게 됩니다. 부족하고 자랑할 것 없는 사람이 살아오며 어떤 과정을 거쳤는지 알려 드리는 일이 여러분께 도움이 되길 바라봅니다. "이 녀석이 살던 거에 비하면 나는 정말 잘하고 있는 거네"라는 상대적인 안도감을 드릴 수도 있을 테고 비슷한 상황을 경험 중인 분께는 더 좋은 의사결정을 할 수 있도록 반면교사의 대상이 될 수 있을 것입니다.

2022년 초반까지 전 세계는 풍부한 유동성을 바탕으로 장밋빛 미래를 꿈꾸는 이야기로 가득했습니다. 개발자의 처우는 그 어느 때보다도 좋아져 모든 회사가 개발자를 충원하기 위해 최선을 다하는 상황이었습니다. 하지만 글로벌 경기침체 우려가 대두되며 자본시장은 빠르게 식어 버렸고 현재는 생존을 걱정하고 경기침체를 살아서 버티기 위해 몸집을 줄이는 일이 중요해졌습니다.

이런 급격한 롤러코스터 같은 상황에서는 지치지 않고 기민하게 변화에 적응하고 본질에 집중해야 합니다. 막연한 기대나 희망과 같은 근거 없는 낙관론은 사람을 지치게 하고 자주 실망하여 포기로 이끕니다. 어려운 시기를 버티는 데 이 책의 내용이 조금이라도 도움이 될 수 있기를 희망합니다. 등락의 파도를 타고 넘어 목표한 곳에 도달하려면 지금은 인내하고 버텨야 할 때입니다. 모두 안전하고 무사하게 여러분의 지향점에 닿기를 기원합니다. 저도 버티고 발전하며 제가 추구하는 본질을 지켜 나가겠습니다.

끝으로 저의 영원한 멘토이신 김정민(전 네이버 CTO) 님께서 해 주셨던 응원의 말씀을 여러분과 나누고 싶습니다.

"Have fun!"

감사합니다.

용어정리

- 이 책을 처음부터 읽지 않는 분을 위해 본문에서 다룬 용어를 정리했습니다.

DEVIEW(Developer's View)

2006년 NHN의 내부 행사로 시작된 〔네이버〕의 오픈소스 프로젝트 및 기술 관련 지식을 전달하는 행사로 국내 모든 개발자에게 2008년부터 개방되었습니다.

RPA(Robotic Process Automation)

사용자 인터페이스를 통해 사람이 작업을 하는 방식처럼 마우스와 키보드 입력을 조정하고 화면의 이미지나 텍스트를 인식하여 사람의 개입 없이 자동으로 업무를 처리할 수 있도록 지원하는 도구입니다.

QA(Quality Assurance)

소프트웨어의 품질 보증을 담당하는 개인이나 조직을 의미합니다)

개밥 먹기

사료 업체 대표가 자신의 개에게도 먹이는 사료라고 광고한 것에서 유래한 용어로 자신이 만든 서비스를 직접 사용자 입장에서 사용해 보며 개선점과 문제점을 찾는 활동을 뜻하는 일종의 은어입니다.

낙수효과(Trickle-down Effect)

대기업이나 고소득층 등 선도 부문이 성장하면 이들의 성과가 연관 부문으로 확산됨으로써 경제 전체가 성장한다는 이론입니다. 컵을 피라미드같이 층층이 쌓아 놓고 맨 꼭대기의 컵에 물을 부으면, 제일 위의 컵에 흘러들어간 물이 다 찬 뒤에 넘쳐서 아래 컵으로 자연스럽게 내려가는 현상에 빗대어 경제성장 원리를 제시한 이론입니다.

닻 내림 효과(Anchoring Effect)

배가 닻을 내리면 그 지점에서 크게 벗어나지 못하는 것처럼 선입견의 영향으로 제한된 의사결정을 하게 되는 편향을 가리킵니다.

디지털 풍화

보통 이미지 파일이 웹을 돌아다니는 과정에서 업로드, 저장, 캡처 등을 겪으며 여러 번 변조되어서 열화되는 것을 뜻합니다.

레거시 코드(Legacy Code)

협업을 하는 과정에서 종종 코드의 가독성이 떨어지거나, 코드의 규약이 없는 경우, 코드의 결합도가 높은 경우나 땜빵 코드를 작성한 경우, 이런 여러 가지 원인들로 인해서 굳어진 코드를 흔히 레거시 코드라고 표현합니다.

리팩토링(Refactoring)

외부에 드러나는 기능은 동일하게 유지하면서 코드 내부를 개선하여 유지보수가 용이하게 만드는 활동입니다.

마법의 짱돌찌개(Stone Soup)

유럽에서 전해지는 이야기로 흉년이 들어 민심이 흉흉한 마을에 낯선 사람이 나타나 먹을 것을 요청하지만 모든 마을 사람이 거절합니다. 이때 외부인이 큰 솥에 돌을 집어넣고 물과 함께 끓이며 마법의 돌이라 맛있는 찌개가 만들어진다고 이야기합니다. 이에 호기심이 생긴 마을 사람들이 모여드는데, 한참을 끓인 후에 간을 본 외부인이 "너무 맛있는데 채소만 들어가면 더 맛있어질 거예요"라고 말합니다. 이에 마을 사람 중 한 명이 채소를 가져다 넣습니다. 다시 간을 보고는 고기가 있다면 더 맛있어진다는 식으로 이야기를 하고 마을 사람들이 자신이 가진 것을 조금씩 보태어 내놓기 시작했고 결국은 서로의 도움으로 정말 맛있는 찌개를 끓여서 온 마을 사람들이 나누어 먹게 됩니다. 서로 협업하면 혼자서는 할 수 없던 일을 해낼 수 있다는 교훈을 담은 동화입니다.

맨먼스(Man Month, M/M)

소프트웨어 개발에서의 작업량을 나타내는 단위 중 하나로, 한 사람이 한 달 동안에 할 수 있는 작업량입니다. 달리 말하자면, 한 달에 투입되는 인력의 수로 생각하면 됩니다. 단위는 MM으로, 1MM은 1개월 동안 1명이 일한다는 뜻입니다.

분수 효과(trickle-up effect)

분수에서 물이 아래로부터 위로 솟구치는 것처럼 중산층과 저소득층을 대상으로 세금을 인하하거나 정부 지출을 확대하면 이들의 소득과 소비가 증가하여 경제가 활성화되고 이에 따라 고소득층의 소득도 늘어날 수 있다는 것을 말합니다.

삐삐(Beeper)

1990년대 초반에 사용했던 무선호출기입니다. 영어 명칭은 페이저(Pager)지만 수신 받으면 삐삐 소리 나면서 울린다고 해서 비퍼(Beeper)라는 명칭이 더 널리 사용되었는데, 이것과 마찬가지로 한국에서도 '삐삐'라는 자생적 이름이 직관적으로 알기 쉽고 간편해서 대중적으로는 더 널리 사용되었습니다.

사고실험(思考實驗)

사물의 실체나 개념을 이해하기 위해 가상의 시나리오를 이용하는 것입니다. 즉 어떤 상황을 가정하고, 그 상황 속에서 특정 주체가 어떻게 행동하는지에 대해 기술하는 방식입니다.

삼궤구고두례(三跪九叩頭禮)

또는 삼배구고두례 (三拜九叩頭禮)라고 하며 중국 청나라 시대에 황제나 대신을 만났을 때 머리를 조아려 절하는 예법입니다.

슈뢰딩거의 고양이(Schrödingers Katze)

양자역학의 불완전성을 비판하기 위해 1935년 에르빈 슈뢰딩거가 고안한 사고실험입니다. 어떤 상자 안에 고양이가 있고 계수기와 망치가 연결되어 계수기가 방사선을 감지하면 망치가 상자 안에 있는 병을 깨트려 병 안에 들어있는 독성물질이 흘러나오며, 이 상자를 열기 전에는 안에 있는 고양이가 살아있는 상태와 죽어있는 상태로 공존하고 있다는 이야기로 유명합니다.

오버 엔지니어링(Over Engineering)

현재 필요한 것 이상으로 과도한 기능을 만들거나 복잡하게 만드는 행위입니다.

유니콘 기업

기업 가치가 10억 달러(약 1조 원) 이상이고 창업한 지 10년 이하인 비상장 스타트업 기업을 말합니다. 스타트업 기업이 상장하기도 전에 기업 가치가 1조 원 이상이 되는 것은 마치 유니콘처럼 상상 속에서나 존재할 수 있다는 의미로 사용되었습니다. – 위키백과

인지 편향(認知偏向, Cognitive bias)

경험에 의한 비논리적 추론으로 잘못된 판단을 하는 것을 말합니다. 인지심리학에서 확증 편향은 정보의 처리 과정에서 일어나는 인지 편향 가운데 하나입니다.

저글링(juggling)

스포츠나 엔터테인먼트를 즐기기 위하여 물건을 가지고 잡다한 놀이의 기술이나 재주를 두 개 이상의, 손에 잡을 수 있는 물체를 가지고 부리는 것입니다. 한 번에 다양한 일을 하는 역량을 빗댄 비유입니다.

정적분석기

문서의 오탈자를 찾아 주는 맞춤법 검사기처럼 소프트웨어의 소스코드에서 문제점을 찾아 주는 도구입니다.

지식의 저주(The curse of knowledge)

자신이 알고 있는 내용은 타인도 알고 있으리라 가정하는 인지 오류입니다.

착한 사마리아인(Good Samaritan)

여행 중이던 유대인이 강도를 당하여 심하게 다친 상황에서 같은 종교의 유대인들은 무시하고 도움을 주지 않는데 종교가 다른 사마리아 사람이 치료하고 돌보아 주었다는 성경의 이야기로, 좋은 이웃의 기준이 종교가 아니라 자신에게 해주길 바라는 대로 타인에게 해줄 수 있어야 한다는 교훈의 내용입니다.

커밋(commit)

소프트웨어 개발자가 작성한 소스코드를 저장소에 저장하는 작업으로 개발자가 어떤 작업을 해왔는지 기록으로 확인할 수 있습니다.

퀀텀점프(Quantum Jump)

본래 물리학에서 양자가 불연속적으로 도약하는 현상을 말합니다. 경제학에서는 기업이 단기간에 기존의 틀을 깨는 혁신을 통해 비약적으로 성장 및 발전하는 경우를 이르는 용어로 사용됩니다.

크런치 모드(Crunch Mode)

일정을 맞추기 위해 초과근무를 하는 비상근무 체계를 말합니다.

테세우스의 배(Ship of Theseus)

테세우스와 아테네의 젊은이들이 탄 배는 서른 개의 노가 달려 있었고, 아테네인들에 의해 데메트리오스 팔레레우스의 시대까지 유지 보수되었습니다. 부식된 헌 널빤지를 뜯어내고 튼튼한 새 목재를 덧대어 붙이기를 거듭하니, 이 배는 철학자들 사이에서 일어나는 '자라는 것들에 대한 논리학적 질문'의 살아있는 예가 되었는데, 어떤 이들은 배가 그대로 남았다고 여기고, 어떤 이들은 배가 다른 것이 되었다고 주장하였습니다.

테스트 커버리지(Test Coverage)

테스트 커버리지란 시스템 또는 소프트웨어의 테스트를 논할 때 얼마나 테스트가 충분한가를 나타낸 것입니다. 즉, 수행한 테스트가 테스트의 대상을 얼마나 커버했는지를 나타냅니다.

테일러리즘(Taylorism)

경영학자인 테일러가 창시한 과학적 관리 기법입니다. 노동자의 움직임, 동선, 작업 범위 등 노동 표준화를 통하여 생산 효율성을 높이는 체계로서, 노동의 관리 방법은 작업 과정에 대한 세밀한 연구를 통하여 각각의 작업들을 정확하게 시간이 부여되고 조직화된 단순 조작들로 세분화하는 것입니다. 테일러리즘은 많은 나라의 생산과 기술의 조직화 형태에 지대한 영향을 끼쳤으며 그 영향 또한 다양합니다. 하지만 인간은 기계처럼 취급받는 것에 분노를 느낀다는 점을 간과한 한계가 있습니다. 즉, 직무가 단조로운 작업들로 세분화되어 있는 경우에는 노동자의 창의성이 개입될 여지가 거의 없습니다.

파레토 법칙

또는 80 대 20 법칙(80-20 rule)이라고 부르는데, 전체 결과의 80%가 전체 원인의 20%에서 일어나는 현상을 가리킵니다. 예를 들어, 20%의 고객이 백화점 전체 매출의 80%에 해당하는 만큼 쇼핑하는 현상을 설명할 때 이 용어를 사용합니다. "이탈리아 인구의 20%가 이탈리아 전체 부의 80%를 가지고 있다"라고 주장한 이탈리아의 경제학자 빌프레도 파레토의 이름에서 따왔습니다.

프로크루스테스(Προκρούστης)의 침대

테세우스의 신화에 나오는 프로크루스테스는 손님을 초대하여 극진하게 대접하고 누구에게나 딱 맞는 침대가 있다며 손님을 눕게 한 후 침대보다 길면 자르고 짧으면 늘려서 살해합니다. 자기 생각에 맞추어 남을 뜯어고치려는 횡포를 의미하는 용어로도 사용됩니다.

확증 편향(確證偏向, Confirmation bias)

원래 가지고 있는 생각이나 신념을 확인하려는 경향성입니다. 흔히 하는 말로 "사람은 보고 싶은 것만 본다"와 같은 것이 바로 확증 편향입니다.

후광효과

일반적으로 어떤 사물이나 사람에 대해 평가를 할 때 그 일부의 긍정적, 부정적 특성에 주목해 전체적인 평가에 영향을 주어 대상에 대한 비객관적인 판단을 하게 되는 인간의 심리적 특성을 말한다.

형변환(Type Casting)

컴퓨터에서는 정수, 실수 등 데이터를 다루는 방법이 정해져 있습니다. 정수를 저장할 수 있는 데이터에 실수를 저장하면 소수점 이하 자리가 누락되어 저장되며 데이터 손실이 발생합니다. 예를 들어, 1.5라는 실수를 정수로 저장하면 1이 됩니다.

회상 용이성(Availability Bias)

쉽게 떠올릴 수 있는 정보에 더 큰 비중을 두어 사물을 판단하는 것입니다.

리더의 생각